Die inneren Fesseln sprengen

Das Buch

Dieses Buch zeigt eine Methode, mit der Sie sich von falschen Bindungen lösen können. Denn schon von frühester Kindheit an lassen wir uns durch falsche Sicherheiten einengen und in unserer freien Entfaltung behindern. Phyllis Krystal hat eine Visualisierungsmethode entwickelt, die es erlaubt, mit dem Unbewußten zu kommunizieren. Dadurch gelingt es Ihnen, Ihre innere Quelle von Sicherheit und Weisheit anzuzapfen, die genau weiß, was das beste für Sie ist. Es hat sich gezeigt, daß uralte Rituale für diese Kommunikation am wirksamsten sind, etwa die Pubertätsriten zur Ablösung von den Eltern und anderen Bezugspersonen. Lösen Sie sich von Ihren Bindungen – denn nur dann können Sie zu der Persönlichkeit reifen, die Sie wirklich sind.

Die Autorin

Phyllis Krystal wurde in England geboren und studierte dort Religion und Psychologie. 1937 zog sie nach Los Angeles, wo sie eine Ausbildung in Jungscher Analyse erhielt. In ihren Büchern verbindet sie auf faszinierende Weise uralte esoterische Erfahrungen und modernste Tiefenpsychologie. Phyllis Krystal ist einem weltweiten Publikum durch ihre zahlreichen Seminare und Workshops vertraut.

In unserem Hause sind von ihr außerdem lieferbar:
Frei von Angst und Ablehnung
Die inneren Fesseln sprengen – Arbeitsbuch
Die Liebesenergie freisetzen

Phyllis Krystal

Die inneren Fesseln sprengen

Befreiung von falschen Sicherheiten

Aus dem Amerikanischen von
Henriette Heiberger

Econ Taschenbuch

Diese Ausgabe entstand durch Vermittlung
von Jürgen P. Lipp und Jürgen Mellmann.

Econ Taschenbücher erscheinen im
Ullstein Taschenbuchverlag, einem Unternehmen der
Econ Ullstein List Verlag GmbH & Co. KG, München
5. Auflage 2002
© 2000 by Econ Ullstein List Verlag GmbH & Co. KG, München
© 1999 für die deutsche Ausgabe by Verlagshaus Goethestraße, München
© 1982 & 1986 by Phyllis Krystal
Titel der amerikanischen Ausgabe: Cutting the Ties That Bind
(Samuel Weiser, Inc., Maine, USA)
Übersetzung: Henriette Heiberger
Umschlagkonzept und -gestaltung: HildenDesign, München – Stefan Hilden
Titelabbildung: HildenDesign, München – Stefan Hilden
Druck und Bindearbeiten: Ebner Ulm
Printed in Germany
ISBN 3-548-74038-3

Inhalt

Vorbemerkung
9
Einführung
11
Die Methode
15
Der Kern der Arbeit mit dieser Methode
20
Vorbereitung für die erste innere Sitzung
29
Das Pubertätsritual – Die Bindungen
an einen Elternteil lösen
42
Der Umgang mit negativen elterlichen Archetypen
60
Positive und negative Eigenschaften der Eltern
66
Die Verbindung zu den inneren kosmischen Eltern
77
Das innere Kind
88
Animus und Anima – männliche und weibliche
Aspekte des Menschen
105
Bindungen an andere Beziehungen lösen
114
Befreiung von negativen Kräften
127

Der innere Feind
134

Das innere Haus
142

Das Mandala – Die vier Funktionen
147

Träume
159

Der Korridor
174

Tod und Todesrituale
179

Symbole
195

Schlußwort
242

Anmerkungen des Verlags
244

Register
247

Widmung

Ich widme dieses Buch Sri Sathya Sai Baba,
der das Höhere Bewußtsein, das jedem und allem
innewohnt, in menschlicher Form verkörpert.

«Freiheit ist Unabhängigkeit von äußeren Dingen.
Ein Mensch, der die Hilfe eines anderen Menschen,
einer Sache oder Voraussetzung braucht,
ist von diesen Dingen abhängig. Vollkommene
Freiheit ist keinem Menschen dieser Erde
gegeben, da Beziehung zu und Abhängigkeit von
einem anderen Wesen die Bedeutung
menschlichen Lebens ausmachen. Je geringer
die Zahl der Wünsche, desto größer ist
die Freiheit: Daher ist vollkommene Freiheit
absolute Wunschlosigkeit.»

Sri Sathya Sai Baba

Dank

Ich möchte all den Menschen für ihre Hilfe
danken, die mit mir gearbeitet haben.
Ihre Probleme und Fragen haben Antworten
zum Vorschein gebracht, die schließlich
zu der Entwicklung der Techniken geführt haben,
die in diesem Buch dargestellt werden.

Vorbemerkung

Es wird dem Leser leichter fallen, dieses Buch zu verstehen, wenn er im Auge behält, daß es sich vorwiegend mit Symbolen befaßt. Ein Symbol ist ein Mittel, durch das eine Botschaft wirksam dem unbewußten Teil der Psyche übermittelt werden kann. Symbole sind wirksam, weil die Sprache des Unbewußten aus Symbolen und Bildern zusammengesetzt ist.

Das Unbewußte ist einfach oder kindhaft, deshalb sollten die Symbole, die man benutzt, um mit ihm zu kommunizieren, demgemäß ausgewählt werden. So wie Kinder in einer entspannten Atmosphäre durch das Spielen schneller und leichter lernen, so gedeiht auch der kindhafte Teil unserer Psyche, wenn geeignete Methoden benutzt werden. Mit diesen Methoden kann der bewußte Verstand dem Unbewußten etwas zutragen, von dem er wünscht, daß dieses es versteht und in die Tat umsetzt.

Ebenso beeindrucken Rituale mit der Botschaft, die sie beinhalten, das Unbewußte, besonders wenn sie mit Emotionen aufgeladen sind und auf ernsthafte Art und Weise durchgeführt werden. Die Techniken, Rituale und Symbole, die in diesem Buch dargestellt werden, sind alle in der Lage, dem Unbewußten positive Mitteilungen einzuprägen und damit Teile der negativen Konditionierung auszugleichen, die man während eines früheren Lebensabschnittes erhalten hat.

Der Leser wird in größerem Umfang profitieren, wenn er sich der Kritik und Bewertung enthält: Man sollte die verschiedenen Techniken nicht aus der Annahme heraus verwerfen, sie seien zu kindisch, um wirken zu können. Durch die bewußte Zurückhaltung des Urteils wird dem Unbewußten des Lesers die Möglichkeit gegeben, an der positiven Konditionierung durch die Symbole teilzuhaben und Nutzen aus ihnen zu ziehen. Ohne den unbewußten Teil der Psyche zu beeinflussen, können im Leben eines Menschen keine Veränderungen stattfinden, egal wie sehr er sich auf der bewußten Ebene eine Veränderung und Entwicklung wünschen mag.

Zu den genannten Techniken sind Vortragskassetten erhältlich:
– Die inneren Fesseln durchtrennen
– Durch Visualisierung zu höherem Bewußtsein
Bezug über: auditorium Verlag
                Weinbergstraße 4
                97359 Schwarzach
                Tel.: 0 93 24 - 90 39 52

Einführung

Dieses Buch stellt eine Methode dar, mit welcher Befreiung von den verschiedensten Quellen falscher Sicherheit erlangt werden kann. Die besagte Methode befähigt einen Menschen, unabhängig und heil zu werden und sich auf die innere Quelle von Sicherheit und Weisheit zu verlassen, die für jeden zugänglich ist, der ihre Hilfe sucht. Dieser Weg ist das Ergebnis eines mehr als zwanzigjährigen Experimentes, das eine Freundin und ich gemeinsam unternommen haben. Wir lernten uns zu einer Zeit kennen, in der wir beide verschiedene Methoden erforschten, von denen wir hofften, sie würden uns helfen, mehr Sinn im Leben zu finden.

Wir entdeckten, daß wir beide über den Mangel an überzeugenden Antworten auf einige unserer ernsthaften Fragen über das Leben unzufrieden und enttäuscht waren. «Warum sind wir hier? Wer sind wir? Wohin gehen wir?» fragten wir, und wir fühlten, daß es ganz gewiß eine durchführbare Art des Weiterforschens geben müsse, um Antworten auf diese Fragen zu finden. Wir hatten beide eine Tag- oder Wachtraumtechnik (aktive Imagination, vgl. Kap.: Die Methode) erlernt, und nun beschlossen wir, mit ihrer Hilfe darum zu bitten, es mögen uns Erfahrungen oder Belehrungen zukommen, die uns weiterhelfen würden. Wir trafen uns regelmäßig und wechselten jedesmal die Rollen: Einmal führte die eine, und die andere empfing die Eindrücke, beim nächsten Mal war der Prozeß umgekehrt.

Eines der ersten Dinge, die uns auf diese Weise zukamen, war der Gebrauch eines Dreiecks als Arbeitsgrundlage, von der wir ausgehen konnten, um uns mit dem Höheren Selbst zu verbinden und Führung von der Weisheit zu erbitten, die uns allen innewohnt. Diese Quelle der Weisheit steht uns immer zur Verfügung, sie wird sich jedoch nicht in unser Leben einmischen oder sich gegen unseren freien Willen stellen, wenn wir nicht um ihre Hilfe bitten.

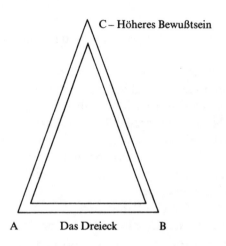

Um die Grundlage hierfür zu schaffen, visualisierten wir beide eine Lichtlinie, die uns auf Bodenhöhe verband, wobei die eine Punkt A einnahm und die andere Punkt B auf der gegenüberliegenden Seite. Darauf stellten wir uns eine Linie aus Licht vor, die durch unsere Wirbelsäule hinaufführte, durch die Schädeldecke hindurch und weiter nach oben, um sich bei Punkt C, der Spitze des Dreiecks, zu treffen. Dieser Punkt C stellte für uns den Treffpunkt mit unserem Höheren Selbst dar, in dem wir eins sind.[1] Nach einiger Zeit nannten wir diesen Punkt C das Höhere Bewußtsein, und von da an übergaben wir jede Sitzung seiner Führung, indem wir darum baten, es möge uns das gegeben werden, was wir zu diesem Zeitpunkt brauchten und handhaben konnten.

Die Erfahrung aus der Arbeit mit vielen sehr unterschiedlichen Menschen hat gezeigt, daß der Begriff «Höheres Bewußtsein» für jedermann, gleich welcher Herkunft, akzeptabel ist. Die meisten Menschen, die nach dem Sinn des Lebens suchen, haben eine – wenn auch noch so vage – Vorstellung von einer Kraft, die dem Menschen innewohnt und die begrenzte bewußte Persönlichkeit übersteigt. Die Tatsache, daß sie überhaupt Hilfe suchen, deutet darauf hin, daß sie zu dem Schluß gekommen sind, ihr bewußter Verstand und ihr Denken seien nicht in der Lage, all ihre Probleme zu bewältigen. Die Möglichkeit, bei der inneren Weisheit Hilfe zu suchen, wird meistens dankbar angenommen, wenn Wege gezeigt werden, mit dieser in Kontakt zu treten.

Die hier dargestellte Zusammenarbeit mit dem Höheren Bewußtsein zeigt den grundlegenden Unterschied zwischen dieser Methode und den meisten anderen, bei denen das bewußte Denken des Arztes oder Therapeuten gewöhnlich die Autorität darstellt und die Beratung nur auf der Grundlinie des Dreiecks erfolgt, d.h. auf der Ebene des bewußten Denkens.

Aus unserer Arbeit sammelten wir im Laufe der Jahre sehr viel Material zu vielen verschiedenen Themen und Antworten auf Fragen sowie Techniken, mit denen wir uns selbst und anderen bei persönlichen Problemen halfen. In der Anfangszeit sprachen wir kaum über unsere Arbeit, da sie in den 50er und 60er Jahren als etwas sehr Seltsames betrachtet worden wäre. Da inzwischen jedoch die esoterische und spirituelle Explosion stattgefunden hat, ist sie sogar regelrecht «schick» geworden. Seit jenen Anfangstagen sind nach und nach immer mehr interessierte Sucher zu uns gestoßen. Einige arbeiteten eine Zeitlang an der Lösung ihrer Probleme und gingen dann ihrer Wege, nachdem sie wirksame Methoden kennengelernt hatten, mit denen sie sich selbst weiterhelfen konnten. Andere vertieften sich weiter in die Arbeit und halfen, indem sie Hilfe für ihr eigenes Leben suchten, immer mehr Wissen und Techniken zu entdecken.

Heute entwickeln viele Menschen, insbesondere die jüngeren,

ein ernsthaftes Interesse daran, sich selbst zu entdecken, und manche von ihnen finden dabei zu dieser Arbeit. Wir hoffen, daß sie die Methoden, die wir erlernt haben, benutzen können, um immer mehr Antworten und praktische Wege zu finden, die ihnen bei ihrem Streben nach Ganzheit helfen. Sie können ihre Entdeckungen dann wiederum an andere weitergeben und so dazu beitragen, die Erkenntnisse weiter auszubreiten. Unsere Methode ist nicht kristallisiert oder statisch, sie dehnt sich vielmehr immer weiter aus, je mehr Menschen sie benutzen.

Dieses Buch beinhaltet die Methode, die verschiedenen Techniken und Rituale, mit denen Befreiung von alten Bindungen und Mustern erlangt werden kann, sowie einige der Erkenntnisse, die uns geschenkt wurden, so daß sie mehr Menschen mitgeteilt werden können, als ich persönlich erreichen kann. Dies ist ein Handbuch für Laien ebenso wie für professionelle Therapeuten, denn es ist absolut sicher, diese Methode zu benutzen, wenn die Anweisungen sorgfältig befolgt werden und die Hilfe des Höheren Bewußtseins gesucht wird.

Viele Menschen, denen dieses Bemühen geholfen hat, haben mich immer wieder gedrängt, die Methode in einem Buch darzustellen. Zunächst erschreckte mich dieser Gedanke, da ich keine professionelle Schriftstellerin bin und erhebliche Zweifel an meinen Fähigkeiten hatte, ein solches Buch zu verfassen. Als ich deshalb in einer der Sitzungen um Rat in dieser Angelegenheit bat, wurde mir klar, daß das Buch im Laufe der Jahre schon Form angenommen hatte und nur noch einer verständlichen Darstellung in einem einfachen und direkten Stil bedurfte.

Deshalb hoffe ich, daß jeder, der dieses Buch liest und beschließt, es zu benutzen, in ähnlichem Maße Abenteuer und Segen darin finden wird wie diejenigen, die dazu beigetragen haben, es so weit zu entwickeln.

Die Methode

Dieses Buch beschreibt eine Methode, die entwickelt wurde, um zwei Menschen, die zusammenarbeiten, zu befähigen, mit Wissen und Lehren in Verbindung zu treten, die sich jenseits des bewußten Verstandes der beiden befinden. Die Bewußtseinsebene, in der man sich während der Arbeit befindet, wurde mit dem Wach-Traum oder der aktiven Imagination verglichen, wobei jedoch keiner dieser Begriffe eine wirklich genaue Beschreibung darstellt.[2] Menschen, die ihn erlebt haben, beschreiben diesen Zustand oft als erhöhtes Bewußtsein und berichten, daß die Emotionen, die sie erlebt haben, gewöhnlich um vieles intensiver und die mentalen Bilder weitaus lebhafter sind als diejenigen, die sie in ihrem normalen Bewußtseinszustand erleben.

Zwei Punkte muß ich von Anfang an absolut klarstellen: Erstens: Die Teilnehmer sind sich all ihrer Erfahrungen bewußt und vollkommen wach. Sie sind niemals in Trance und erinnern sich bis ins Detail an alles, was sich während einer Sitzung ereignet hat. Zweitens: Es ist nicht nötig, besonders begabt oder medial veranlagt zu sein, hellsichtig oder hellhörig, um diese Tätigkeit vollziehen zu können. Was beide Partner allerdings mitbringen müssen, ist der ehrliche Wunsch, die Wahrheit zu suchen, Aufrichtigkeit, Hingabe, Gehorsam gegenüber der inneren Führung und die Bereitschaft, das Ego sowie persönlichen Willen und Wünsche, Grundeinstellungen und Vorurteile beiseitezustellen, so daß die Lehren des Höheren Bewußtseins möglichst unverfälscht durch den menschlichen Kanal fließen können.

Als zwei von uns einmal zusammen in dieser Weise arbeiteten, wurde mir ein interessantes Bild zuteil, das mir die Notwendigkeit verdeutlichte, absolut offen zu sein und das Ego so weit wie möglich beiseite zu lassen. Wie immer baten wir darum, gezeigt zu bekommen, was jede von uns an diesem Tag sehen sollte. Das einzige Bild, das ich empfing, war das eines Gefäßes, welches beständig vor meinem inneren Auge stehenblieb und nicht schwächer wurde oder verschwand. Als ich mich darauf konzentrierte, wurde mir bewußt, daß das Gefäß stark angeschlagen und gesprungen war, und mir kam in den Sinn, daß es lecken würde, wenn man Wasser hineingösse. Ich fragte, warum mir dieses zersprungene, alte Gefäß gezeigt wurde. Die Antwort kam wie der Blitz und schockierte mich sehr. Plötzlich wußte ich, daß es mich selbst darstellte und daß wir alle angeschlagen und beschädigt sind. Dann wurde mir zu meiner Erleichterung bewußt, daß dies unsere Fähigkeit, diese Arbeit zu vollbringen, nicht notwendigerweise beeinträchtigt. Wenn wir mit dem uns innewohnenden Licht in Verbindung treten, um die Dunkelheit der Unwissenheit zu vertreiben, kann dieses Licht durch die Sprünge hindurch nur noch besser gesehen werden und umgekehrt noch besser nach außen strahlen. Seit diesem Erlebnis hörte ich auf, mir Sorgen zu machen und daran zu zweifeln, daß ich in der Lage bin, in dieser Weise zu arbeiten oder ein klarer Kanal zu sein.

Voraussetzung für die Arbeit in einem Zweier-Team ist eine harmonische Beziehung zwischen den beiden, welche die Grundseite des Dreiecks bildet, das sie benutzen, um mit dem Höheren Bewußtsein in Verbindung zu treten. Ebenso wichtig ist, daß sie genügend Disziplin aufbringen, um regelmäßig zu arbeiten, und daß sie vor allen Dingen möglichst wenig Ehrgeiz an den Tag legen, da ja das innere Wissen gesucht wird und nicht das Wissen eines der Partner.

Unterschiede in den Persönlichkeiten der beiden können hilfreich sein, da sie eine größere Polarität zulassen und die Gefahr verringern, daß einer der beiden vom Thema abschweift.

Solche Unterschiede tragen oft auch zu interessanten Situationen bei, wenn beide Partner Bilder oder Eindrücke empfangen, die auf den ersten Blick sehr widersprüchlich erscheinen, sich jedoch bei näherem Hinsehen als dieselbe Mitteilung in verschiedenen Ausdrucksformen erweisen und sich hierdurch natürlich gegenseitig bestätigen. Manchmal sind die Einzelbilder, die beide Partner sehen, nur ein Teil der Gesamtmitteilung, die in ihrer Ganzheit erscheint, wenn man sie zusammensetzt.

Im Laufe der Zeit zeigte sich, daß diese Arbeit auf viele verschiedene Arten genutzt werden kann. Von Anfang an wurde uns klargemacht, daß wir bereit sein müssen, das, was wir gelernt hatten, jedem mitzuteilen, der dafür offen ist und es nutzen möchte. So kam es, daß wir zusätzlich zu den Sitzungen für unsere eigene Führung und Belehrung, die wir regelmäßig abhielten und die dem Besuch einer höheren Schule glichen, mit verschiedenen Menschen arbeiteten, die auf der Suche nach Rat und Hilfe mit ihren Problemen zu uns kamen.

Manchmal arbeitete eine von uns direkt mit einem Hilfesuchenden, indem entweder beide sich auf das Höhere Bewußtsein einstimmten, oder indem wir ihnen Erkenntnisse mitteilten, die wir früher empfangen hatten. Manchmal halfen wir Menschen, ihre Träume zu entziffern, oder wir taten das, was sich der betreffenden Person und ihrem Problem als angemessen erwies. Zuweilen arbeiteten zwei von uns zusammen und baten darum, gezeigt zu bekommen, wie wir den Menschen, die nach Führung suchten, am besten helfen konnten. Diese Methode benutzten wir vor allem für Hilfesuchende, die wegen zu großer räumlicher Entfernungen oder aus anderen Gründen nicht direkt mit jemandem von uns arbeiten konnten. In solchen Fällen wurden den Betreffenden die Ergebnisse unserer Bemühungen per Telefon oder Brief mitgeteilt und die geistigen Übungen und Meditationen erklärt. Wir wurden jedoch wiederholt davor gewarnt, die gesamte

Arbeit anderer zu übernehmen und auszuführen, da dies nur unsere eigenen geistigen und spirituellen Muskeln stärken würde und nicht die der Hilfesuchenden.

Die vielen verschiedenen Probleme, mit denen wir zu tun hatten, waren oft der Zugang zu neuen Einsichten über eine große Zahl verschiedenster Themen. Als wir begonnen hatten, unsere Erkenntnisse zu gebrauchen, wuchs unser Vertrauen zu der inneren Quelle immer mehr, besonders als wir sahen, wie oft ihr Rat sich im Leben anderer Menschen bewährte.

Allmählich hörten immer mehr Menschen von unserer Arbeit. Darunter waren Psychologen, die uns um Hilfe bei schwierigen und besonders verwirrenden Fällen baten. Meine älteste Tochter, die Psychologin ist, hat persönlich durch diese Methode Hilfe erfahren und benutzt nun die verschiedenen Techniken und Übungen in der Beratung ihrer Klienten, wodurch sie hervorragende Ergebnisse erzielt. Darüber hinaus treffen wir beide uns regelmäßig, um das Höhere Bewußtsein um weitere Einsichten und Anweisungen zu bitten, die ihr bei der Diagnose der Probleme ihrer Klienten behilflich sind und die Arbeit mit ihnen effektiver werden lassen. Sie bietet diesen Dienst jedoch nur denjenigen unter ihnen an, bei denen sie die Offenheit für dieses Vorgehen spürt, die ihre Einwilligung geben und bereit sind, der auf diese Weise erhaltenen Führung zu folgen. Die meisten ergreifen diese zusätzliche Hilfe und Möglichkeit der Einsicht sehr bereitwillig, und dadurch kann ihnen meine Tochter schneller zur Selbsthilfe verhelfen, dem eigentlichen Schlüssel zu Heilung und Wachstum. Sie erkennen nach kurzer Zeit, wie sehr diese Arbeit den Heilungsprozeß beschleunigt, und so haben wir bei unseren Treffen meist eine lange Liste von Anliegen.

Aus dieser Arbeit heraus ist ein Muster sichtbar geworden, das von Psychotherapeuten und in beratenden Berufen benutzt werden kann und das in diesem Buch detailliert dargestellt wird. Wir hoffen, daß im Laufe der Zeit immer mehr Therapeuten sich die größere Weisheit zunutze machen, zu der man Zugang findet, wenn sowohl der Therapeut als auch der Klient das Höhere Bewußtsein anrufen.

Projektion und Übertragung sind Phänomene, die in Therapie- und Beratungssituationen unweigerlich auftreten. Sie werden abgemildert, wenn Therapeut und Klient sich auf das Höhere Bewußtsein verlassen und nicht den Therapeuten als Autorität betrachten, und wenn beide eine Visualisierungsübung ausführen, die uns gegeben wurde, um dieses Problem zu verringern. Wir nennen diese Übung «Die Acht». Ihre Anwendungsmöglichkeiten werden weiter unten ausführlich beschrieben.

Der Kern der Arbeit mit dieser Methode

Während einer Sitzung mit meiner Tochter, in der wir um Hinweise für einige ihrer Klienten baten, wurde uns ganz unerwartet der Kern oder das Hauptthema dieses Buches gezeigt.

Nachdem wir in die Stille gegangen waren und meine Tochter die Namen derer vorgelesen hatte, die um Hilfe baten, errichteten wir in unserer Vorstellung gemeinsam das Dreieck. Plötzlich sah ich wie auf einer inneren Leinwand eine Art Zoo oder Zirkus. Er bestand aus vielen Käfigen, in denen jeweils ein Tier lebte. Als ich dieses innere Bild betrachtete, war ich überrascht zu sehen, auf wie viele verschiedene Arten die Tiere auf ihre Gefangenschaft reagierten. Einige Raubkatzen schritten nervös auf und ab, anmutig, aber frustriert. Einige Tiere warfen sich in offensichtlicher Wut und Rebellion gegen die Wände ihres Käfigs; rasend und voller Angst versuchten sie verzweifelt zu entkommen. Andere waren zur Rückseite des Käfigs geschlichen, hatten sich wie Embryos zusammengerollt und sich von jeglicher Teilnahme am Leben zurückgezogen. Einige befanden sich im Hungerstreik und verweigerten die Nahrungsaufnahme, während wieder andere, wie z. B. die Bären, Spiele und Kunststückchen vormachten und eine regelrechte Show aufführten, um die Aufmerksamkeit der Zuschauer zu erregen und sich selbst von ihrer Langeweile abzulenken. Andere versuchten, sich einzuschmeicheln, schlugen Purzelbäume und bettelten ihre Wärter um Futter an. Als ich diese verschiedenen Reaktionen beobachtete, fragte ich, warum mir dieses Bild gezeigt wurde. Sofort wurde mir klar, daß Menschen wie diese Tiere in Käfi-

gen gefangen sind, die sie jedoch selbst geschaffen haben. Ich wußte mit innerer Sicherheit, daß sie Befreiung aus ihren Käfigen erlangen können, wenn sie dies wünschen.
Sollte es denn überhaupt jemanden geben, der den Wunsch nach Freiheit nicht hat, fragte ich mich. Als Antwort fielen mir verschiedene Personen ein, die ich kannte und die sicherlich in diese Kategorie paßten. Als ich weiter schaute, erkannte ich, daß viele Menschen gegen jede Art von Veränderung Widerstand leisten und die Sicherheit der gewohnten Situation vorziehen, ganz gleich wie schwierig oder unglücklich sie ist, nur um die Unsicherheit zu vermeiden, die das Unbekannte und Neue mit sich bringt. Und es gibt diejenigen, die zwar beteuern, frei sein zu wollen, wenn sie jedoch die Möglichkeit erhalten, aus ihrem Gefängnis zu entkommen, entdecken sie, daß ihr Freiheitswunsch nicht intensiv genug ist, um die Bereitschaft in ihnen zu schaffen, ihre Bindungen an Personen, Besitztümer, Wünsche, Sicherheit und an all die Dinge aufzugeben, ohne die sie glauben, nicht leben zu können. Menschen tun oft alles nur Erdenkliche, um ihre Wunschträume, an denen sie hängen, zu schützen, und sie wehren jeden Versuch ab, ihnen zu zeigen, daß gerade diese oft an der Wurzel ihres Unglücks zu finden sind.
Als nächstes wurde mir bewußt, daß man dem Prozeß erlauben muß, wie mit Ariadnes Faden bis hin zur Ursache zurückzuführen, durch die Nebelwand hindurch, die der bewußte Verstand mit seinem Protest erzeugt, um den Schlüssel zu finden, der das Gefängnis eines Menschen öffnen kann, denn nur wenn die versteckte Ursache der Symptome entdeckt wird, kann die Heilung von Dauer sein. Das Ego mit seinem «Ich will» und «Ich will nicht» ist ein tiefsitzender Kern, der durch Zorn, Angst und Verzweiflung wie eine Zitadelle verbissen verteidigt wird, bevor es sich dem Höheren Selbst übergibt.
Diese Hingabe an die innere Weisheit ist der Schlüssel zur Gesundheit und Ganzheit; sie stellt die wahre Bedeutung des

Gebetes «Dein Wille, nicht meiner, geschehe!» dar. «Dein Wille» bezieht sich auf den Willen unseres eigenen Höheren Selbst, das allein weiß, warum ein Mensch dieses Leben lebt, wogegen «mein Wille» der zwanghafte, personale Wille des Ego mit seinen Bindungen an Myriaden von Wünschen ist.
Ich erkannte, daß uns der freie Wille gegeben ist, und erschrak über die Einsicht, wohin uns dieser freie Wille gewöhnlich führt: in Käfige! Ehe wir erkennen, daß wir nur dann frei sind, wenn wir dem Höheren Bewußtsein zu vertrauen lernen, können wir nicht wirklich wissen, was Freiheit bedeutet. Die Aufforderung «Laß das Vertrauen in diese höhere Weisheit die zur Schlacht gerüstete Zitadelle des kleinen Ichs erstürmen!» blitzte in mir auf. Ich sah, daß alle psychologischen Probleme und alles Unglück nur Wegweiser zu diesem inneren Konflikt sind und daß sie zur Grundursache zurückführen können, wenn sie richtig verstanden werden. Als ich um mich blickte, erkannte ich, daß jeder lebende Mensch unter einem Aspekt dieser «Krankheit der Trennung vom Höheren Selbst» leidet. Manche Menschen sind stärker betroffen als andere. Manchen gelingt es, diesen Konflikt erfolgreicher zu tarnen oder sich davor zu verstecken, indem sie zu verschiedenen Tricks Zuflucht nehmen wie z.B. ständige Aktivität, Drogen, Alkohol, Sex, Fernsehen, Bücher oder Essen. So wie diese Tiere in ihren Käfigen sind wir alle! Ich war ehrfürchtig ergriffen von diesem Bild.
Dann erinnerte ich mich an die Philosophien des Ostens und ihre Betonung der Wunschlosigkeit und des Losgelöstseins. Und ich erkannte, daß uns in unserer Arbeit gezeigt worden war, wie diese Bindungen gelöst werden können, die uns an Dinge, Menschen, Orte, Lebensweisen und an all das fesseln, was uns am Freisein hindert. Ich erfaßte weiter, daß die Techniken, die uns in den Jahren unserer Arbeit offenbart worden waren, Wege darstellen, auf denen wir aus unseren Käfigen entkommen können und mit denen wir anderen dabei helfen können, das gleiche zu tun.

Dann wurde mir ein kurzes Erlebnis dieser Freiheit gegeben, die uns einmal erwartet, und ich erkannte, daß sie mit einer Bewußtseinsebene identisch ist, die ich ab und zu während der Sitzungen für kurze Zeit erreicht hatte und die ich immer die «Bildteppich-Ebene» genannt hatte.

Gelegentlich war es vorgekommen, daß ich, während ich mich auf die Bilder und Eindrücke konzentrierte, die ich empfing, mir plötzlich einer ungeheueren Veränderung meiner Haltung bewußt geworden war. Sie wurde von dem Gefühl begleitet, in einem rosafarbenen Lichtschein frei im Raum zu schweben wie ein Vogel, der sich vom Wind tragen läßt. Von hier aus blickte ich auf einen wunderschönen Teppich hinunter. Ich genoß diese kurzen Augenblicke in dieser Bewußtseinsebene und spürte, daß mir eine Schau der Welt mit dem Auge Gottes gegeben wurde, die mich immer wieder neu in Erstaunen versetzte. Einige Male versuchte ich, bewußt an diesen Ort zu gehen, was mir allerdings nie gelang, da sich das Erreichen dieses Zustandes der bewußten Kontrolle zu entziehen scheint. Am Anfang erschreckte mich meine Haltungsänderung auch ein wenig. Als ich hinabsah auf all die Unmenschlichkeit unter den Menschen, auf all die Kriege, Morde, Vergewaltigungen und Leiden, fühlte ich trotz all dieser Schrecken mit Browning, wenn er sagt: «Gott ist in Seinem Himmel. Es ist alles in Ordnung mit der Welt.» Wenige Minuten zuvor wäre ich vor Depressionen über diese Welt-Szene zu Boden gedrückt worden; doch auf dieser anderen Ebene war ich einen Moment lang frei von der Welt, konnte alles ganz nüchtern betrachten und wußte dabei, daß für unser sehr notwendiges Lernen all dies unvermeidbar ist, daß es nur so möglich wird.

Von oben gesehen war der Bildteppich immer sehr schön: er leuchtete in hellen und dunklen Farben, die alle harmonisch zusammengewoben waren und so ein kompliziertes Muster ergaben, in dem alles seinen angemessenen Platz hatte. Dieser Teppich sah jedoch von unten, von unserem begrenzten

Bewußtsein aus betrachtet, ganz anders aus: das Muster wirkte verschwommen und undeutlich, da die vielen Knoten und losen Garnenden das schöne Muster, das ich von oben gesehen hatte, verwischten, so daß alle Farben ineinander verschwammen. Dabei wurde deutlich, daß aus der Sicht des Höheren Bewußtseins das wahre Muster sichtbar wird.

Unsere Leben sind ineinander verwoben, damit wir lernen, und wir ziehen die Menschen und Erfahrungen an, die wir brauchen, damit sie uns lehren, was wir zu lernen haben. Da wir nicht über unsere begrenzte Sicht hinaus sehen können, erscheint uns das Muster als häßlich und unordentlich, und wir beurteilen es als schlecht. Von oben betrachtet, von wo der Plan deutlich wird, ist hingegen alles so, wie es ist und sein muß und so wie wir alle es gewoben haben. Auch die negativen Aspekte sind unvermeidbar Teile des Ganzen.

Dann erkannte ich, «daß sogar die Knoten richtig sind», ein Satz, den wir oft benutzt haben, um die Tatsache zu verdeutlichen, daß scheinbar negative Erfahrungen oft genau das sind, was wir brauchen, um aus unseren eingefahrenen Geleisen herausgeworfen und zum Wachsen angespornt zu werden. Die meisten Menschen neigen sehr stark dazu, das Leben leichtzunehmen, wenn es zu glatt verläuft. Dies führt zu Stagnation und verhindert Wachstum. Nur weil wir das schön gewobene Muster, das wir alle gerne herstellen würden, nicht sehen können und nur die uns negativ erscheinende Unterseite betrachten, beurteilen wir sie als falsch.

Als ich dieses Bild eines Tages einer jungen Frau beschrieb, die zu mir gekommen war, weil sie sehr unter dem Verlust eines ihr nahestehenden Menschen litt, fragte sie aus ihrer Seelenqual heraus: «Aber würde die Sichtweise, die Sie beschreiben, uns nicht alle nachlässig und gleichgültig werden lassen?»

Ich wußte genau, was sie meinte, da ich diese Befürchtungen anfänglich auch gehabt hatte; die Erfahrung hat mich jedoch eines Besseren belehrt. Sie bringt im Gegenteil noch mehr

Mitgefühl und Verständnis mit sich, reduziert die Kritik an anderen und erzeugt so die einzige Haltung, mit der man Hilfe anbieten kann.

Ein junger Mann, der sich einmal während einer Sitzung auf der Bildteppich-Ebene befand, reagierte anders: Er wollte sie nicht mehr verlassen und in das «gewöhnliche, eintönige Bewußtsein des täglichen Lebens» zurückkehren, wie er es nannte, so wie Menschen, die Drogen nehmen, um der Langeweile, Dumpfheit und Häßlichkeit ihres Lebens zu entkommen, diese nicht aufgeben wollen.

Wir wurden immer wieder darauf hingewiesen, daß wir nur durch das Leben in diesem Körper, in dieser irdischen Welt an uns selbst arbeiten können, um so das Ziel der Freiheit zu erreichen, das wir von der Bildteppich-Ebene aus sehen können. Wir müssen uns das Recht, dort für immer bleiben zu dürfen, erst erarbeiten. Wenn wir uns vom Leben auf irgendeine Weise zurückziehen, verzögern wir dadurch nur unseren Fortschritt.

Der Schlüssel, der die Türen der Käfige öffnet, in denen wir gefangen sind, kann nur innerhalb dieses Käfigs gefunden werden, der seinerseits wiederum in der Welt, in der wir leben, gefangen ist. Diesen Schlüssel können wir finden, wenn wir tief in unserem Innern forschen, um zu entdecken, wo wir uns an den Gitterstäben festhalten und an welche Dinge, Menschen und Glaubenssätze wir deshalb gebunden sind.

Als ich die Bedeutung dieser Szene der eingesperrten Tiere verstanden hatte, wurde mir klar, daß die Erkenntnisse und Methoden, die uns im Verlauf der Jahre bereits gegeben worden waren, in vollkommener Weise dazu angelegt waren, all denen zu helfen, die von falschen Sicherheiten frei werden wollen, um sich von dem Grund ihrer Gefangenschaft in einem Käfig lösen zu können.

Die Szene der gefangenen Tiere ist tatsächlich der Kern der Arbeit, und sie liefert das Hauptthema, in dessen Umfeld sich die Beschreibung der Bemühungen bewegt. Um vollständig frei zu sein, müssen wir uns von jedem und allem, was uns bindet oder dominiert, losgelöst haben, bzw. von alldem, worin wir Sicherheit suchen und das wir dem Höheren Selbst in uns vorziehen.

Darauf fiel mir ein, daß Jesus zu dem reichen Mann gesagt hatte, er solle seine Eltern, seine Frau und sein Haus verlassen und ihm nachfolgen. Nun begriff ich, daß dies nicht notwendigerweise heißt, daß man sie tatsächlich physisch verläßt, indem man weggeht und Verantwortlichkeiten, die man übernommen hatte, vernachlässigt. Mir schien, daß sich diese Aufforderung vielmehr auf die Loslösung von der Abhängigkeit von der Familie bezieht. Diese Abhängigkeit verhindert oft das völlige Vertrauen in das Höhere Bewußtsein und die Freiheit, seinem Willen zu folgen und nicht dem des eigenen Ego oder dem eines anderen Menschen.

Ein Hauptteil unserer Arbeit besteht darin, die Bindungen oder Fesseln zu durchschneiden, die uns an etwas oder jemanden binden, in das oder in den wir unser Vertrauen setzen und das bzw. der deshalb für uns zu einem Gott wird. Denn diese kleinen Götter sind unbeständig und können uns weggenommen werden, sie sind als Quellen der Sicherheit unzulässig. Es ist nicht bedeutend, ob diese Bindungen durch Emotionen entstanden sind. Wichtig ist, daß sie die Macht haben, uns von den Dingen abhängig zu halten, an die sie uns binden, anstatt die Anbindung an das Höhere Bewußtsein zuzulassen.

Während der Jahre tauchte in unserer Arbeit ein Muster oder eine Reihenfolge von Schritten auf, die eine Methode darstellen, mit deren Hilfe zwei Menschen, welche zusammenarbeiten, die für ihr Wachstum notwendige Freiheit erlangen können. Diese Methode stellt ein System dar, das von professionellen Therapeuten bei der Arbeit mit ihren Klienten benutzt werden kann. Das Höhere Bewußtsein fügt dabei der Arbeit eine wichtige Dimension hinzu, die den Heilungsprozeß erheblich beschleunigen kann.

Wenn ein Mensch bereit ist, sein Bewußtsein zu erhöhen, um mit der ihm innewohnenden Quelle der Weisheit und Heilung in Verbindung zu treten, wird seine Arbeit dadurch unweigerlich verfeinert und gestärkt, da sie über die Dominierung durch das Ego hinausgehoben wird, und dies gilt nicht nur für therapeutische, sondern für Arbeit jeglicher Art. In der therapeutischen Situation ist es notwendig, daß sowohl der Therapeut als auch der Klient das Höhere Bewußtsein um Führung bitten, weil Hilfe leichter gefunden werden kann, wenn beide die ehrliche Bereitschaft haben, die Unterstützung des Höheren Bewußtseins zu erbitten, das sie beide in sich tragen.

Im Lauf der Zeit wurden uns viele verschiedene Arten von Bindungen und Fesseln gezeigt, die in den folgenden Kapiteln zusammen mit den Anweisungen zu ihrer Lösung dargestellt werden. Diese Lösungsprozesse beinhalten oft den Gebrauch alter Pubertätsriten, die in unserer gegenwärtigen Kultur in Vergessenheit geraten sind.

Die ersten Bindungen werden in der Kindheit zu den Eltern oder den Erziehern gebildet, zu nahen Verwandten, Geschwistern, Lehrern, Freunden und allen anderen Personen, die dabei mitwirken, das Kind zu beeinflussen und zu programmieren. Spätere Bindungen werden zu Freunden, Geliebten, Ehepartnern, anderen Familienmitgliedern, Kindern und zu all denen aufgenommen, auf die wir uns als Quelle der Sicherheit verlassen – gleich ob diese noch am Leben oder bereits verstorben sind. Daneben gibt es noch subtilere Bindungen wie etwa daran, seinen Kopf durchzusetzen, oder an die eigenen Überzeugungen, ebenso wie an starke Emotionen wie z. B. Wut, Eifersucht, Angst und Stolz. Verhaftungen können auch an Gelüste nach Dingen gebunden sein, wie etwa Essen, Alkohol, Drogen, Geld, Schmuck, Kleidung, Häuser, Autos, Macht, sozialen Status, Bildung und Erfolg, um nur einige zu nennen. Und schließlich verursacht das Gebundensein an das Leben selbst vielen Menschen so große Angst vor dem Tod.

Wir konnten oft beobachten, daß der Tod für einen Menschen, der wirkliches Losgelöstsein noch zu Lebzeiten in dieser Welt erlangt hat, ein sehr einfaches und furchtfreies Erlebnis ist. Wenn der Sterbende sich von seinem physischen Körper trennt, ist er frei und kann in eine andere Dimension übergehen, ohne der Versuchung zu erliegen, den Bindungen dieser irdischen Ebene zu nahe zu bleiben. Ebenso ist er auch dem emotionalen Festhalten nicht mehr ausgesetzt, das von den Menschen ausgeht, denen der Verlust der physischen Gegenwart des Sterbenden bevorsteht.
Hieraus wird ersichtlich, daß die beschriebene Arbeit als kontinuierlicher Prozeß betrachtet werden kann, bei dem jeder mit der Auflösung von Bindungen so weit geht, wie er will. Wenn man diesen Prozeß bis zum Ende verfolgt, kann er bis zur Befreiung von allen Wünschen und schließlich vom «Rad der Wiedergeburten» führen. Allerdings erreichen nur wenige dies in einem Leben, und nicht jeder würde es überhaupt wollen. Dies soll jedoch niemanden davon abhalten, diese Methode zu benutzen, um sich so weit zu befreien, daß er mit seinen Problemen fertig wird, seine Situation und seine Beziehungen verbessert und ein erfüllteres Leben führen kann.

Vorbereitung für die erste
innere Sitzung

Wenn jemand zum erstenmal zu uns kommt, versuchen wir zuerst herauszufinden, warum er diese Art von Hilfe sucht. Die meisten Menschen erfahren von unserer Arbeit über Bekannte, welche die Methode bereits erlebt haben, und sind daher schon mehr oder weniger über ihren Inhalt informiert. Sobald wir die Art des Problems kennen, erklären wir dem Betreffenden, daß er zunächst seine inneren Haltungen in Augenschein nehmen muß. Wir erläutern, daß ihm dabei geholfen werden kann, die Kontrolle über diese Haltungen zu gewinnen, und daß dies oft schon ausreicht, um die Situation zu verbessern.

Bindungen an die Eltern

Dann legen wir dar, daß die meisten Probleme von oft unbewußten Reaktionen auf die frühkindliche Erziehung herrühren, und im allgemeinen beginnen wir die Bearbeitung solcher Probleme damit, dem Betreffenden dabei zu helfen, seine Eltern loszulassen, indem wir eine Technik benutzen, die wir unter uns als «Pubertätsriten» oder «Lösen der Verbindungsschnüre» bezeichnen. Dies befreit ihn nicht nur von ungesunden Abhängigkeiten, sondern auch von oft negativen Programmierungen durch die Eltern, die auf einer tiefen, unbewußten Ebene immer noch aktiv sind und ihn daran hindern, sich selbst zu kennen. Diese erste Sitzung gibt dem Betreffenden die Gelegenheit, den anderen Bewußtseinszustand zu erleben, den wir «Rêverie» oder «Wachtraum-Zustand»

nennen. Gleichzeitig gewinnt derjenige, der die Sitzung leitet, einen Eindruck davon, wie er sich an dieser Art Arbeit beteiligt.
Natürlich werden die ersten Bindungen an die Eltern vollzogen, weil sie die Kanäle waren, durch die wir auf die Welt gekommen sind. Eine starke, frühe Verbindung zu den Eltern ist während der ersten Lebensjahre sehr wichtig, da das Kind diese Sicherheit als feste Basis braucht, auf der es sich entwickeln kann.
Gegenwärtig wird ein alter Brauch wiederentdeckt, den man «bonding», «Bande knüpfen» nennt und durch den diese Bindungen kurz nach der Geburt verstärkt werden. Es hat sich gezeigt, daß ein Neugeborenes in den zwanzig Minuten unmittelbar nach der Geburt bei vollem Bewußtsein ist und seinen Blick konzentrieren kann. Bei den verschiedenen natürlichen Geburtsmethoden unserer Zeit, bei denen beide Eltern anwesend sind und die Mutter bei vollem Wachbewußtsein ist, wird das Kind durch direkten Blickkontakt so früh wie möglich in die Eltern «eingeschlossen».
Diese frühen Bindungen müssen jedoch in der Pubertät gelöst werden, wenn der junge Mensch im Begriff ist, als Erwachsener in die Welt hinauszugehen, damit der Jugendliche die Freiheit hat, sich zu einem unabhängigen Individuum zu entwickeln. Unglücklicherweise sind in unserer Gesellschaft viele der alten Bräuche und Rituale in Vergessenheit geraten. Dies gilt vor allem für die Pubertäts- und Todesriten. Soweit sie überhaupt noch benutzt werden, sind sie so verdünnt und oberflächlich, daß sie für alle praktischen Ziele nutzlos sind und lediglich als leere Hüllen weiterexistieren, die, ihrer ursprünglichen symbolischen Bedeutung beraubt, nur noch soziale Funktionen erfüllen.
Wir beschreiben jedem, der neu zu uns kommt, den Ablauf dieses Rituals und erklären ihm, daß es zu jedem beliebigen Zeitpunkt nach der Pubertät durchgeführt werden kann, egal in welchem Alter, da es in den seltensten Fällen zur richtigen

Zeit in seiner ganzen Tiefe durchlebt worden ist. Wir weisen auf alte Gebräuche hin, die in einigen primitiven Kulturen heute noch gepflegt werden und ihrer ursprünglichen Form noch näher sind, und wir betonen, wie wichtig es ist, daß ein junger Mensch, der seine Reife erlangen will, von seinen Eltern und der Welt der Kindheit weggenommen und als Erwachsener in das Leben der Gemeinschaft eingeführt wird.
Wenn diese Bindungen über das Pubertätsalter hinaus weiterbestehen, kommt oft eine sehr ungesunde Situation zustande, in der das Kind – ganz gleich wie alt es sein mag – entweder von einem oder beiden Elternteilen zu abhängig ist und deshalb seine wahre eigene Persönlichkeit nicht entfalten kann oder die Beziehungen zu den Eltern gewaltsam abbricht, was auf beiden Seiten ungute Gefühle hinterläßt. Die letztere Situation kann besonders negative Bindungen zur Folge haben, die noch enger fesseln können als die ursprünglichen, positiveren.
Auf diese Information reagieren die Menschen je nach ihren Erfahrungen und ihrem sozialen Hintergrund sehr unterschiedlich. Manche protestieren und behaupten, sie hätten sich bereits befreit und ihre Unabhängigkeit erlangt, wobei sie oft die drastischen Mittel beschreiben, die sie dabei angewandt haben. Wir haben jedoch festgestellt, daß sie selten wirklich frei sind und daß weder Entfremdung noch räumlicher Abstand, ja noch nicht einmal der Tod der Eltern sie wirklich befreit. Im Gegensatz zu seiner eigenen Einschätzung hängt ein Mensch in einem solchen Fall sogar noch weitaus mehr an seinen Eltern. Andere reagieren jedoch völlig anders, wenn sie hören, daß sie diese Bindungen lösen müssen: Sie geben der großen Erleichterung Ausdruck, die sie bei der Mitteilung empfinden, es sei nie zu spät, frei zu werden, und das Alter spiele keine Rolle.
Hierbei fällt mir eine Frau Mitte vierzig ein, deren Mutter eine besonders dominierende Matriarchin ist. «Wenn Sie mir helfen können, mich von meiner Mutter zu befreien», rief sie

aus, «dann wird ein Großteil meiner Probleme schon gelöst sein!» Ein junger Mann reagierte auf die Information, indem er sagte: «Ich bin Tausende von Kilometern weit weggezogen, um meinem Vater zu entkommen – ohne Erfolg. Ich kann seine ewige Kritik über jede Entfernung hinweg spüren!»
Wiederum andere schrecken bei dem bloßen Gedanken an eine Trennung zurück, weil sie glauben, daß enge Familienbande heilig seien, obgleich die Bindungen oft erdrückend und lähmend auf die einzelnen Mitglieder einer Familie wirken. Und einigen ist schon der bloße Gedanke verhaßt, aus dem Nest gestoßen zu werden, und darum ziehen sie die Sicherheit, die dieses Nest ihnen bietet, der Möglichkeit, sich allein der Welt zu stellen, vor.
In besonderen Fällen, wenn Menschen bei Verwandten, Freunden der Familie oder bei Pflegeeltern aufgewachsen sind, finden wir oft eine tiefverwurzelte, unbewußte Ablehnung den leiblichen Eltern gegenüber und das Gefühl der Zurückweisung, das ihr Leben prägt. Hier müssen die Betreffenden durch die Trennung von ihren wirklichen Eltern und zusätzlich durch die von ihren Pflegeeltern geführt werden.
Eltern, die für all ihre Kinder gleichermaßen vollkommen sind, gibt es nicht, und auch die besten Eltern muß man loslassen, wenn man zu einem unabhängigen Erwachsenen werden will. Es ist deshalb empfehlenswert, auch bei einem Minimum an Reibung in der Familie eine Lösung der Bindungen vorzunehmen. Dies bewirkt in allen Fällen eine Verbesserung der Beziehungen, da sie sich freier und fließender gestalten können.
Wie bei den alten Ritualen gibt es auch hier Vorbereitungen, die dem eigentlichen Durchschneiden der Bindungen vorangehen müssen. Für diesen Zweck wurde uns eine Übung gegeben. Sie muß für jeden Elternteil und jeden Erzieher regelmäßig täglich über einen Zeitraum von nicht weniger als zwei Wochen ausgeführt werden. Wir nennen diese Übung «Die

Acht», da sie wie die Zahl 8 aussieht. Sie wird benutzt, um jede Person in einer zu engen Beziehung in ihren eigenen Raum oder ihr Territorium zu bringen, und sie ist zu einer unserer nützlichsten Übungen geworden.

Zwei Menschen, die eine enge Beziehung zueinander haben, projizieren immer einen Teil ihrer selbst auf den anderen, so daß keiner der beiden ein klar abgegrenztes Individuum ist. Würden nun die Bindungen zwischen ihnen durchtrennt, ohne daß die beiden Personen sich in ihr eigenes Territorium zurückgezogen haben, wäre das Ergebnis äußerst verwirrend. Jeder der beiden würde nämlich immer noch die Projektionen des anderen mit sich tragen, die wie ein Überzug das wirkliche Selbst verdecken. Um diesem Umstand abzuhelfen, wurde uns «Die Acht» gegeben, die ich im folgenden so beschreiben werde, als würde ich sie jemandem zum erstenmal erklären.

Anweisungen für das Visualisieren der Acht

Die Grundanweisung lautet: «Bevor die Bindungen zwischen Ihnen und Ihren Eltern abgetrennt werden können, muß die folgende Übung täglich mindestens zwei Wochen lang für jeden Elternteil praktiziert werden.

Schließen Sie bitte die Augen und machen Sie es sich in Ihrem Sessel, auf einem Stuhl oder auf dem Boden bequem und zeichnen Sie in Ihrer Vorstellung *auf dem Boden* einen Kreis um sich herum, der den Radius Ihres ausgestreckten Armes bei gestreckten Fingern hat. Stellen Sie sich diesen Kreis als einen aus goldenem Licht bestehenden Schlauch vor, etwa so wie Sonnenlicht. Sie brauchen sich nicht zu beeilen, ihn zu sehen. Forcieren Sie nichts, sondern lassen Sie ihn einfach vor Ihrem geistigen Auge erscheinen.

Wenn Sie mit dem Bild zufrieden sind und sich selbst in der Mitte dieses Kreises aus Licht sitzen sehen, stellen Sie sich

bitte einen weiteren Lichtkreis vor, der dem Ihren ähnlich ist und diesen berührt, ohne ihn zu überlappen. Schauen Sie nun, welcher Teil Ihrer Eltern in dem Kreis vor Ihrem eigenen erscheint, wenn Sie einen der beiden hineinbitten.
Achten Sie bitte darauf, daß Sie beide in der Mitte Ihres jeweiligen Kreises bleiben. Wenn Sie den Eindruck haben, daß Sie oder Ihr Gegenüber sich aus dem Zentrum des betreffenden Kreises herausbewegen oder versuchen, in den Raum des anderen einzutreten, stellen Sie sich vor, daß man Sie beide wie Puppen aufheben und dahin zurückbringen kann, wo Sie hingehören. Es kann sein, daß Sie dies mehrmals tun müssen, bevor Sie beide im Mittelpunkt des Ihnen zugehörigen Kreises bleiben, vor allem dann, wenn eine der beiden Personen besonders dominierend ist.
Wenn Sie die beiden Kreise klar sehen können und wenn sowohl Sie als auch Ihr Gegenüber sich im Zentrum des jeweiligen Kreises befinden, stellen Sie sich bitte ein blaßblaues Neonlicht vor, das in der goldenen Röhre entlangfließt. Es bewegt sich vom Berührungspunkt der beiden Lichtkreise aus im Uhrzeigersinn zuerst um den Kreis herum, in dem sich Ihr Gegenüber befindet, bis es zu dem Punkt zurückkommt, an dem die beiden Kreise sich berühren. Sehen Sie nun dem blauen Licht zu, während es Ihren eigenen Kreis entlang links an Ihnen vorbeiwandert, um Sie herum zurück zum Berührungspunkt und somit die Zahl 8 beschreibt. Verfolgen Sie nun die Bewegung des blauen Lichtes vor Ihrem geistigen Auge, solange Sie das Bild ohne Anstrengung sehen können. Dieser Zeitraum ist bei jedem Menschen unterschiedlich lang und übersteigt selten zwei Minuten. Das blaue Neonlicht wird alles von Ihnen magnetisch in Ihren Kreis hineinziehen und alles, was zu dem Elternteil gehört, in dessen Kreis, so daß jeder von Ihnen sein Territorium voll und ganz belegt.
Diese Übung muß regelmäßig jeden Tag zweimal wiederholt werden, bis sie ganz leicht und ungehindert fließt. Dadurch wird die Mitteilung, daß Sie vorhaben, ein selbständiges, un-

abhängiges Individuum zu werden, in Ihr eigenes Unbewußtes sowie in das Unbewußte des Elternteils eindringen. Das Unbewußte versteht Bilder und Symbole leichter als Worte, sie müssen jedoch regelmäßig wiederholt werden, damit die Mitteilung empfangen und ausgeführt werden kann. Die besten Zeitpunkte, Mitteilungen auf diese Weise zum Unbewußten zu ‹funken›, sind diejenigen direkt nach dem Aufwachen und beim Eintreten in den Schlafzustand, weil man zu diesen Zeiten dem Unbewußten am nächsten ist.

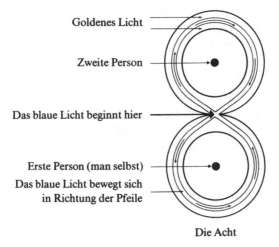

Die Acht

Wenn Sie das Bild erst einmal deutlich vor Ihrem inneren Auge aufgebaut haben, genügt eine kurze Übungsperiode von zwei Minuten morgens und abends. Den restlichen Tag über ist es hilfreich, der Acht immer wieder einen kleinen Impuls zu geben, um sie in Gang zu halten, so wie ein Kind, das einen Holzreifen vor sich herrollt, diesem von Zeit zu Zeit Schwung gibt, damit er in Bewegung bleibt. Falls Sie irgendwelche Fragen zu dieser Übung haben sollten, wenden Sie sich ruhig an mich, damit Sie sicher sein können, daß Sie sie von Anfang an richtig ausführen.»
Es ist interessant, die Berichte verschiedener Menschen zu

hören, die mit diesem Symbol arbeiten. Oftmals scheint ein besonders dominierender Elternteil zu versuchen, in den Kreis des «Kindes» einzudringen, während ein «Kind» manchmal mit Erstaunen feststellt, daß es seinerseits in das Territorium des Elternteils zu gelangen versucht. Häufig berichtet jemand, daß beide Eltern von ihm zwar verstorben sind, daß die Verbindung zu ihnen jedoch über den Tod hinaus bestehenbleibt, so lange, bis sie gelöst wird. Manche erwähnen, daß ein Elternteil – meist die Mutter – bei ihrer Geburt oder als sie noch sehr jung waren gestorben ist, so daß sie sich kaum an sie erinnern können. Sie wurden in den meisten Fällen von den Großeltern oder anderen Verwandten aufgezogen, von Freunden, in einem Waisenhaus oder Pflegeheim oder von Adoptiveltern. In solchen Fällen sollte die Trennung von den leiblichen Eltern zuerst vorgenommen werden, auch wenn diese nur wenig Einfluß auf das Kind hatten. Zusätzlich müssen sich die Betreffenden von den Personen trennen, die sie großgezogen haben oder während ihrer Kindheit einen direkten Einfluß auf sie hatten.

Manchmal kommt es vor, daß jemand noch immer einen so bitteren Haß einem Elternteil gegenüber in sich trägt, daß es ihm schwerfällt oder ihn beunruhigt, die Mutter oder den Vater täglich zu visualisieren. Es gibt verschiedene Arten, mit diesem Problem umzugehen: Anstatt die betreffende Person zu visualisieren, kann man eine Fotografie, Initialen oder ein Symbol, das sie repräsentiert, einsetzen.

Eine Frau, mit der meine Tochter arbeitete, hatte immer noch so große Angst vor ihrem Vater, daß sie die Übung überhaupt nicht ausführen konnte. Wir baten darum, gezeigt zu bekommen, was wir ihr raten sollten, und erhielten den Vorschlag, sie solle sich vorstellen, daß sie zwischen sich und ihrem Vater eine sehr dicke Scheibe errichtet und ihn sich jenseits dieser Schutzwand in seinem eigenen Kreis und von ihr getrennt visualisiert. Sie willigte ein, versuchte es und fand, daß sie die Acht nun ausführen konnte, was als Vorbereitung für die Befreiung von dem Einfluß ihres Vaters notwendig war. Diese Frau war seit ihrer frühen Kindheit von ihrem Vater sexuell mißhandelt worden und litt noch immer unter den Folgen. Diese zeigten sich als wiederholte Mißerfolge bei dem Versuch, eine dauerhafte Beziehung zu einem Mann aufrechtzuerhalten. Wir entdeckten, daß Inzest weitaus häufiger vorkommt, als gemeinhin angenommen wird. Für die Hilfe bei diesem Problem wurden uns verschiedene Möglichkeiten gegeben, die ich in einem späteren Kapitel beschreiben werde.

Die meisten Menschen sind in der Lage zu visualisieren, und durch die Übung wird diese Fähigkeit meist schnell verbessert, aber es gibt auch einige, denen es schwerfällt oder sogar unmöglich ist. Für sie gibt es Alternativen, mit deren Hilfe sie das Symbol an ihr Unbewußtes «funken» können; manchmal finden die Betreffenden selbst Abhilfe für diese Schwierigkeit. Hier fällt mir eine junge Frau ein, die mit einem Zirkel ein großes Diagramm der Acht auf Papier zeichnete, das sie jeden Morgen und Abend mit einem blaßblauen Farbstift mehrmals umfuhr.

Viele Menschen haben die Gewohnheit, in unbeschäftigten Momenten, z.B. wenn sie auf eine Verabredung warten, «Männchen zu malen» oder zu kritzeln. Ihnen empfehlen wir oft, daß sie für diese Gelegenheiten einen kleinen Block Papier und einen Stift bei sich haben und während solcher Wartezeiten die Acht zeichnen. Dabei tragen sie ihre eigenen Initialen in den Mittelpunkt des einen und die des Elternteils, von dem sie sich trennen wollen, in das Zentrum des anderen Kreises ein.

Ein Mann schnitt zwei Papierkreise aus, legte sich auf den Boden seines Zimmers, setzte sich in die Mitte des einen Kreises und legte ein Bild seiner Mutter in den anderen. Dann begann er, sich die Bewegung des blauen Lichtes vorzustellen, während er die Acht mit dem Finger nachzeichnete. Dies wiederum gab mir eine Idee für eine andere Frau, der

die Acht empfohlen worden war, nicht um sich von ihren Eltern zu trennen, sondern von ihrem Mann, von dem sie sich gerade scheiden ließ. Sie war sehr nervös und hatte große Konzentrationsschwierigkeiten. Ich empfahl ihr, die beiden Kreise aus Papier auszuschneiden, sie auf den Boden zu legen und dann den Umriß der Acht abzuschreiten. Diesem Vorschlag konnte sie mit Leichtigkeit nachkommen, denn die körperliche Betätigung dabei nahm ihr einen Teil der nervösen Energie, die sie an der Konzentration gehindert hatte. Dies ist übrigens ein gutes Beispiel dafür, wie wir oft bei der Arbeit mit einer Person eine Technik gezeigt bekommen, die wir an andere mit ähnlichen Problemen weitergeben können.
Nachdem wir die Acht jemandem sorgfältig erklärt haben, hören wir dem Betreffenden aufmerksam zu, wenn er beschreibt, wie er sie ausführen wird, um sicherzugehen, daß er die Übung verstanden hat und sie richtig visualisieren wird. Ich möchte hier die Wichtigkeit einer solchen Kontrolle betonen, da es oft vorkam, daß wir meinten, die Übung klargemacht zu haben, und dann feststellten, daß jemand das Symbol nicht auf dem Boden um seine Füße herum visualisierte, sondern in der Luft in Höhe der Taille, der Brust oder des Halses oder manchmal über dem Kopf. Andere sahen die Acht in vertikaler Lage, so daß sich ein Kreis über dem anderen befand. Solche Mißverständnisse scheinen öfter vorzukommen, wenn die Übung per Telefon weitergegeben wird, was wir vermeiden, wenn nicht ein Notfall vorliegt und es notwendig ist, daß jemand so bald wie möglich mit der Visualisierung beginnt. Die beste Art, Verwirrung zu vermeiden, besteht darin, den Betreffenden die Übung laut wiederholen zu lassen, so daß Unklarheiten beseitigt und etwaige Fragen beantwortet werden können.
Zusätzlich zu der Acht gibt es noch zwei andere Praktiken, die gleichzeitig mit der Visualisierung begonnen werden sollten. Zum einen bitten wir die betreffende Person, ihre Träume festzuhalten und es sich zur Gewohnheit zu machen, sie

jeden Morgen sofort nach dem Aufwachen aufzuschreiben, da sie dann am besten erinnert werden können. Die meisten Menschen kennen die Erfahrung, mit einer lebhaften Erinnerung an einen Traum aufgewacht zu sein, den sie in diesem Moment vielleicht sogar analysieren können, um dann mit der festen Gewißheit wieder einzuschlafen, man könne einen so klaren Traum unmöglich vergessen, und am nächsten Morgen feststellen, daß die einzige Erinnerung, die tatsächlich geblieben ist, einem sagt, daß man geträumt hat. Um zu vermeiden, daß Träume und mit ihnen wichtige Mitteilungen des Unbewußten verlorengehen, empfehlen wir, Papier und Bleistift oder einen Kassettenrekorder neben dem Bett zu haben, um einen Traum sofort beim Aufwachen aufzeichnen zu können. Außerdem schlagen wir vor, daß man dem Unbewußten beim Einschlafen mitteilt, es möge einen Traum schicken, der einen Hinweis gibt, welcher zu diesem Zeitpunkt hilfreich sein kann. Oft kann ein Traum auf das Hauptproblem im Leben eines Menschen hinweisen und so den Zeitaufwand verringern, der sonst nötig wäre, um den Schlüssel zu seinen Schwierigkeiten zu entdecken.

Des weiteren bitten wir den Betreffenden, eine Aufstellung der positiven und negativen Eigenschaften seiner Eltern anzufertigen, die ihm klarer zu erkennen helfen, wie er während seiner Kindheit programmiert wurde und wie er auf seine Eltern mit konformem oder rebellierendem Verhalten reagierte. Wir empfehlen, für jeden Elternteil ein großes Blatt Papier anzulegen, das in der Mitte durch einen vertikalen Trennungsstrich halbiert wird, so daß zwei Spalten entstehen. In die linke sollten die Eigenschaften oder Gewohnheiten des Elternteils eingetragen werden, auf die er negativ reagiert hat, und auf der rechten Seite all die Züge, die er positiv aufgenommen oder bewundert hat. Diese Listen benötigen Zeit und Geduld, und man sollte nicht versuchen, sie schnell oder gar in einem einzigen Durchgang fertigzustellen. Die offensichtlichsten Einsichten kommen für gewöhnlich als erstes zu

Bewußtsein, oft sind aber gerade die kleinen und subtilen Reaktionen diejenigen, die den größten Eindruck auf das Kind gemacht haben und vergessen oder unterdrückt wurden und nur langsam aus dem Unbewußten auftauchen, wenn die auffälligeren aufgeschrieben worden sind. Es ist hilfreich, möglichst immer Papier und Bleistift bei der Hand zu haben, um die positiven und negativen Reaktionen aufschreiben zu können, wenn sie einem einfallen, denn sobald dieser Prozeß einmal in Gang gekommen ist und das Unbewußte verstanden hat, was gebraucht wird, beginnt es, die unterdrückten und vergessenen Reaktionen der Kindheit auszugraben. Es mag scheinen, daß dies sehr viel Einsatz erfordert, wir haben jedoch beobachtet, daß diejenigen, die bereit sind, hart zu arbeiten und am meisten Disziplin aufbringen, in der Regel die Menschen sind, die am meisten Unzufriedenheit, Enttäuschung und Leidensdruck erlebt haben, bevor sie diese Hilfe suchten. Dies scheint die Regel zu sein.

Wir alle sind ein wenig faul und investieren selten wirkliche Anstrengung, wenn wir nicht dazu gezwungen werden oder wenn unser Schmerz nicht groß genug ist, um die Bereitschaft in uns zu schaffen, alles zu tun, was ihn lindert, ganz gleich, ob die Ursache physischer, geistiger, emotionaler oder finanzieller Art oder in irgendeiner anderen Weise stark genug ist, um uns zum Handeln zu bringen. Es gibt natürlich auch Menschen, die durch das abenteuerliche Moment der Arbeit so inspiriert sind, daß dies an sich genügend Motivation in ihnen erzeugt; denn gerade emotionale Energie verhilft einem Menschen dazu, die Schranken des bewußten Verstandes zu durchbrechen und Kontakt mit dem Unbewußten aufzunehmen.

Ein weiteres interessantes Phänomen, das wir im Lauf der Jahre immer wieder beobachtet haben, besteht darin, daß jemand, der mit uns arbeiten möchte, entweder den sofortigen Beginn der Arbeit nicht arrangieren kann oder daß er es nicht fertigbringt, den ersten Termin wahrzunehmen. Es hat sich gezeigt, daß eine solche Verzögerung die Betreffenden nicht etwa noch mehr verunsichert, sondern daß die meisten den Beginn der Arbeit um so ungeduldiger erwarten und dadurch noch mehr Energie aufbauen, mit der sie den ersten Durchbruch machen können, der so wichtig ist.

Das Pubertätsritual – Die Bindungen an einen Elternteil lösen

Um in einen Zustand innerer Bewußtheit zu gelangen, ist es zunächst nötig, den Körper so weit wie möglich zu entspannen, um etwaige Ablenkung durch Spannungen in den Muskeln und Nerven so weitgehend wie möglich auszuschalten. Durch die Arbeit mit vielen Menschen hat sich allmählich eine Entspannungsübung entwickelt, deren Dauer sich am durchschnittlichen Bedarf orientiert. Sehr verspannte Menschen müssen gegebenenfalls bestimmten Körperpartien besondere Aufmerksamkeit schenken, in denen wir oft Anspannungen speichern, z. B. dem Nacken und den Schultern. Am Ende der Grundentspannung können weitergehende Suggestionen für diese Bereiche gegeben werden, bis die betreffende Person sagt, daß ihr gesamter Körper entspannt ist.
Um Unterbrechungen zu vermeiden, ist es sinnvoll, vor einer Sitzung den Besuch der Toilette vorzuschlagen, da starke Gefühle sich in der Regel auf die Blase auswirken. Dennoch sollte man dem Betreffenden nahelegen, im Notfall lieber aufzustehen, als durch das Unbehagen einer vollen Blase abgelenkt zu werden. Mit etwas Übung ist es möglich, aufzustehen, zur Toilette zu gehen, zurückzukommen und in denselben Zustand zurückzugleiten, ohne das innere Erlebnis zu unterbrechen. Halsschmuck, Gürtel und BHs sollten geöffnet oder abgelegt werden, Schuhe sollte man ausziehen und Schmuckstücke, die ablenken könnten, an einem sicheren Ort aufbewahren.
Nun fragt man den Betreffenden, der dabei ist, in den Wachtraumzustand einzutreten, ob er sich im Liegen oder in einer sitzenden Haltung besser entspannt, und erklärt ihm, daß das

Ziel der Übung darin besteht, den Körper so weit wie möglich zu entspannen, damit er vom Erleben des Wachtraumes nicht in irgendeiner Weise ablenkt. Menschen, die die Liegehaltung automatisch mit Schlaf in Verbindung bringen, schlägt man besser vor, sich aufrecht hinzusetzen oder sich leicht zurückzulehnen. Eine leichte Decke sollte angeboten werden, da die meisten Menschen frösteln, wenn sie sich tief entspannen; denjenigen, die sich im Liegen entspannen, sollte ein Kissen angeboten werden.

Wenn der Betreffende bequem sitzt oder liegt, wird ein leichter Schal locker um seinen Kopf gebunden, um die Augen zu bedecken, so daß die inneren Bilder klarer erscheinen. Gleichzeitig entsteht hierdurch für den Fall, daß starke Emotionen geweckt werden, das Gefühl einer zumindest teilweisen Privatsphäre.

Es hat sich gezeigt, daß manche Menschen gern zu einem imaginären geistigen Lieblingsort gehen, während andere mit dem Platz, an dem sie sich körperlich befinden, völlig zufrieden sind. Um der Person bei der Entscheidung zu helfen, schlagen wir verschiedene Möglichkeiten vor, wie z.B. einen schattigen Wald, den Gipfel eines Hügels, einen Platz unter den schützenden Zweigen eines großen, alten Baumes, die Vorstellung, in einer Schaukel oder einer Hängematte zu liegen, in einer Höhle oder im eigenen Schlafzimmer zu sein. Darauf bitten wir die Person, ihren bevorzugten Ort zu nennen und ihn in ihrer Vorstellung aufzusuchen, es sich bequem zu machen, alles loszulassen, die Füße, das Becken und die Schultern zu lockern, den Kopf leicht hin- und herzubewegen und die Arme schwer neben den Körper fallen zu lassen.

Dann erklären wir, daß wir angewiesen wurden, entweder Sonnen- oder Mondlicht zu benutzen, um den Körper zu entspannen und ihn damit zu füllen, so daß er während der Arbeit geschützt ist und eine Heilbehandlung erhält. Nun wird der Betreffende gefragt, welches Licht er bevorzugt. Die meisten Menschen wissen es auf Anhieb, und oft hilft der innere

Schauplatz, den sie gewählt haben, bei der Wahl des Lichtes. Wenn der Betreffende sich entschieden hat, erklären wir, daß nun verbale Anweisungen an die einzelnen Bereiche seines Körpers gerichtet werden, die ihn auffordern, sich zu öffnen und das Licht aufzunehmen. Da wir jedoch keinerlei Kontrolle über den Körper oder den Geist eines Menschen ausüben wollen, bitten wir die Person, die Anweisungen still zu wiederholen und sie selbst an ihren eigenen Körper zu richten.

Daraufhin teilen wir dem Betreffenden mit, daß das Licht für unsere Arbeit vier Eigenschaften hat: daß es entspannend, heilend, reinigend und wiederbelebend wirkt. Wir weisen darauf hin, daß diese vier Eigenschaften während der Entspannung recht oft verbal wiederholt werden, damit die Suggestionen in das Unbewußte eingeprägt werden und ihre Wirkung erzielen können, da das Unbewußte von Wiederholungen lebt.

Es ist hilfreich, eine Tonbandaufnahme der Entspannungstechnik zu haben, so daß man sie zu Hause üben und anwenden kann. Dies verkürzt außerdem die Zeit, die zu Beginn jeder Sitzung für die Entspannung benötigt wird. Diese Aufnahme kann man entweder selbst herstellen, oder man bittet jemanden, dessen Stimme eine entspannende Wirkung auf einen hat, die Übung auf Band zu sprechen. Mit der Zeit gelangen die meisten Menschen recht schnell und ohne viel Hilfe in diesen entspannten Zustand. Ein weiterer Vorzug des Tonbandes besteht darin, daß man es zu Hause auch benutzen kann, wenn man verspannt oder müde ist oder wenn man sich nicht genügend entspannen kann, um einzuschlafen.

Ich werde die Entspannungssuggestionen wortwörtlich wiedergeben, so als würde ich tatsächlich mit jemandem arbeiten.

Entspannungssuggestionen

«Stellen Sie sich vor, daß Sie es sich an dem Ort, den Sie im Geist für diese Sitzung ausgesucht haben, so bequem wie möglich machen, und sagen Sie mir, wo Sie sich in Ihrer inneren Szene befinden, wenn Sie dort angekommen sind.
Wie ich bereits erklärt habe, benutzen wir bei dieser Entspannungsbehandlung entweder Sonnen- oder Mondlicht; sagen Sie mir deshalb bitte, ob es bei Ihnen Tag oder Nacht ist, damit ich weiß, welches ich benutzen soll.
Ich werde verbale Anweisungen geben, die Ihnen bei der Entspannung helfen sollen, aber ich möchte weder über Ihren Körper noch über Ihren Geist irgendeine Art von Kontrolle ausüben; wiederholen Sie deshalb bitte diese Anweisungen an die verschiedenen Körperteile noch einmal still für sich, nachdem ich sie gesagt habe. Ich spreche sie zwar aus, Ihr Körper soll jedoch Ihren Anweisungen folgen und nicht meinen.
Visualisieren Sie nun einen Lichtstrahl, der auf Sie herabscheint, und richten Sie ihn auf Ihre Zehen. Lockern Sie Ihre Zehen und geben Sie ihnen die Anweisung, sich zu öffnen, um das Licht aufzunehmen, welches für unseren Zweck vier Eigenschaften hat: Es ist entspannend, heilend, reinigend und wiederbelebend. Ich werde diese vier Eigenschaften während der Entspannung einige Male wiederholen, um sie Ihrem Unbewußten einzuprägen, welches die Wiederholung braucht, um die Mitteilung aufzunehmen und sie zur Wirkung zu bringen.
Spüren Sie, wie das Licht in einem warmen, wohltuenden Strom in Ihre Zehen hineinfließt und allmählich über den Spann, die Fußsohlen und um die Fersen herum nach oben zu den Knöcheln weiterströmt, so daß nun jeder Muskel, Knochen, Nerv und jede Zelle Ihrer Füße mit Licht erfüllt sind. Sehen Sie nun, wie es die Unterschenkel entlang in Ihre Waden einströmt und sich zu den Knien hinauf weiterbe-

wegt. Geben Sie Ihren Unterschenkeln die Anweisung, das Licht aufzunehmen, und fühlen Sie, wie es allmählich jeden Knochen, Muskel, jeden Nerv und jede Zelle durchdringt und überall, wo dies nötig ist, entspannt, heilt, reinigt und neu belebt.

Geben Sie nun Ihren Oberschenkeln die Anweisung, diesen wohltuenden Lichtstrom aufzunehmen, und sehen Sie zu, wie er sich durch die Knie hindurch in die Schenkel hinauf und zu den Hüften hin weiterbewegt und überallhin, wo dies benötigt wird, Entspannung, Heilung, Reinigung und Wiederbelebung bringt. Lassen Sie nun Ihre Beine los, danken Sie Ihnen dafür, daß sie Sie jeden Tag tragen, und geben Sie ihnen die Erlaubnis, sich während dieser Behandlung vollkommen auszuruhen, da Sie sie in der kommenden Sitzung nicht in Anspruch nehmen werden.

Bewegen Sie nun Ihre Aufmerksamkeit von den Beinen zum Beckenbereich und geben Sie diesem Teil Ihres Körpers die Anweisung, mit dem Licht Heilung, Entspannung, Reinigung und Wiederbelebung für jedes Organ, jede Drüse, jeden Nerv und für jeden Muskel aufzunehmen, wo dies nötig ist, und sehen Sie das Licht bis hin zum Bereich der unteren Wirbelsäule weiterströmen, wo es jeden Wirbel durchdringt.

Lassen Sie nun diesen Teil Ihres Körpers los und öffnen Sie den nächsten Abschnitt dem entspannenden, heilenden, reinigenden und wiederbelebenden Licht. Dies schließt den Magen-Darm-Trakt mit ein; spüren Sie nun, wie das Licht in jeden Muskel, in jedes Organ und in jede Drüse hinein- und um sie herumfließt und weiter in den Teil der Wirbelsäule hinein, der sich auf der Rückseite des Bauches befindet.

Richten Sie nun bitte Ihre Aufmerksamkeit auf den Solarplexus, der sich in der Körpermitte unterhalb der Rippen befindet. Da dieser Punkt das Zentrum des Nervensystems Ihres Körpers ist, das manchmal auch das zweite Gehirn genannt wird, ist es äußerst wichtig, das Licht in diesen Bereich voll einströmen zu lassen, um so Ihrem gesamten Nervensystem

Entspannung, Heilung, Reinigung und neue Energie zu verleihen, die jeden Nerv überall in Ihrem Körper erreicht.
An dieser Stelle möchte ich Sie bitten, mir zu sagen, was für eine Blüte Sie am Solarplexus sehen. Sagen Sie mir, was Ihnen als erstes einfällt, egal ob es ein Gedanke oder ein inneres Bild ist. Es macht nichts, wenn Sie den Namen der Blume nicht kennen, beschreiben Sie sie einfach. Ist die Blüte offen oder geschlossen? Wenn Sie noch geschlossen ist, geben Sie ihr bitte die Anweisung, sich weit genug zu öffnen, um das Licht in ihrer Mitte aufzunehmen, und sagen Sie mir Bescheid, wenn dies geschehen ist. Richten Sie nun das Licht genau auf das Zentrum dieser Blume und weisen Sie es an, in jeden Nerv Ihres gesamten Körpers einzuströmen und Heilung, Entspannung, Reinigung und Wiederbelebung mit sich zu bringen. Geben Sie dem Licht nun die Anweisung, alle Teile dieser Körperregion zu durchdringen und zur Wirbelsäule zurückzukehren.

Stellen Sie sich nun vor, wie sich das Licht in den Bereich Ihres Oberkörpers hinaufbewegt, in den Brustkorb und den oberen Rücken hinein. Geben Sie diesem Bereich die Anweisung, mit jedem Einatmen noch mehr Licht aufzunehmen, das in Ihrem ganzen Körper zirkuliert, und mit jedem Ausatmen alles Negative, wie z. B. Angst, Sorgen und Spannungen, auszustoßen, all das, was den Lichtstrom behindern könnte. Lassen Sie diesen Impuls für die gesamte Zeit, die wir heute zusammenarbeiten, bestehen, so daß Ihr natürliches Atmen bei dieser Behandlung unterstützend mitwirkt. Richten Sie nun das Licht in alle Bereiche Ihres Oberkörpers, in jedes Organ, in jede Drüse und zur Wirbelsäule hin, so daß es überallhin, wo dies nötig ist, Heilung, Entspannung, Reinigung und Wiederbelebung bringt.

Sehen Sie nun, wie das Licht von den Schultern aus beide Arme hinunterströmt, und fühlen Sie, wie es allmählich Ihre Finger, Handflächen und Handgelenke füllt und Heilung, Entspannung, Reinigung und Wiederbelebung bewirkt. Beobachten Sie, wie das Licht von den Handgelenken aus die Unterarme ausfüllt und in jeden Knochen, jeden Muskel, jeden Nerv und in jede Zelle der beiden Arme strömt und Entspannung, Heilung, Reinigung und Wiederbelebung mit sich bringt. Sehen Sie, wie das Licht nun in Ihre Oberarme einströmt und sie heilt, entspannt, reinigt und neu belebt. Lassen Sie Ihre Arme los, danken Sie ihnen dafür, daß sie für Sie arbeiten, und geben Sie ihnen die Erlaubnis, sich auszuruhen, während wir zusammen arbeiten.

Richten Sie Ihre Aufmerksamkeit nun von Ihren Armen weg auf Ihre Kehle. Hier benutzen wir wieder eine Blume für die Behandlung, da dieser Punkt der Eingang zu Ihrem Drüsensystem ist. Beschreiben Sie bitte die Blüte, die Sie an Ihrer Kehle sehen, und sagen Sie mir, ob sie offen oder geschlossen ist. Sollte sie geschlossen sein, geben Sie ihr bitte die Anweisung, sich weit genug zu öffnen, um das Licht aufzunehmen und es an jede Drüse Ihres Körpers weiterzuleiten und, soweit dies nötig ist, überallhin Entspannung, Heilung, Reinigung und Wiederbelebung zu bringen. Sagen Sie mir bitte Bescheid, wenn dies geschehen ist.

Fühlen Sie nun, wie das Licht um Ihren Nacken herumfließt, eine der Körperstellen, an denen die meisten Menschen Verspannungen haben, und spüren Sie, wie Finger aus Licht alle Muskeln Ihres Nackens und Ihrer Schultern sanft, aber intensiv massieren und damit alle Verspannungen auslöschen; teilen Sie mir bitte mit, wenn Sie das Gefühl haben, daß dies geschehen ist.

Schicken Sie das Licht nun in einem Strom die Wirbelsäule hinunter, vom Nacken aus hinab bis zum Steißbein, und stellen Sie sich dabei vor, wie das Licht um jeden Wirbel herumfließt und dabei, wo dies nötig ist, heilt, entspannt, reinigt und neu belebt.

Bringen Sie das Licht nun herauf in Ihren Kopf und Ihr Gesicht hinein und richten Sie es auf das Kinn und den Kieferbereich. Lösen Sie Ihre Zunge vom oberen Gaumen, falls sie

sich dort festhält, und falls die Zahnreihen fest geschlossen sind, lassen Sie bitte auch sie los, so daß sich Kiefer und Kehle öffnen und dem Licht überlassen können. Stellen Sie sich nun vor, wie das Licht Ihre Wangen durchdringt, durch die Nase hindurch bis zu den Ohren und den Augen weiterstrahlt und wie es all diesen Bereichen Entspannung, Heilung, Reinigung und neue Energie bringt, wo diese nötig sind.
Lassen Sie nun Ihre fünf Sinne los, das Spüren, das Hören, das Sehen, das Riechen und das Schmecken, danken Sie ihnen für ihre Dienste und geben Sie ihnen für die Zeit, in der wir heute zusammenarbeiten, eine Ruhepause, da Sie die physischen Sinne für diese innere Arbeit nicht benötigen werden.
Richten Sie das Licht nun auf Ihre Schläfen und Ihre Stirn, über Ihren Kopf und tief in das Innere Ihres Gehirns hinein, so daß es jeden Teil, den bewußten wie auch den unbewußten, durchstrahlt und überall dahin, wo dies benötigt wird, Entspannung, Heilung, Reinigung und Wiederbelebung bringt.
Atmen Sie nun dreimal langsam und tief durch, nehmen Sie mit jedem Atemzug noch mehr Licht auf und lassen Sie mit jedem Ausatmen alle noch verbliebenen Spannungen los.
Lassen Sie nun Ihren inneren Blick über Ihren ganzen Körper schweifen und sagen Sie mir, ob er entspannt ist, oder ob es noch Bereiche gibt, die noch etwas mehr Aufmerksamkeit benötigen. Falls Sie solche Stellen entdecken, richten Sie einfach das Licht auf sie und geben Sie ihnen die Zusicherung, daß sie sich während unserer Arbeit immer mehr entspannen werden.
Falls Sie Spannungen bemerken, die sich aus irgendwelchen Gründen in der Zeit, in der wir zusammenarbeiten, irgendwo in Ihrem Körper aufbauen, teilen Sie mir dies bitte mit, sobald es Ihnen bewußt wird. Solche Spannungen können auf einen psychosomatischen Zustand hinweisen, der mit dem inneren Erlebnis zusammenhängt, das Sie in dem entsprechen-

den Moment haben. Wir können dann umgehend nach ihren Ursachen und der besten Art, mit ihnen umzugehen, forschen. Oft genügt es schon, die Verbindung zu sehen, die zwischen dem, was sich in Ihrem Körper abspielt, und Ihrem inneren Erleben besteht, um von dem physischen Symptom befreit zu werden.»

Die Pubertätsriten

Wenn der Klient entspannt ist, schlage ich vor, daß wir beide uns ein Dreieck vorstellen, das wir zwischen uns aufbauen, und ich erkläre die Funktion dieses Dreiecks, falls dies noch nicht geschehen ist. Dabei lasse ich den anderen den Platz am Punkt B auf der Grundseite des Dreiecks einnehmen, während ich mich auf der gegenüberliegenden Seite am Punkt A befinde. Die beiden Punkte sind durch eine Linie miteinander verbunden, die das gegenseitige Vertrauen darstellt, das wir einander als Arbeitspartner entgegenbringen. Darauf stellen wir uns beide eine Antenne vor, die durch unsere Wirbelsäule hindurch nach oben und durch die Schädeldecke hindurch nach außen führt. Diese beiden Antennen treffen sich in unserer Vorstellung an einem Punkt im All, an der Spitze des Dreiecks, den wir das Höhere Bewußtsein oder das Göttliche Selbst nennen. Das Höhere Bewußtsein ist die angeborene Weisheit in uns allen, der Ort, an dem wir alle eins sind. [Siehe Einführung.]
Als nächstes bitten wir dieses gemeinsame Höhere Bewußtsein, uns beide zu führen, so daß derjenige, der die Sitzung leitet, die richtigen Fragen und Anweisungen erhält, und die Person, die sich im entspannten Zustand befindet, all das empfangen möge, was sie zu dieser Zeit sehen, fühlen, wissen oder erleben soll, und daß sie in der Lage sein möge, damit umzugehen.
Diese Methode hat sich über die Jahre als idiotensicher [sic!

A. d. Üb.] erwiesen, und es ist niemals vorgekommen, daß jemand, mit dem wir arbeiteten, aus seiner Tiefe herausgekommen wäre oder mit einer Erinnerung, einem Fehler oder einem Trauma konfrontiert wurde, mit dem er nicht hätte umgehen können.

Dann erkläre ich, daß der Betreffende sich nicht beunruhigen soll, falls er dieses erste Mal nichts sieht, da ich in diesem Fall leicht selbst in den Wachtraumzustand gehen, meine Eindrücke beschreiben, und ihn dann entsprechend der inneren Führung leiten kann. Auch wenn dies schwierig ist, mache ich dem Betreffenden klar, daß ich die Möglichkeit habe – wenn ich dazu angewiesen werde –, den Wachtraum zu übernehmen, zu betrachten, und die Eindrücke, die ich empfange, zu beschreiben und dann das zu tun, was mir eingegeben wird, um ihm auf seiner inneren Ebene zu helfen. Dies scheint denjenigen Sorgen und Druck abzunehmen, die an ihrer Fähigkeit, zu visualisieren, zweifeln.

Als nächstes bitte ich den Betreffenden, sich die beiden Kreise der Acht vorzustellen, die ihm durch die täglichen Übungen, die er zwei Wochen lang ausgeführt hat, bereits vertraut sind, und dann in den Kreis gegenüber seinem eigenen den Elternteil hineinzubitten, von dem er sich lösen möchte. [Siehe oben S. 35.]

Ich bitte ihn nun, diesem Elternteil mitzuteilen, daß das nun folgende Ritual sie beide befreien wird, so daß jeder von ihnen in Zukunft sein eigenes Leben führen kann und nicht mehr von den Handlungen des anderen über die Verbindungsschnüre, die sie immer noch zusammenhalten, hin- und hergezogen wird. Dann ermutige ich ihn, zu versuchen, die Bindungen zwischen ihm und dem Elternteil zu sehen und mir zu sagen, an welchen Körperteilen jeder Person die Schnüre befestigt sind. Die meisten Menschen können dies sehr leicht visualisieren, und manche sind regelrecht schockiert von dem, was sie sehen. Ich bitte den Betreffenden deswegen, sich nicht zu beunruhigen, da das, was er sieht, uns zeigen wird, wie der Beziehung am besten geholfen werden kann. Es ist ganz und gar nicht ungewöhnlich, daß der gegengeschlechtliche Elternteil über die Sexualorgane mit dem Kind verbunden ist, was uns sehr viel über die Beziehung sagt und gleichzeitig Hinweise darüber gibt, wo der Betreffende zu arbeiten hat, wenn er jemals eine gute Beziehung zu einem Menschen des anderen Geschlechts haben möchte.

Manche Menschen finden nur *eine* Verbindung vor, während andere mehrere entdecken, was jeweils davon abhängt, wie nahe sich die beiden Menschen in der Beziehung stehen, gleichgültig ob diese Nähe positiver oder negativer Art ist. Wir haben einige Fälle erlebt, in denen die Verbindung zwischen den beiden Personen so stark war, als seien sie siamesische Zwillinge. In diesen Situationen war es demjenigen, der frei zu werden wünschte, unmöglich, den Überblick zu haben, und es stand außer Frage, daß von ihm nicht erwartet werden konnte, die «Operation» selbst vorzunehmen. In einem solchen Fall muß der Leiter der Sitzung bereit sein, die Operation für den anderen durchzuführen, wobei er ihn dringend dazu auffordert, sich so intensiv wie nur möglich an ihr zu beteiligen.

Wenn die Bindungen lokalisiert worden sind, bitte ich um eine Beschreibung ihrer Größe und Struktur, und hier habe ich wieder Hunderte von verschiedenen Beschreibungen gehört, die alle von hohem Symbolgehalt bezüglich der Beziehungen waren und oft die gesamte Situation auf erstaunliche Weise erhellten. Darunter waren Samtbänder, Nylonfäden, Angelschnüre, Drähte, Seile, Ketten, Metallstangen und viele viele andere Arten von Bindungen.

Wenn die Art der Bindungen festgestellt worden ist, sage ich dem Betreffenden, er möge darum bitten, das geeignete Instrument gezeigt zu bekommen, mit dem er sie abtrennen oder loslösen soll; und wieder ist die Auswahl an Werkzeugen erstaunlich vielfältig: Scheren und Messer aller Art, wie z.B. Küchen- oder Jagdmesser, Schwerter und Dolche,

Licht- und Laserstrahlen, Feuer, Säure und Sägen, um nur einige zu nennen.
Dann schlage ich in der Regel vor, daß die Bindung zunächst in der Mitte durchgetrennt wird und dann beide Enden vom Körper der beiden Personen entfernt werden. Oft muß ich der Person, die die Loslösung vornimmt, dabei behilflich sein, wenn es sich um einen Körperteil handelt, der schwer zugänglich oder zu empfindlich ist, so daß sie nicht den Mut hat, das Ende der Bindung allein abzutrennen.
Wenn beide Enden entfernt sind, schlage ich den Betreffenden vor, zunächst bei sich selbst und dann bei der anderen Person die rechte Hand (bei Rechtshändern, ansonsten die linke) auf die Körperstelle zu legen, von der die Bindung entfernt worden ist, und die andere dahinter zu halten, so daß zwischen den beiden Händen ein Kraftfeld entsteht. Dann bitten wir das Höhere Bewußtsein, eine Heilkraft in die Hände herab – und in die Wunde hineinströmen zu lassen, die von der Abtrennung zurückgeblieben ist.
Die Bindungen werden dann zu Füßen dessen übereinandergelegt, der die Loslösung vornimmt, und wenn sie alle abgetrennt worden sind, bittet er, die beste Methode gezeigt zu bekommen, mit der sie zerstört werden können, um so zu verhindern, daß sie das alte Muster fortsetzen.
Die meisten Menschen verbrennen die Bindungen, vergraben sie, lösen sie in Säure auf oder sie schleudern sie ins Meer oder in einen Fluß mit starker Strömung. Oft sind Menschen so sehr darauf aus, mit solchen Fesseln ein für allemal fertig zu werden, daß sie sich gar nicht genug ausdenken können, um sicher zu gehen, daß sie endgültig vernichtet sind. So beschließen sie oft noch, das Feuer zu vergraben, in dem sie die Fesseln verbrannt haben, um schließlich auch noch auf der Stelle herumzuhüpfen, damit auch noch die letzte Spur beseitigt wird. Dies hat manchmal schon die Form eines indianischen Kriegstanzes angenommen, so daß ich dem Betreffenden vorgeschlagen habe, seine Erleichterung darüber, daß er

nun endlich frei ist, auf diese Weise Ausdruck zu geben. Ich ermutige ihn dazu, loszulassen und diese Freiheit in jeglicher Form auszudrücken, die ihm in den Sinn kommt.

Wenn er das Gefühl hat, daß alles getan worden ist, um jegliche Spur der alten Bindungen auszulöschen, schlage ich dem Betreffenden vor, daß er dem Elternteil, von dem er sich gerade gelöst hat, dafür dankt, daß er durch ihn in einem menschlichen Körper auf die Welt gekommen ist, und er dadurch die Möglichkeit erhalten hat, all das zu lernen, was in diesem Leben für ihn nötig ist.

Als nächstes führt der Befreite ein Ritual durch, in dem er den Elternteil um Verzeihung bittet, und diesem seinerseits alle Verletzungen verzeiht, die ihm bewußt oder unbewußt zugefügt worden sind. Dies fällt dem Betreffenden oft sehr schwer, besonders wenn bittere Gefühle zwischen ihm und den Eltern bestehen. Es ist von größter Wichtigkeit, daß dieser Akt des Verzeihens vollzogen wird, da er grundlegender Bestandteil des Frei- und Heilwerdens ist. Ein Mangel an Verzeihen kann die Bindungen auf negative Weise von neuem entstehen lassen.

Gewöhnlich veranlasse ich den Befreiten zunächst dazu, um Verzeihung zu bitten, da es den meisten Menschen etwas leichter fällt, dies zu tun, als selbst zu verzeihen. Viele Menschen leiden unter großen Schuldgefühlen, und dieses Ritual bietet ihnen die Möglichkeit, sich von dieser Last zu befreien. Ich mache dem Betreffenden den Vorschlag, bestimmte Begebenheiten in sein Bewußtsein aufsteigen zu lassen, für die er um Verzeihung bitten möchte, und diese entweder eine nach der anderen auszusprechen oder sie still für sich zu nennen. Wenn er es vorzieht, still zu bleiben, bitte ich ihn, mir mitzuteilen, wann er seinem Empfinden nach fertig ist. Ich sage ihm auch, daß irgendwelche Vorkommnisse, die später noch in der Erinnerung auftauchen, dann immer noch beigelegt werden können. Wir haben erfahren, daß diese Gelegenheit, um Verzeihung zu bitten, den Menschen sehr willkommen ist, und daß sie sie von Schuld- und Reuegefühlen befreit, die so viele Menschen zurückbehalten, besonders wenn der betreffende Elternteil schon verstorben ist.

Der nächste Schritt besteht dann darin, dem Elternteil für alle Verletzungen oder Fehler zu verzeihen, die dem, der Befreiung sucht, bewußt oder unbewußt zugefügt worden sind. Dies ist für die meisten Menschen der bei weitem schwierigere Teil, und manche finden es sogar unmöglich, es auch nur zu versuchen.

In solchen Fällen schlage ich vor, daß der Betreffende, obwohl er dem Elternteil nicht von Herzen verzeihen kann, sein Höheres Bewußtsein oder die Gotteskraft in sich bitten möge, von der Spitze unseres gemeinsamen Dreiecks aus Verzeihen durch ihn hindurch und zu seinem Elternteil hin zu senden. Diesen Vorschlag können fast alle Menschen annehmen, sogar diejenigen, die zwar wissen, daß ihr Verzeihen notwendig ist, die sich jedoch nicht dazu bringen können, dies von sich aus zu tun. Ich schlage hier wiederum vor, daß der Betreffende bestimmte Episoden in seine Erinnerung aufsteigen läßt, für die er den Elternteil um Verzeihung bitten möchte, so daß beide von den negativen Emotionen befreit werden, die Menschen ebenso stark wie positive Gefühle aneinander binden können.

Schließlich wird der Elternteil gebeten, den Schauplatz zu verlassen und jetzt frei vom ständigen emotionalen Zerren des Kindes seinen eigenen Lebensweg fortzusetzen. Diese Bitte bedeutet nicht notwendigerweise, daß zwischen den beiden kein weiterer Kontakt bestehen wird. Die meisten Menschen machen sogar die Feststellung, daß die Beziehung ganz im Gegenteil nun viel weniger emotional beladen ist und sich bedeutend befriedigender gestalten kann.

Wir schlagen immer eine geeignete Verabschiedung vor, am besten mit einem Segensspruch. Manchmal ist es ratsam, daß zwischen dem Elternteil und dem Kind ein Dreieck visualisiert wird, das sie beide mit ihrem Höheren Bewußtsein anstatt miteinander verbindet. Es wurde uns gezeigt, daß diese Visualisierung die größte Hilfe ist, die ein Mensch jemand anderem überhaupt leisten kann, und wir nennen sie «das Dreieck errichten». Wir selbst tun dies oft, wenn uns ein Hilferuf erreicht, auch wenn der Betreffende noch nichts darüber gehört hat, um ihn so schnell wie möglich mit dem Höheren Bewußtsein zu verbinden.

Zur Vervollständigung des Befreiungsrituals ist noch ein weiterer Schritt zu tun. Dieser besteht in einem Reinigungsprozeß, der dazu bestimmt ist, alle alten Konditionierungen und Gewohnheitsmuster wegzuwaschen. Dieser Prozeß ist eine Vorbereitung für die Arbeit mit einzelnen Gewohnheiten, die im nächsten Kapitel besprochen wird. Manchmal findet die Befreiung augenblicklich statt, in anderen Fällen dauert es eine gewisse Zeit, bis sie sichtbar wird.

Ich schlage gewöhnlich vor, daß der Betreffende sich auf seinem inneren Schauplatz ein Gewässer sucht, wie etwa einen Strom, einen Teich, einen Ozean oder einen Wasserfall. Er wird dann gebeten, seine Kleidung abzulegen, sie auf dem Boden aufeinander zu legen und dann mit einem großen Blatt oder einem glatten Stein in das Gewässer zu gehen und sich gründlich zu waschen. Hierdurch werden unerwünschte Gewohnheitsmuster oder Haltungen entfernt, die von den Eltern übernommen wurden, und der Betreffende sollte sie sich von der Liste der negativen Eigenschaften seiner Eltern, die er angefertigt hat, noch einmal in Erinnerung rufen.

Wenn er das Gefühl hat, sich von ihnen gereinigt zu haben, bitte ich ihn, ein wenig zu laufen, zu hüpfen und zu springen, nicht nur, um sich zu trocknen, sondern vor allem, um seine Freiheit auszudrücken. Danach reiche ich ihm ein loses Gewand in einer neutralen Farbe, das er solange tragen soll, bis er seine eigenen, neuen Eigenschaften entwickelt hat, oder ich bitte ihn, wenn ich von innen dazu veranlaßt werde, sein neues Gewand zu suchen. Dann frage ich den Betreffenden, wie er seine alte Kleidung zerstören möchte, die ihn an seine

Kindheitsgewohnheiten binden. Die meisten entscheiden sich dafür, diese alte Kleidung zu verbrennen, und wie bei allen anderen Teilen der Arbeit staune ich oft über die ausgeklügelten Methoden, mit denen manche Menschen dabei vorgehen.
Der wichtigste Teil der Arbeit besteht in der aktiven Beteiligung der betreffenden Person, denn nur sie kann zu ihrem eigenen Unbewußten durchdringen. Je lebendiger das Bild ist und je mehr Emotionen an dem Vorgang beteiligt sind, um so tiefer wird das Unbewußte durch die neue Mitteilung beeindruckt werden, und daher wird diese um so eher zur Wirkung kommen. Die meisten Menschen sind begeistert über die Möglichkeit, sich von ihren alten, ungewollten Gewohnheiten zu befreien, und es fällt ihnen leicht, sich emotional in den Prozeß hineinzugeben.
Ich weise den Betreffenden immer darauf hin, daß er in den drei Tagen nach der Sitzung mit gemischten Gefühlen rechnen sollte, wie etwa Trauer, die von Erleichterung abgelöst wird, und sage ihm, daß er sich deswegen nicht beunruhigen soll, da dies ganz normal ist und bald vorbeigehen werde. Wenn diese Warnung nicht ausgesprochen wird und der Betreffende tatsächlich Depressionen oder ähnliche Stimmungsschwankungen erlebt, könnte ihn dies so erschrecken, daß er die ganze Erfahrung bezweifelt.
Ebenso ist es ratsam, dem Betreffenden nahezulegen, mindestens drei Tage lang mit niemandem über dieses Erlebnis zu sprechen, da die emotionale Energie zusammengehalten werden muß, damit sie sich stabilisieren, festigen und zur Realität werden kann. Zu früh über diese Erfahrung zu sprechen, könnte bewirken, daß diese Energie sich zerstreut, besonders wenn derjenige, dem diese Erfahrung beschrieben wird, skeptisch ist und Zweifel äußert. Diese Reaktion ist ansteckend und schädlich für das noch zarte, neue Wachstum in der Person, die das Ritual erst vor kurzem durchgeführt hat.
Danach danken wir beide dem Höheren Bewußtsein dafür,

daß es die Sitzung geleitet hat, und ich gebe verbale Suggestionen, die den Betreffenden zum vollen Körperbewußtsein zurückbringen. Ich erinnere ihn daran, daß sein Körper eine Heilbehandlung erfahren hat, während wir auf der inneren Ebene gearbeitet haben. Dann bitte ich ihn, seine Zehen und Knie zu bewegen, die Hüften, den Rücken und die Arme, und sich zu räkeln und zu strecken wie ein Hund oder eine Katze, die eben vom Schlaf erwacht sind. Schließlich nenne ich das Datum und sage dem Betreffenden, daß er sich in meinem Behandlungsraum befindet, daß er sich nun langsam aufsetzen und den Schal von seinen Augen entfernen, allmählich zu vollem Bewußtsein zurückkehren und beginnen kann, nach seiner Befreiung ungehindert seinen Weg zu gehen.

Schließlich erkläre ich, daß es nach dem Abtrennen der Bindungen, besonders derer zu den Eltern, ratsam ist, einen Brief an den betreffenden Elternteil zu verfassen, in dem die Befreiung zum Ausdruck gebracht wird. Dieser Brief soll jedoch nicht abgeschickt werden. Er umgeht den bewußten Verstand des Adressaten, erreicht aber sein Unbewußtes. Er soll am besten sobald wie möglich nach der Befreiungszeremonie geschrieben werden, wenn die Gefühle, die durch das Ritual geweckt wurden, noch gegenwärtig sind. Je mehr Emotionen beim Schreiben dieses Briefes beteiligt sind, desto stärker wird die Wirkung auf den Adressaten sowie auf den Verfasser des Briefes sein, da die Emotion die Energie ist, die gebraucht wird, um die Mitteilung in das Unbewußte hineinzutragen. Der Brief sollte eine Wiederholung der Aussage sein, die während des Rituals gemacht wurde, nämlich daß jede der beiden Personen nun frei ist und ihr Leben als einzelnes Individuum weiterführen kann. Er sollte nichts Negatives, wie etwa Kritik oder Beschuldigungen, beinhalten, sondern sich auf die Freiheit konzentrieren, die beide Personen bald erfahren werden. Ich habe drastische Ergebnisse erlebt, wenn dies mit starken Gefühlen getan wurde.

Dabei fällt mir ein Fall ein, in dem ein Sohn mehrere Jahre

keinen Kontakt zu seinen Eltern gehabt hatte, und sie plötzlich per Ferngespräch anrief, ohne selbst zu wissen, was ihn dazu veranlaßte. Dieser Anruf ereignete sich kurz, nachdem seine Mutter die enge Verbindung durchschnitten hatte, die immer noch zwischen ihnen bestand, und nachdem sie anschließend diesen nicht abgesandten Brief an ihn geschrieben hatte.

Ein anderer junger Mann rief seine Eltern an, um ihnen zu sagen, daß er sie liebe. Auch er wußte nicht, warum er dies tat, denn er hatte es noch nie fertiggebracht, ihnen das zu sagen. Dies geschah, nachdem sein Vater die Bindungen an ihn gelöst und ihm die Freiheit gegeben hatte, sein eigenes Leben zu leben.

In vielen Fällen ändern die Eltern ihre gewohnten Haltungen ihren erwachsenen Kindern gegenüber, wenn diese die bindenden Fesseln durchschnitten haben. Sie stellen in allen Fällen fest, daß Spannungen verschwinden und die Beziehungen fließender werden. Darüber hinaus erwähnen sie, daß es ihnen leichter fällt, miteinander zu sprechen als je zuvor, und daß es ihnen nun möglich ist, sich als Menschen und nicht nur als Verwandte wahrzunehmen.

Wenn der Betreffende nicht von seinen leiblichen Eltern erzogen worden ist, sollte man ihm bei der Befreiung von den Pflegeeltern helfen, nachdem er die Bindungen zu seinen eigenen Eltern gelöst hat. Die Methode hierfür ist mit der oben beschriebenen bis auf eine Ausnahme beinahe identisch: Während man seinen Eltern dafür dankt, daß sie einem das Leben in einem physischen Körper ermöglicht haben, sollte man seinen Pflegeeltern dafür danken, daß sie anstelle der Eltern die Verantwortung für die Erziehung übernommen haben. Für andere Familienmitglieder, die das heranwachsende Kind mit beeinflußt haben, wie z. B. Großeltern, kann der Wortlaut der Zeremonie entsprechend verändert und angeglichen werden.

Der Umgang mit negativen elterlichen Archetypen

Um sich nach dem Pubertätsalter als freies Individuum entwickeln zu können, muß ein Mensch – wie ich bereits erwähnt habe – sich von beiden Eltern lösen, gleichgültig ob sie einen positiven oder negativen Einfluß auf das Kind hatten und in welchem Lebensalter es sich heute befindet.
Im Falle negativer Eltern ist jedoch ein weiterer Schritt nötig, da sie in den Augen des Kindes archetypische oder überlebensgroße Form angenommen haben.[3] Hier muß auch der Archetyp gelöscht werden. In einem solchen Fall gibt es zwei verschiedene Rituale: eines, um das Kind von der negativen Mutter zu befreien, und das andere, um es vom negativen Vater zu lösen. Um dies zu erleichtern, wurden uns symbolische Personifizierungen gegeben, wie z. B. Drachen, Hexen, Riesen und Ungeheuer aus der Märchenwelt, schwarze Witwenspinnen, Kraken und sonstige Monster.
Nach der Entspannung, wenn das Dreieck errichtet worden ist, schlagen wir der betroffenen Person vor, ihr Höheres Bewußtsein um ein Bild zu bitten, das für sie den negativen Elternarchetyp repräsentieren könnte, der sie überschattet. Ich werde ein typisches Erlebnis von mir selbst schildern, bei dem ich es mit einer überwältigenden negativen Mutter zu tun hatte.
Zu einem Zeitpunkt, als ich die Wachtraum-Technik noch nicht lange benutzt hatte, um an mir selbst zu arbeiten, erlebte ich eine typische Konfrontation mit einem Drachen, der für mich den negativen Mutter-Archetyp repräsentierte. Die Bedeutung dessen, was da geschah, begriff ich damals nur vage. Erst später, nachdem uns andere symbolische Bilder ge-

zeigt und ihre Bedeutungen klar wurden, erkannten wir, daß uns hier eine Methode gegeben worden war, mit der Menschen bei der Befreiung von solchen mächtigen Kräften geholfen werden kann.

Als ich mich in den Wachtraumzustand hinein entspannt hatte, bemerkte ich, daß ich auf einem Pferd ritt und wie die alten Ritter mit einer Rüstung bekleidet war. Bald wurde mir bewußt, daß ich mich in einem inneren Abenteuer befand und dabei war, einen Drachen zu töten, der eine bedrohliche Anzahl von Menschen fraß. Mir war instinktiv klar, daß ich den Drachen überraschen mußte. So stieg ich von meinem Pferd ab, band es an einen Baum und ging zu Fuß zu einer Höhle, die ich für das Versteck des Drachen hielt. Indem ich meinen Schild mit der linken Hand vor mir und meinen Speer in der rechten hielt, schlich ich mich an die Höhle heran, in der ich den Drachen liegen und schlafen sah. Ich wußte, daß ich den verwundbaren Punkt über seinem Herzen finden und mit meinem Speer durchbohren mußte. Da er überrascht worden war, war ich im Vorteil, und nach einem kurzen Kampf drang mein Speer in seinen weichen Leib ein, aus dem sich Blut ergoß, als er im Todeskampf schnaubte und mit dem Schwanz schlug.

Ich wartete, bis all sein Blut herausgeflossen und in der Erde versickert war. Dabei erkannte ich, daß das Blut die Erde fruchtbar machen und für das Gedeihen eines neuen Wachstums sorgen würde. Als ich sicher war, daß er seinen Todeskampf beendet hatte und keine weiteren Bewegungen oder Töne von dem Drachen kamen, ging ich auf ihn zu, stellte mich auf seinen Rücken und hielt meinen Speer im Triumph hoch über meinen Kopf. Ich war ganz allein, niemand konnte mich sehen, und ich wußte, daß dies ein innerer Sieg war. Da bemerkte ich, daß der Speer in meiner Hand brannte, da er noch mit Blut beschmiert war. Ich rückte den Helm aus meinem Gesicht und hielt den blutigen Speer hoch als Opfer für Gott. Dabei nahm ich eine wundervolle Empfindung von

Heiterkeit wahr, die der Triumph über den Drachen in mir auslöste.
Ich blieb einige Minuten lang auf dem Rücken des Drachen stehen und preßte dabei meine Füße so stark nach unten, daß ich seine Schuppen fühlen konnte. Ich fand mich in dieser großartigen Pose aber kein bißchen egoistisch, ich war nur von tiefer Dankbarkeit darüber erfüllt, daß der Drache unter meinen Füßen lag und mit seinem Blut die Erde fruchtbar machte. Nun kniete ich neben dem Kadaver nieder, stieß den Speer in den Körper, der nur noch eine leere Hülle war, nahm meinen Helm ab und hängte ihn auf das Ende des Speers. Dann zog ich meine Rüstung aus und legte sie um den Speer herum. Dies benutzte ich als Altar, kniete voll Demut nieder und dankte dafür, daß es nun nichts mehr gab, was mir Angst einflößen konnte.
Als ich dabei war, wieder aufzustehen, sah ich aus dem hinteren Teil der Höhle eine alte Frau auftauchen. Sobald sie mich und den toten Drachen bemerkte, richtete sie sich plötzlich auf, und dabei begann ihre Haut, die vorher runzlig und trocken gewesen war, zu platzen und brachte ein schönes junges Mädchen zum Vorschein. In der Nähe befand sich ein Fluß mit einem kleinen Wasserfall, auf den wir beide nun Hand in Hand zugingen, um uns in seinem klaren, kühlen Wasser zu waschen. Sie reinigte sich von den Überresten der alten Haut, und ich wusch mir das Blut des Drachen ab, so daß wir beide erneuert wurden. Nun, da wir uns gefunden hatten, konnten wir uns gemeinsam auf den Weg machen, den Berg hinauf, um mit dem Höheren Selbst eins zu werden.
Wir haben viele Menschen durch ähnliche Rituale geführt. Einige benutzten einen Drachen, während anderen andere Symbole für die übermächtige negative Mutter gezeigt wurden, wie z. B. eine alte Hexe, ein Krake, eine schwarze Witwenspinne und andere mythische weibliche Symbole.
Die wichtige Aufgabe, die Männer wie Frauen zu bewältigen haben, besteht darin, den weiblichen Teil in sich zu befreien,

der durch eine dominierende negative Mutter eingesperrt war. Das Muster für die feminine Natur wird in der Regel von der Mutter geprägt, das für die maskuline vom Vater. Wenn einer der Teile von einem starken Elternteil erstickt oder überwältigt wird, gerät der Mensch aus dem Gleichgewicht, weil er einen starken und einen schwachen Aspekt in sich trägt.

Die Erleichterung nach einer solchen Sitzung ist manchmal unglaublich groß. Oft befreit eine Flut von Tränen das negative Energiereservoir, das so lange im Inneren des Menschen begraben war. Ein interessantes Ergebnis dieser Befreiung besteht darin, daß die wirkliche Mutter und ihr Einfluß auf ein normales Maß zurückschrumpfen und es viel leichter wird, mit ihnen umzugehen.

Wie bei anderen Trennungen weisen wir die betreffende Person auch hier darauf hin, daß die folgenden drei Tage emotional aufgeladen sein können, daß sie sich aber nicht beunruhigen soll, da sich diese Stimmungen wieder verlieren werden. Danach wird man ein neues Gefühl von Freiheit und einen Zustrom von Energie erfahren, die in dem negativen Bild festgehalten war und nun zur Verfügung steht.

Wenn ein Mann durch die Befreiung von der verschlingenden oder erstickenden Mutter hindurchgeführt wird, wird seine Anima, oder sein weiblicher fühlender Aspekt, von ihren Fesseln befreit und steht somit im täglichen Leben voller und wirksamer zur Verfügung. Wenn eine Frau durch den Kampf mit der negativen Mutter geführt wird, wird ihr eigener Animus, bzw. ihr männlicher Aspekt, aufgerufen, den Kampf mit dem Monster aufzunehmen. Ich habe die Begriffe Anima und Animus verwendet, die C.G. Jung benutzt hat, um den weiblichen Teil im Mann und den männlichen Teil in der Frau zu bezeichnen. Diese Begriffe werden in einem späteren Kapitel detaillierter besprochen werden. Mit Hilfe des Animus ist eine weibliche Person in der Lage, ihre eigene weibliche Natur, die seit der Kindheit überschattet war, zu befreien.

Der überschattende negative Vater wird oft durch einen Riesen oder ein menschenfressendes Ungeheuer und in vielen Fällen durch einen einäugigen Zyklopen symbolisiert. Es ist unbedingt notwendig, daß sich jemand, der Befreiung von dieser Macht sucht, sehr sorgfältig auf die Konfrontation vorbereitet. Der Betreffende sollte eine schützende Rüstung anlegen, ein Pferd besteigen und ein Schwert, einen Dolch oder eine andere angemessene Waffe in die Hand nehmen, mit der er die rituelle Tötung ausführen kann. Dem negativen Vater-Archetyp muß man sich, während dieser schläft, sehr leise und im Schutze der Dunkelheit nähern, damit er auf keinen Fall zuerst angreifen kann. Es gibt einen verwundbaren Punkt, auf den die Waffe gerichtet werden muß, genauso wie es bei dem Drachen war. Im Falle des Zyklopen muß zuerst sein einziges Auge ausgestochen werden. Dann gelingt es eher, ihn durch einen Dolchstoß ins Herz zu töten. Sobald er tot ist, muß die männliche Gestalt, die entweder in seinem Inneren oder in seiner Burg oder seinem Turm eingesperrt war, aus ihrer Gefangenschaft befreit und mit ihrem Befreier vereint werden.
Das Ergebnis dieser Wiedervereinigung ist für Frauen gleichermaßen hilfreich wie für Männer. Wie bei der Befreiung von der negativen Mutter führt sie zu der Möglichkeit, daß die männlichen und weiblichen Aspekte der Persönlichkeit ins Gleichgewicht kommen. Zu den genannten Themen gibt es unendlich viele Variationen, das Haupt-Schema ist jedoch bei vielen Menschen sehr ähnlich. Die Einzelheiten variieren oft entsprechend den Bildern, die jemand aus seinen vergangenen Erfahrungen mit in die Sitzung bringt, und gemäß seiner Fähigkeit zu visualisieren.
Die positiven Auswirkungen der Befreiung von diesen negativen Archetypen sind für Männer und Frauen gleichermaßen wertvoll. Wenn ein Mensch, gleich welchen Geschlechts, von ihrem Einfluß frei ist, können sowohl die Denk- wie auch die Gefühlsfunktionen, die mit dem Animus und der Anima ver-

bunden sind, besser ins Gleichgewicht gebracht werden. Denn nun wird der Mensch mehr Ganzheit erlangen können, indem er beide Aspekte seiner Persönlichkeit auslebt, anstatt sich an eine andere Person anzulehnen, die den fehlenden Aspekt ergänzen soll.

Positive und negative Eigenschaften der Eltern

Wenn die Loslösung von den Eltern vollzogen worden ist, ist es notwendig, sie so unpersönlich wie möglich einfach als Menschen zu betrachten, um das Ausmaß erkennen zu können, in dem das Kind bewußt oder unbewußt von ihnen geprägt worden ist.

Programmierung durch die Eltern

Die frühkindliche Programmierung geschieht auf zwei Arten: durch direkte Belehrung und durch das vorgelebte Beispiel. Diese beiden Komponenten stimmen jedoch nicht immer überein, da es leicht ist, jemandem zu sagen, wie er sich verhalten soll und was richtig oder falsch ist, aber sehr schwer, dieselben Theorien in der Praxis umzusetzen. Wir alle sind in gewissem Maß Heuchler und können das, was wir theoretisch vertreten, oft nicht durch unser Handeln füllen, so sehr wir dies auch versuchen oder das Gegenteil behaupten mögen.[4]
Wir werden jedoch nicht nur vom Handeln oder den Belehrungen unserer Eltern günstig oder ungünstig beeinflußt, sondern auch durch die verschiedenen Arten, in denen wir auf ihr Verhalten und ihre Behandlung reagiert haben. Wir haben sie entweder nachgeahmt oder gegen sie rebelliert. Da jedoch keine dieser beiden Alternativen dem wahren Selbst die Möglichkeit lassen, sich auszudrücken, ist es sehr wichtig, diese Reaktionen klar zu sehen und zu verstehen, um aufzudecken, wer wir unter dieser falschen Fassade von geliehenen Haltungen eigentlich sind. Erst dann können wir bewußt ent-

scheiden, welche Eigenschaften wertvoll und erhaltenswert sind und welche aufgegeben werden sollten.

Reaktionen führen direkt zu Werturteilen: Das, was wir sehen, findet entweder unsere Zustimmung oder Ablehnung. Wenn wir uns selbst gegenüber wirklich ehrlich sind, müssen wir zugeben, daß eine der beiden Möglichkeiten aktiv geworden ist, wenn wir jemanden mit starker emotionaler Intensität kritisieren.

Unsere Kritik an anderen kann die Projektion unserer eigenen Fehler sein, deren wir uns nicht bewußt sind. Es ist viel einfacher, andere wegen ihrer Selbstsucht, Unehrlichkeit, Unhöflichkeit oder ihres Egoismus zu kritisieren, als diese Eigenschaften bei uns selbst zuzugeben. Je emotionaler wir in unserer Kritik sind, um so wahrscheinlicher weisen wir selbst genau dieselben Fehler oder Schwächen auf, die wir kritisieren. Der Grund dafür ist, daß wir unseren eigenen Schwächen zu nahe stehen und entweder zu faul oder zu kurzsichtig sind, um sie uns einzugestehen und sie zu korrigieren.

Es gibt jedoch noch einen anderen, weniger offensichtlichen und weitaus subtileren Grund für die Kritik an anderen, der oft übersehen wird. Die Handlungsweisen oder Charakterzüge anderer, gegen die wir etwas haben, können übertriebene Beispiele eben der Verhaltensweise sein, die uns selbst fehlen und die wir in uns selbst entwickeln müssen, um größere Ausgewogenheit in uns herzustellen, die wir aber aus Angst oder aufgrund von Hemmungen nicht zum Ausdruck bringen. Wir fühlen uns schuldig und unzulänglich und kritisieren deshalb diejenigen, die sich die Freiheit nehmen, sich in einer gewissen Art und Weise auszudrücken, wenn sie dies auch oft zu offen tun mögen, anstatt diese Eigenschaften in uns selbst zu entwickeln. Ein sehr schüchterner Mensch neigt beispielsweise dazu, sich über jemanden lustig zu machen, der sehr extravertiert und aggressiv ist, anstatt einen solchen Menschen als Spiegel zu benutzen, der ihm dabei hilft, einen Mangel in sich zu entdecken, auf den er aufmerksam gemacht werden muß, um bewußt daran arbeiten zu können. In solchen Fällen verhüllt die Kritik eine unterschwellige Eifersucht und das Gefühl der Unzulänglichkeit.

Solange wir solche Verhaltensweisen beibehalten, können wir nicht erfahren, wer wir hinter diesen Reaktionen wirklich sind. Erst wenn wir bereit sind, jeden Menschen, dem wir begegnen, als Spiegel zu betrachten, indem wir uns selbst sehen, können wir unsere Schutzmechanismen fallenlassen und in unserem Inneren entdecken, wer wir in Wirklichkeit sind.

Da unsere Eltern die ersten Spiegel für uns waren, müssen wir sie objektiv betrachten, um zu erkennen, wo wir Eigenschaften nachgeahmt haben, die wir an ihnen bewunderten, und wo wir gegen Eigenschaften rebelliert haben, die uns nicht gefielen und die wir auf keinen Fall wiederholen wollten. Diese beiden Reaktionsweisen können uns zu Extremen treiben, wobei unser wahres Selbst sich etwa in der Mitte zwischen diesen befindet. Wenn wir uns unserer Reaktionen auf die Eltern und die Gründe dieser Reaktionen bewußter werden, können wir allmählich bewußte Entscheidungen über die Veränderung der Eigenschaft in uns treffen, die wir an unseren Eltern ablehnen, anstatt die Eltern verändern zu wollen. Aus diesem Grund bitten wir die Menschen, die zu uns kommen, die Aufstellungen der Eigenschaften anzufertigen, die ihnen zu größerer Bewußtheit über ihr Selbst verhelfen können.

Der erste Schritt in diesem Prozeß besteht darin, auf die Züge zu achten, die eine starke emotionale Reaktion in uns hervorrufen, denn gerade sie können den kritischen Blick nach innen richten und ihn zur Suche nach dem inneren Gegenstück der im Außen kritisierten Charakterzüge veranlassen. Was haben wir nachgeahmt, und wogegen haben wir rebelliert? Welche innere Haltung oder Meinung haben wir tatsächlich, nun, da wir keine Kinder mehr sind und uns von unseren Eltern und der frühen Konditionierung durch sie befreit haben? Wenn man solche Fragen ehrlich und mit dem aufrichtigen

Wunsch stellt, heil zu werden, werden Einsichten über unerkannte oder verborgene Aspekte zu Bewußtsein gebracht. Ihre objektive Betrachtung kann den Weg zur Korrektur und Modifizierung weisen. Am besten nimmt man sich die negativen Eigenschaften der Reihe nach vor und macht es sich zur Gewohnheit, sie im Verlauf des Tages im eigenen Verhalten bewußtzumachen, indem man Vorfälle oder Situationen wahrnimmt, in denen sie sich als abträglich und unerwünscht erweisen und unser Wachstum behindern. Sobald eine solche Eigenschaft erkannt ist, kann sie bearbeitet und gelöscht werden. Wenn wir jedoch andererseits den Mangel einer bestimmten Fähigkeit erkennen, die wir bei anderen kritisieren, kann dies offensichtlich als Wegweiser dazu dienen, an diesem Punkt zu arbeiten und diesen schwachen Bereich zu entwickeln.

Vor mehreren Jahren wurde meiner Tochter und mir eine ausgezeichnete Methode zuteil, die den Prozeß der Arbeit an den Neigungen, die wir auslöschen wollen, erleichtert. Damals, lange bevor meine Tochter Psychologin wurde, begannen wir gerade, regelmäßig miteinander zu arbeiten. In einer unserer Sitzungen wurde ihr gesagt, sie solle eine Packung verschiedenfarbiger Karten kaufen. Jedesmal wenn ihr während unserer Arbeit ein Fehler gezeigt wurde oder wenn sie selbst einen erkannte und bereit war, ihn aufzulösen, sollte sie, so wurde ihr gesagt, eine Karte in einer bestimmten Farbe wählen. Eine Woche lang sollte sie dann jeden Tag alle Begebenheiten auf diese Karten schreiben, in denen sie einer bestimmten Schwäche gewahr wurde, sowie die Umstände, die sie auf diese aufmerksam gemacht haben. So könnte beispielsweise Wut auf einer roten Karte aufgezeichnet werden, Eifersucht auf einer gelben, Faulheit auf einer grünen, Unehrlichkeit auf einer blauen, Gier auf einer beigefarbenen usw. Sie fand, daß ihr diese Methode dabei half, sich der Bereiche bewußt zu werden, die Aufmerksamkeit in einer Weise beanspruchten, die eine gewisse Herausforderung für sie darstellte; denn beim Nachprüfen, was sie Tag für Tag auf die Karten geschrieben hatte, konnte sie sehen, wie gut sie vorwärtskam.

Es ist sehr hilfreich, den Inhalt der Karten regelmäßig mit einem Berater zu besprechen. Dies wird dazu beitragen, die tieferliegenden Ursachen für eine bestimmte Gewohnheit zu klären, was dann wiederum dabei hilft, mit ihr umzugehen. Diese Methode beschleunigt den Prozeß, in dem wir Aspekte unserer Persönlichkeit aufgeben, die unseren Fortschritt behindern. Häufig erscheinen Träume und ermöglichen so weiteren Einblick. In einem solchen Traum kommt oft eine Person vor, die eine Schwäche des Träumers darstellt, die meist auch noch übertrieben wird, so daß sie leichter erkannt werden kann. Wenn der ungewollte Charakterzug einmal gesehen und als Blockade für das weitere Wachstum erkannt worden ist, können viele Wege gefunden werden, wie er ausgelöscht werden kann, indem man entsprechende Botschaften an das Unbewußte sendet. Es wurden uns besondere Visualisierungsübungen mitgeteilt, mit denen das Unbewußte erreicht werden kann; sie werden in dem Kapitel über Symbole aufgeführt. Bis zu dem Zeitpunkt, an dem wir uns entscheiden, an ihnen zu arbeiten, halten uns die verborgenen Anteile in uns in einem dauernden Konfliktzustand und hindern uns daran, voll bewußt und heil zu werden, das heißt, keine unbekannten Anteile mehr zu haben, die uns von unserer Suche nach Freiheit wegziehen.

Dieser ganze «Hausputz» ist um vieles einfacher, wenn eine klare Trennung von den Eltern vorgenommen worden ist, weil uns dann eine klarere Einschätzung unserer Situation möglich ist. Es ist auch sehr wichtig, daß wir uns immer wieder bewußtmachen, daß die Eltern nun keine Autorität mehr in unserem Inneren darstellen und daß von nun an alle Entscheidungen von uns selbst mit Hilfe und Leitung des Höheren Selbst getroffen werden können und sollen, das allein weiß, was wir in jedem Moment brauchen.

Dieser Prozeß ist eine unschätzbare Hilfe bei der Entdeckung der wahren Identität eines Menschen. Sie kann dem Sucher dabei helfen, sich von alten Konditionierungen zu befreien, die sein wahres Selbst verbergen.
«Erkenne dich selbst, und die Wahrheit wird dich befreien.»

Negative Programmierungen zerstören

Manche Menschen finden, daß die negative Programmierung durch ihre Eltern während der Kindheit so automatisch geworden ist und daß die Furchen der Gewohnheit sich so tief in ihr Nervensystem eingegraben haben, daß es ihnen äußerst schwerfällt, solche Gewohnheitsmuster zu löschen oder durch positivere zu ersetzen. Ich wurde schon sehr früh mit diesem Problem konfrontiert, als ich mit der Arbeit erst begonnen hatte, und als ich darum bat, gezeigt zu bekommen, wie ich es bewältigen könnte, wurde mir ein sehr interessantes Bild zuteil.
Ich «sah» einen schneebedeckten Hang, auf dem sich zwei Skispuren klar und deutlich abzeichneten. Während ich dieses Bild betrachtete, erkannte ich, wie leicht es wäre, in diese Spuren hineinzugleiten und denselben Weg den Hang hinunter zu nehmen. Das erklärte, warum es so einfach ist, ein altes Muster zu wiederholen. Ich wußte auch, daß die Angst, es zu wiederholen, mich lähmte und mich daran hinderte, auch nur die geringste Anstrengung zu machen, es zu verändern und eine neue Spur zu ziehen. So bat ich darum, sehen zu können, was ich tun sollte, um dieser Situation abzuhelfen, und sofort blitzte die Antwort in mir auf. «Schnalle dir Skier an und fahre im Slalom kreuz und quer über die alte Spur.» Ich visualisierte diese Anweisung und empfand eine unermeßliche Heiterkeit dabei, etwas so Endgültiges zu tun, um dieses alte Muster zu durchkreuzen. Dies half auch, meine anfängliche Angst und Lähmung aufzulösen.

Immer wenn ich mich von da an dabei ertappte, ein altes Muster wiederholen zu wollen, visualisierte ich schnell diese Zickzack-Skispur, welche die alte Spur durchkreuzte, und zog dann eine ganz neue Spur. Diese Visualisierungs-Übung half mir, mich bewußt dafür zu entscheiden, in einer neuen Weise zu handeln, die ich bevorzugte, und nicht wieder in ein altes Muster zurückzugleiten.

Zum Thema dieser Technik haben sich im Laufe der Zeit viele Variationen ergeben, da jede Person ihre eigene Méthode gefunden hat, mit dem Problem umzugehen. Einige Menschen empfanden es als hilfreich, allen alten Gewohnheiten, von denen sie frei werden wollten, ausführlich niederzuschreiben. Wenn die Liste dann vollständig ist, kann sie auf jede Weise, die der Betreffende sieht, zerstört werden, wobei Verbrennen sich als die häufigste erwiesen hat. Ein junger Mann, mit dem ich arbeitete, nahm die beiden Listen mit den negativen Eigenschaften seiner Eltern, die er zusammengestellt hatte, und fügte ihnen noch einige seiner eigenen negativen Eigenschaften hinzu. Dann schnitt er in seiner Vorstellung die Listen in Streifen, so daß jede Eigenschaft oder Neigung auf einem einzelnen Streifen stand. Darauf verkündete er, jeweils einen Streifen in der Hand haltend, mit lauter, gebieterischer Stimme, er wünsche, diesen bestimmten Charakterzug loszulassen, und warf ihn ins Feuer. Er legte sehr viel Gefühl in diese Handlung und beschrieb, wie er das brennende Papier noch weiter ins Feuer stieß, um sicher zu sein, daß alle Streifen völlig zerstört wurden und nichts von ihnen übrigblieb. Er führte dieses Ritual sehr rasch und mit sichtbarem Vergnügen durch, und als er seine Aufgabe erfüllt hatte, gab er einen indianischen Kriegsruf von sich, um seiner Erleichterung Ausdruck zu geben.

Normalerweise genügt es, ein solches Ritual im Wachtraumzustand einmal durchzuführen. Manchmal fragt jedoch jemand, ob er es zu Hause wiederholen kann, indem er wirklich Papierstreifen verbrennt, auf die er seine alten, negativen Gewohnheiten geschrieben hat. Dies ist eine ausgezeichnete Idee, und es ist sehr wichtig, daß der Betreffende alles tut, was sicherstellt, daß die Botschaft, die alten, negativen Eigenschaften ablegen zu wollen, das Unbewußte erreicht, in dem diese Eigenschaften verwurzelt sind. Körperliche Handlungen dieser Art mit einzubeziehen, stellt eine rasche und effektive Art dar, dieses Ergebnis zu erzielen, und es ist besonders hilfreich, wenn negative Eigenschaften bei der ersten Sitzung übersehen wurden oder wenn die Person in alte Geleise oder Gewohnheitsmuster zurückgeglitten ist.

Eine andere ausgezeichnete Technik besteht darin, daß der Betreffende seine Liste negativer Gewohnheiten laut vorliest und sie dabei auf ein Tonband aufnimmt. Viele Menschen finden dies als besonders passend, da alte Konditionierungen und Programmierungen häufig als «old tapes» (alte Platten, alte Bänder) bezeichnet werden. Ein Mann fand beispielsweise heraus, daß die ideale Vorgehensweise für ihn darin bestand, seine Liste negativer Verhaltensweisen, an die er in seiner Kindheit gewöhnt worden war, auf Tonband aufzunehmen und sie umgehend zu löschen. Dann nahm er eine neue Liste mit positiven Verhaltensweisen auf, die die alten ersetzten. Dieses neue Band hörte er sich von Zeit zu Zeit an, um seinen Wunsch nach Veränderung zu verstärken.

Dennoch ist es nicht für jeden so einfach, alte Bahnen durch neue zu ersetzen, und bei manchen Menschen ist ein inneres Ritual notwendig, um dem Unbewußten die neue Botschaft einzuprägen. Dabei fällt mir eine Frau ein, mit der ich arbeitete, die streng nach einer starren Reihe von Regeln erzogen war. Wir fanden heraus, daß ihre Mutter, als sie sich mit der Aufgabe konfrontiert sah, ihr erstes Kind großzuziehen, so unsicher wurde, daß sie den Kinderarzt bat, ihr detaillierte Ernährungsvorschriften zu geben, an die sie sich bis ins Detail hielt. Die Frau hatte diese Vorschriften Jahre später in ihrem Baby-Buch gefunden. Sie las mir Anweisungen für die Nahrungsmengen vor, wie z. B.: einen Teelöffel Getreideflokken, einen Eßlöffel Obstpüree, eine viertel Tasse Kartoffelbrei usw. Dann las sie mir eine Aufstellung absolut verbotener Nahrungsmittel vor, die natürlich all das enthielten, was kleine Kinder am liebsten haben, wie z. B. Eiskrem, Bonbons und Süßspeisen aller Art. Daß sie als erwachsene Frau immer mit Gewichtsproblemen zu kämpfen hatte, überraschte mich nicht im geringsten, denn sie hatte offensichtlich gegen ein so strenges Regime rebelliert, und sie rebellierte immer noch, indem sie zuviel aß.

Ich machte den Vorschlag, wir beide könnten ihr Höheres Selbst bitten, uns zu zeigen, was zu tun sei, um ihr zu helfen, und dies fand auch ihre begeisterte Zustimmung. Sobald wir das Dreieck errichtet hatten, sah ich sie als kleines Mädchen von ungefähr einundhalb Jahren. Sie trug einen Kopfhörer der Art, wie man sie in einem Flugzeug benutzt, wenn man einen Film betrachtet. Er war mit einem Kassettenrecorder verbunden, auf dem ununterbrochen eine Kassette mit der Stimme ihrer Mutter ablief, die laut die Listen des Doktors vorlas, während sie die Mahlzeiten für das Kind zubereitete. Gleichzeitig drängte die Mutter sie, ihren Teller leerzuessen, und sagte, sie würde so lange auf ihrem Kinderstuhl sitzen bleiben müssen, bis der Teller leer sei.

Ich schlug der Frau vor, sich selbst als kleines Mädchen zu visualisieren und in ihrer Imagination die Ohrhörer von den Ohren zu ziehen und den Kopfhörer abzunehmen. Dies gelang ihr ohne Schwierigkeit, und so schlug ich ihr vor, dem Kind zu sagen, es könne den Kopfhörer und die Kassette nun auf irgendeine Art zerstören, die ihm einfällt. Sie berichtete, daß das Kind bei einem solchen Befehl zunächst zu erschrecken schien. Ich schlug ihr vor, ihrem inneren Kind zu erklären, daß sie von nun an den Platz ihrer Mutter einnehmen würde und daß sie keine Angst zu haben brauche, für das Zerstören des Tonbandes bestraft zu werden. Es sei nämlich nötig, daß sie beide es loswürden, um von den alten Konditionierungen freizukommen. Nach einer ziemlich langen Pause berichtete sie, daß das Kind, als es verstanden hatte, begann, auf dem Recorder herumzutrampeln, und das Tonband herauszog und es zu einem Knäuel verwickelte.

Als sie berichtete, daß das Kind die Kassette zerstört hatte, so gut es konnte, wies ich sie an, dem Kind zu sagen, es solle alles auf einen Platz zusammenbringen und entscheiden, wie all dies nun endgültig zerstört werden sollte. Darauf beschrieb sie, wie das Kind den Saum seines Kleides aufnahm, alle Teile des Tonbandes und des Kopfhörers in ihm sammelte und sie zu einem hell lodernden Feuer trug, das sie in einem Kamin brennen sah. Sie leerte ihren Rock über dem Feuer aus und schaute mit großer Freude dabei zu, wie die Flammen das Ganze zu Asche verwandelten.

Nun machte ich ihr den Vorschlag, dem Kind zu sagen, es solle alles tun, was es wolle, um die Freiheit von diesen alten, starren Regeln auszudrücken. Daraufhin beschrieb sie, ohne zu zögern, eine wundervolle grüne Wiese und wie das kleine Mädchen auf diese zulief und zu tanzen und herumzuwirbeln begann und vergnügt über seine Freiheit lachte. Als sie mir sagte, daß das kleine Mädchen nun im Gras lag und vor lauter Freude hin und her kullerte, ermunterte ich sie, es ihm gleichzutun und die Freude mit ihm zu teilen.

Während sich die beiden im kühlen Gras ausruhten, besprachen wir einige praktische Hilfen, wie etwa die besten Tageszeiten für die drei Mahlzeiten, welche Nahrungsmittel sie eine Zeitlang meiden und welche sie zu sich nehmen sollte. Dabei gab ich ihr den dringenden Rat, sich mit einer großen Auswahl an Lebensmitteln zu versorgen. Dann fragte ich sie, welche Speisen ihre stärkste Versuchung waren. Ohne zu zögern erwiderte sie: «Eiskrem», die natürlich einer der ersten Punkte auf der Verbotsliste ihres Baby-Ernährungsplanes gewesen war. Ich schlug ihr vor, ihrem inneren kleinen Mädchen zu erklären, daß sie von nun an den Platz ihrer Mutter einnehmen würde und für ihr Wohlergehen verantwortlich sei, daß es allerdings einige Regeln geben würde, die so lange

bestehen müßten, bis sie neue Gewohnheiten eingeübt hätten. Einmal in der Woche jedoch, immer am gleichen Tag und zu einer bestimmten Zeit, würden sie sich ein extra Vergnügen gönnen, das aus Eiskrem oder irgendeiner anderen Lieblingsspeise bestehen würde, die sie sich gerade wünsche.
Diese Methode kann auf jede Gewohnheit oder Neigung angewendet werden, und sie variiert entsprechend der Hilfe, die eine Person für ihr jeweiliges Problem braucht. Diese Beispiele können als Vorschläge benutzt werden, mit denen Menschen geholfen werden kann, die Art und Weise herauszufinden, in der sie mit ihren «alten Platten» umgehen können. Ganz gleich, welche Methode gewählt wird, sie sollte dramatisch genug sein und mit genügend Emotionen ausagiert werden, damit das Unbewußte so erreicht wird, daß es die neue Mitteilung auch wirksam werden lassen kann.

Die Verbindung zu den inneren kosmischen Eltern

Der Baum

Der Baum wurde uns als Symbol des unpersönlichen Selbst gegeben, das sich jenseits der Gegensätze befindet und daher so sicher ist, daß es von den Freuden und Leiden des Lebens nicht beeinflußt werden kann. Er ist verwurzelt in der Erde, der Kosmischen Mutter, und reicht hinauf zur Sonne, dem Kosmischen Vater, und bezieht seine Nahrung aus diesen beiden Quellen, um sicher und aufrecht zwischen Himmel und Erde stehen zu können.[5]
Wir benutzen dieses Symbol in einer Übung, die hilft, uns auf eine eventuelle Befreiung vom ständigen Druck der Gegensätze vorzubereiten. Darüber hinaus verbindet sie uns mit unserer eigenen Version der Kosmischen Mutter und des Kosmischen Vaters, mit Archetypen, die wir alle in uns tragen und welche uns mit der wirklichen Nahrung versorgen, die wir alle brauchen, aber selten von unseren leiblichen Eltern erhalten, so sehr sie sich auch bemüht haben mögen, uns Liebe und Unterstützung zu geben. – In bestimmten Fällen, wenn der Gedanke an die Loslösung von den Eltern bei jemandem große Unsicherheit auslöst, geben wir dem Betreffenden eine Übung, die den Baum beinhaltet, bevor die Pubertätsriten durchgeführt werden. Wir verschreiben sie auch, wenn jemand die Bindungen zu seinen Eltern gelöst hat, damit er unmittelbar nach der Befreiung von ihrem bindenden Einfluß die Verbindung zu den kosmischen Eltern herstellen kann, die jedem Menschen innewohnen und die allein in der Lage sind, uns zu unterstützen und zu nähren.

Es hat sich gezeigt, daß Menschen, die das Baumsymbol häufig benutzen, sich allmählich bewußt werden, daß sie immer mehr Sicherheit, Wohlbefinden und Kraft spüren und daß das ständige Gefühl, abgelehnt und nicht geliebt zu werden, das sie seit ihrer Kindheit verfolgt hat, allmählich verschwindet.

Ein junger Mann, dem ich die Übung vorschlug, nachdem er sich erfolgreich von seiner Mutter gelöst hatte, rief mich an und erklärte mir ganz aufgeregt, er fühle sich sicherer als jemals in seinem Leben. «Das ist ja reine Zauberei!» rief er aus, worauf ich ihm antwortete: «Ja, aber nur, wenn *Sie selbst* diese Symbole anwenden, denn darin steckt das Geheimnis ihres Erfolgs.»

Es hat nicht viel Sinn, die Symbole jemandem lediglich zu beschreiben, da dies nur den bewußten Verstand erreicht, der entweder positiv oder negativ reagiert und die Beschreibung häufig sofort wieder vergißt. Vielmehr ist es von grundlegender Wichtigkeit, die Symbole täglich zu praktizieren, damit sie das Unbewußte erreichen, denn nur so können sie im täglichen Leben wirksam werden. Im folgenden werde ich Anweisungen zur Baumübung geben, die je nach der Persönlichkeit des Übenden leicht abgewandelt werden können:

«Schließen Sie die Augen, entspannen Sie sich und begeben Sie sich zu Ihrem inneren Lieblingsort. Bitten Sie Ihr Höheres Bewußtsein, Ihnen einen bestimmten Baum zu zeigen, und beschreiben Sie mir, wie er aussieht. Es macht nichts, wenn Sie nicht wissen, wie der Baum heißt, Hauptsache ist, daß Sie ihn klar und deutlich vor Ihrem inneren Auge sehen. Lassen Sie sich Zeit bei der Auswahl, und wechseln Sie den Baum ruhig, wenn Ihnen später ein anderer als geeigneter erscheinen sollte. Wenn Ihr Baum erschienen ist, schauen Sie ihn sich ganz genau an, so daß seine Form sich in Ihr Gedächtnis einprägt und Sie ihn willentlich zurückholen können. Stellen Sie sich nun vor, wie Sie tatsächlich auf den Baum zugehen, Ihre Arme um seinen Stamm legen und die Energie spüren, die in ihm fließt. Erkunden Sie seine Kraft und Festigkeit, indem Sie hin und wieder an ihm rütteln. Drehen Sie sich nun um und lehnen Sie sich mit dem Rücken an den Baumstamm. Sie können dabei auf dem Boden sitzen oder stehen, ganz wie Sie mögen. Spüren Sie den festen Stamm mit dem Rücken und lehnen Sie sich bewußt mit dem ganzen Gewicht gegen ihn, so daß er Sie völlig stützen kann. Lassen Sie die Freude und Erleichterung darüber in sich aufsteigen, daß der Baum Sie so stark stützt, und entspannen Sie sich. Sagen Sie sich, daß dies ein gesundes Vertrauen ist, da es Sie stärkt und nicht schwächt, wie es das Anlehnen an einen Menschen tun kann. Beginnen Sie nun, sich in den Baum einzustimmen, indem Sie sich soweit wie möglich mit ihm identifizieren und versuchen, mit ihm eins zu werden. Nun beginnen Sie, allmählich zu spüren, wie die durstigen Wurzeln des Baumes tief in die Erde hineinreichen und die Nahrung heraufziehen, die der Baum braucht, um groß und stark zu werden und in seiner ganzen Fülle zu erblühen. Versuchen Sie nun zu spüren, wie auch Sie die Nahrung aus den Tiefen der Erde zu Ihnen heraufholen, die Nahrung, die Sie am meisten brauchen. Nehmen Sie mit jedem Einatmen bewußt diese lebendige Nahrung in sich auf und lassen Sie sie Ihren gesamten Organismus durchströmen. Lassen Sie mit jedem Ausatmen alles los, was an Ängsten, Besorgnissen, Zweifeln oder sonstigen negativen Regungen in Ihnen sein könnte, das den Energiestrom behindern könnte. Wiederholen Sie dies einige Male, konzentrieren Sie sich dabei auf den Atem und spüren Sie die Befreiung, die Beruhigung und Befriedigung, die allmählich in Ihnen aufsteigt.

Wählen Sie nun bewußt bestimmte Formen der Zuwendung, wie Liebe, Mitgefühl, Zärtlichkeit und Bestärkung, die Sie sich von Ihrer eigenen Mutter immer ersehnt haben, die sie Ihnen jedoch, da sie eben ein Mensch war, nicht immer geben konnte, sosehr sie dies auch versucht haben mag. Trinken Sie alles aus dieser Quelle, was Sie brauchen, und lassen Sie alles los, was das Strömen behindert.

Wenn Sie sich satt getrunken haben, richten Sie Ihre Aufmerksamkeit auf die Zweige und Blätter Ihres Baumes, die in den Himmel hinaufreichen und aus den Sonnenstrahlen die Energie und das Licht vom Sonnen-Vater herunterholen, die Sie zusammen mit der Nahrung aus der Mutter Erde stärken und alles in Ihnen so wie in Ihrem Baum wachsen und erblühen lassen. Füllen Sie sich wieder mit jedem Atemzug mit dieser Energie der Sonne und lassen Sie mit jedem Ausatmen alles aus sich herausströmen, was diesen Fluß stören könnte, wie etwa Angst, Zweifel oder Minderwertigkeitsgefühle.
Atmen Sie weiter tief ein und aus und lassen Sie alle Eigenschaften eines Vaters in Ihr Bewußtsein treten und all die Formen der Zuwendung, die Sie als Kind an Ihrem Vater vermißt haben, wie Mut, Weisheit, Verständnis und Akzeptiertwerden. Nehmen Sie diese väterliche Zuwendung ganz und gar in sich auf und lassen Sie sie in die leeren Räume in Ihrem Inneren strömen.
Verbringen Sie einige Zeit zwischen den kosmischen Eltern, atmen Sie ihre vereinten Eigenschaften ein, und lassen Sie mit jedem Ausatmen alles aus sich herausströmen, was den Zugang zu dieser neu entdeckten Energiequelle behindern könnte. Drehen Sie sich nun langsam um, betrachten Sie den Baum noch einmal und bedanken Sie sich für alles, was er Ihnen gegeben hat. Versprechen Sie, regelmäßig zu ihm zurückzukehren, um erneuert zu werden. Kommen Sie allmählich zum vollen Wachbewußtsein zurück und bringen Sie alles mit, was Sie erlebt haben.
Wenn Sie einen wirklichen Baum in Ihrer Nähe haben, können Sie sich während der Übung an seinen Stamm lehnen, zu seinen Wurzeln hinunter und dann zu den Ästen und Blättern hinaufschauen, während Sie die Übung nachvollziehen. Das hilft oft, dieser Übung einen gewissen Wirklichkeitsaspekt zu verleihen, besonders am Anfang, wenn sie einem noch etwas seltsam erscheint.»
Man sollte dieses Symbol mindestens einmal am Tag durch-

führen, wobei es nach oben keine Grenze gibt: es kann beliebig oft praktiziert werden, wenn man sich aus irgendwelchen Gründen besonders schwach fühlt.

Die Verbindung zu den kosmischen Eltern herstellen

Der nächste Schritt besteht darin, dem Betreffenden dabei zu helfen, seine eigene Version der kosmischen Eltern wachzurufen, um ihn in einen tieferen und persönlicheren Kontakt mit ihnen zu bringen. Dies stellt eine besonders große Hilfe für all diejenigen dar, die sehr negative Eltern hatten oder einen oder beide Elternteile während der Kindheit verloren haben und an einem tiefen inneren Hunger nach Liebe und Angenommensein leiden. In den meisten Fällen ist es ratsam, die betreffende Person zunächst nur mit einem der beiden kosmischen Eltern zu verbinden, wobei das Höhere Selbst um einen Hinweis gebeten wird, mit welchem von ihnen zuerst Kontakt aufgenommen werden sollte.

Dabei beginnen wir mit der Wiederholung der Baumübung, mit der die Person bereits durch ihre täglichen Übungen vertraut ist. Nach der Anweisung, ein paarmal tief durchzuatmen, um mit den kosmischen Eltern in Kontakt zu treten, schlagen wir dem Betreffenden vor, einen der beiden zu bitten, als Person zu erscheinen, so daß eine tiefere und vertrautere Verbindung zu ihr/ihm ermöglicht wird. Dabei erklären wir, daß die kosmischen Eltern meist als Figuren erscheinen, gelegentlich aber auch als Symbole, und daß der Betreffende alles beschreiben soll, was er auf seiner inneren Leinwand sieht.

Wenn es jemandem nicht gelingt, die Verkörperung der kosmischen Eltern zu visualisieren, liegt dies ausnahmslos daran, daß der Betreffende keine klare Vorstellung davon hat, wie positive Eltern sein könnten. Er sieht statt dessen vielleicht ein Symbol, und dies ist ein eindeutiges Zeichen dafür, daß er

jetzt noch nicht in der Lage ist, einen persönlicheren Kontakt herzustellen. In solchen Fällen bitten wir den Betreffenden, dieses Symbol jeden Tag zu visualisieren, bis er sich an die neue Erfahrung, auf einer tiefen Ebene seines Seins genährt zu werden, gewöhnt hat und dann nach einiger Zeit einen weiteren Versuch zu unternehmen, den Kontakt zu einem persönlicheren Aspekt der kosmischen Eltern zu suchen. Wenn er berichtet, daß ein Bild erscheint, fragen wir, welcher der beiden kosmischen Eltern gekommen ist, um den menschlichen Elternteil zu ersetzen.
Wenn die Kosmische Mutter zuerst erschienen ist, bitten wir ihn zu warten, bis das Bild ganz deutlich geworden ist und bis er spürt, daß sie wirklich bei ihm ist.[6] Manche Menschen sind in diesem Moment so ergriffen, als erlebten sie nun genau das, worauf sie schon immer gewartet hatten, ohne dies gewußt zu haben. Auf diese Weise kam es oft zu tiefen und sehr ergreifenden Erfahrungen, die oft von einer Flut von Tränen oder dem Ausdruck großer Freude begleitet waren. Es ist jedoch nicht jeder frei genug, allein weiterzugehen, und in diesen Fällen führen wir ihn gemäß den Hinweisen des Höheren Selbst.
Wenn die Kosmische Mutter sich als Person zeigt, sagen wir beispielsweise: «Vielleicht möchten Sie sich vorstellen, wieder ein kleines Baby zu sein und auf ihren großen Schoß zu klettern, ihre Arme um sich herum zu fühlen und die Hand, die Ihren Kopf streichelt, während Sie Ihr Gesicht an ihren Körper drücken. Oder vielleicht möchten Sie an ihrer Brust saugen oder sonst irgend etwas tun, was Ihre tiefsten Bedürfnisse befriedigt.» Wenn der Betreffende sich immer mehr in das innere Geschehen einläßt, ermutigen wir ihn, alle Emotionen auszudrücken, die in ihm aufsteigen, wie etwa Erleichterung oder den Kummer über die frühere Einsamkeit. Viele Menschen nützen diese Gelegenheit, all die Schmerzen, Enttäuschungen, Gefühle der Zurückweisung, den Mangel an freundlicher Aufnahme und viele alte, unterdrückte Erinne-

rungen zum Ausdruck zu bringen und dadurch all die Emotionen freizusetzen, die mit diesen vergraben waren. Wir ermutigen immer dazu, diese Gefühle so frei wie möglich auszudrücken, sei es leise oder laut, und zu tun, was immer jemandem hilft, von den neuen Eltern das annehmen zu können, was er braucht. Diese Erfahrung wird natürlich um so therapeutischer sein, je tiefer die Gefühle dabei sind. Da aber nicht jeder Mensch in der Lage ist, mit starken Gefühlen umzugehen, muß der Leiter der Sitzung in sicherem Kontakt mit dem Höheren Selbst stehen, um dessen Anweisungen weiterzugeben. Dies gilt ganz besonders dann, wenn die Person sehr negative Gefühle ausdrückt, denn es ist unbedingt erforderlich, zu wissen, wie lange es ratsam ist, den Betreffenden bei jedem dieser Gefühle verweilen zu lassen. Der Leiter kann dann ein rituelles Bad vorschlagen oder daß die betreffende Person die ganze Begebenheit wie von einer Wandtafel auslöscht.

Oft geht jemand von sich aus zu bestimmten Begebenheiten aus der Kindheit zurück. Dies hat sich als so hilfreich erwiesen, daß wir es zu einem festen Bestandteil dieses Prozesses gemacht haben, den Betreffenden anzuweisen, er möge sein Höheres Selbst darum bitten, zu allen Begebenheiten zurückgeführt zu werden, die der Heilung bedürfen. Vielleicht hat er sich früher nach Liebe, Verständnis und Angenommenwerden gesehnt und wurde statt dessen ignoriert, ausgelacht und zurückgewiesen. Wenn die Mutter der Grund für seinen Schmerz war, fragen wir den Betreffenden, ob er von seiner Kosmischen Mutter in die unglücklichen Erlebnisse seiner Vergangenheit begleitet werden möchte, um zu sehen, wie diese unter den gleichen Umständen reagieren würde und ob diese Kosmische Mutter in der Lage ist, ihm das zu geben, was er brauchte, aber von seiner leiblichen Mutter nicht bekommen hat. Auf diese Weise werden viele alte Traumata freigesetzt und geheilt, und das Freiheitsgefühl, das einer solchen Katharsis folgt, ist oft gewaltig.

Wenn der Kosmische Vater erscheint, ist der Verlauf derselbe, wobei die Erfahrungen mit einer männlichen Gestalt natürlich anders sind. Wir schlagen dem Betreffenden vor, zunächst darum zu bitten, daß eine Personifizierung des Kosmischen Vaters erscheint, und wenn der Betreffende frei genug ist, den Prozeß von da an selbst zu übernehmen, stellen wir lediglich von Zeit zu Zeit Fragen, um das innere Erlebnis in Gang zu halten. Es ist interessant, daß das häufigste Bedürfnis darin besteht, von der Vatergestalt ernstgenommen und akzeptiert zu werden, und oft genügt es demjenigen, der den Kontakt sucht, voll und ganz, dies von seinem Kosmischen Vater erhalten zu haben.

Wenn der leibliche Vater schwach war, ist es ratsam, dem Betreffenden vorzuschlagen, als Kind auf diesen neuen Kosmischen Vater zuzugehen, sich von ihm in die Arme nehmen zu lassen und die Stärke und Sicherheit zu spüren, die von ihm ausgehen. Wir ermutigen ihn, die Beruhigung in sich aufsteigen zu lassen, die von dem Erlebnis ausgelöst wird, mit Stärke und Mut gefüllt zu werden. Wie bei der Kosmischen Mutter ist es oft sehr heilsam, daß die betreffende Person ihn zu bestimmten Ereignissen der Kindheit mitnimmt und erlebt, daß dieser ganz anders handelt, als der leibliche Vater es damals getan hat, indem er Unterstützung und Hilfe anbietet und nicht Zurückweisung und Kritik. Dabei brechen die verschiedensten unterdrückten Gefühle hervor, wie Groll, Wut, Enttäuschung und Mißverständnisse, oft begleitet von Tränen, Stöhnen, Fluchen und manchmal Schreien, wenn diese Gefühle freigesetzt werden.

Es ist sehr wichtig, dem Betreffenden zu versichern, daß derjenige, der ihn durch seine innere Reise geleitet, nicht in der Rolle des Richters agiert, sondern lediglich dazu da ist, ihm dabei zu helfen, all die Erlebnisse aus der Vergangenheit so vollständig wie möglich loszulassen, die ihn vom Wachsen zur Ganzheit hin abhalten könnten.

Eine Warnung: Um einen anderen durch eine solche Erfahrung zu geleiten, *muß* der Leiter in fester Verbindung mit dem Höheren Selbst stehen, denn nur dadurch kann er wissen, wie weit er die Erfahrung gehen lassen und wann er die Sitzung beenden soll. Ein junger Mann, mit dem ich einmal arbeitete, war von seinen Eltern so vernachlässigt worden, daß er immer nur einige wenige Minuten Kontakt mit jedem seiner Kosmischen Eltern ertragen konnte. Er erinnerte mich an die Erzählungen über Insassen von Konzentrationslagern, die nach ihrer Freilassung nur sehr kleine Portionen Nahrung zu sich nehmen konnten und sich erbrechen mußten, wenn sie mehr erhielten. Glücklicherweise war sich dieser junge Mann seines ausgehungerten Zustandes bewußt. Es war ihm klar, daß er nur ganz kurze Besuche bei seinen neuen, liebevollen Eltern machen konnte. Die Bedürfnisse jedes einzelnen Menschen sind sehr individuell, und es gibt kein allgemeingültiges Rezept. Deshalb ist es unbedingt notwendig, daß beide Partner mit dem Höheren Selbst verbunden bleiben, denn dies ist die einzig sichere Art, diese Arbeit zu tun.

Symbole für das Höhere Bewußtsein

Auf einer bestimmten Stufe der Arbeit ist es wünschenswert, ein spezifisches Symbol oder Bild als Verkörperung des Höheren Bewußtseins zu finden. Da wir in menschlicher Form leben, fällt es uns leichter, mit gleichartigen Formen umzugehen. Die belehrenden Kräfte, die uns die Jahre hindurch geführt haben, haben uns darauf hingewiesen, daß sie tatsächlich Kräfte und keine Personen sind, daß sie sich zu unserer Sitzung jedoch zuweilen verkörpern, um uns die Aufnahme ihrer Lehren zu erleichtern. Wir haben sie immer als «Spezialisten» konsultiert, da sie verschiedene Formen anzunehmen schienen, um sich auf bestimmte Probleme einzustellen.
Es gibt viele verschiedene Symbole für das Höhere Bewußtsein. Im Westen sind die verbreitetsten Christus und Maria,

im Orient Buddha und Yin und in Indien die verschiedenen Aspekte Gottes wie Krishna, Shiva, Vishnu oder Ganesha. Darüber hinaus treten noch viele weitere göttliche Personifizierungen in Erscheinung, unter denen sich auch Gurus und Heilige befinden, je nachdem, mit welchem Aspekt der Gotteskraft man gerade in Verbindung treten möchte.[7]

Da ich Anhängerin von Sri Sathya Sai Baba bin, symbolisiert seine Form für mich den innewohnenden Gott oder das Höhere Bewußtsein, und er erscheint häufig in den Wachtraumsitzungen in dieser Eigenschaft, um zu beraten, zu belehren oder zu heilen, wo dies gerade nötig ist.

Wenn also jemand den Punkt erreicht hat, an dem er einen bewußteren Kontakt zu seinem eigenen Höheren Bewußtsein herstellen möchte, vorzugsweise nachdem der Betreffende die menschlichen Formen, in denen er seine Sicherheit zu finden gehofft hatte, losgelassen hat, schlagen wir vor, daß er selber das Höhere Bewußtsein darum bittet, es möge sich ihm offenbaren. Um diesen Kontakt herbeizuführen, errichten wir wie gewöhnlich das Dreieck und benutzen dann seine Seite des Dreiecks wie eine Telefonverbindung. Wir schlagen vor, daß der Betreffende sein eigenes Höheres Selbst bittet, ihm in einer sichtbaren Form zu erscheinen. Es zeigt sich jedoch nicht immer in menschlicher Form. Manchmal kommt dem Betreffenden ein Symbol in den Sinn, wie z. B. die Sonne, eine Hand oder ein Licht. Ein junges Mädchen erklärte einmal ängstlich, sie sehe einen Anker, und fragte, ob dies in Ordnung sei. Es hätte in der Tat gar nicht besser sein können, denn sie gehörte zu den Menschen, die meistens einen Meter über dem Boden schweben. Ihre Füße berührten kaum die Erde, und sie hatte daher auch keine Verbindung mit dem, was man unter Realität versteht. Sie beschloß, sich den Anker um den Hals zu hängen, so daß er ihr dabei helfen konnte, sich zu erden.

Wenn das Symbol oder die Gestalt klar ist, ist es äußerst hilfreich, es oder sie darum zu bitten, den Betreffenden in die

Kindheit zurückzubegleiten und ihm dabei behilflich zu sein, sich an alle schmerzhaften oder angsterfüllten Ereignisse zu erinnern und ihn während dieser Reise in die Vergangenheit zu unterstützen und zu beschützen. Die Gegenwart dieser positiven Autorität ist außergewöhnlich hilfreich bei der Aufarbeitung alter, negativer Erfahrungen, bei der Heilung von tiefen Verletzungen und Kummer und bei der Ableitung von Energie, die in schmerzvollen Erinnerungen aufgestaut wurde und deshalb im täglichen Leben nicht verfügbar war. Oft empfehlen wir der Person, mit dieser Gestalt Gespräche zu führen, und auf diese Weise werden viele Antworten auf die verschiedensten Probleme offenbart.

Das Symbol oder die Gestalt, die das Höhere Bewußtsein verkörpert, ist nicht unbedingt bei jedem Erscheinen das- oder dieselbe, es bzw. sie scheint vielmehr jeweils die Form anzunehmen, die für die Situation und das zu lösende Problem am geeignetsten ist. Zum Beispiel sah ein junger Mann einmal die Christus-Gestalt, die jedoch ein blaues Gewand trug, wie man es von vielen Darstellungen oder Jungfrau Maria her kennt. Es stellte sich heraus, daß er an diesem Tag die Erscheinung des Mutteraspektes Gottes brauchte, welche ihm die Liebe und den Trost bringen konnte, die er von seiner eigenen Mutter nicht erfahren hatte.

Wenn diese Gestalt einmal erschienen ist, weiß der Betreffende ohne jeden Zweifel, daß sie immer in Reichweite ist, daß sie aber um Hilfe angerufen werden muß. Die Gestalt des Höheren Selbst ist eine immense Quelle des Trostes und der Stärke für diejenigen, die den Kontakt mit ihr aufnehmen konnten. Sie berichten, daß sie sich seither nie mehr so einsam oder hilflos fühlten, da sie nun wissen, daß Hilfe da ist, wenn sie sie suchen.

Das innere Kind

Im Laufe des Selbstentdeckungsprozesses nach der Trennung von den Eltern tritt oft, entweder in den Sitzungen oder in einem Traum, ein inneres Kind in Erscheinung. Dieses Kind braucht Aufmerksamkeit und oft Heilung, und wir haben verschiedene Arten gezeigt bekommen, auf die ihm dies gegeben werden kann. Das Kind braucht Hilfe, um zur Reife heranwachsen zu können, so daß es zusammen mit allen anderen Facetten der Persönlichkeit, die aus dem Inneren aufgetaucht sind, in den zentralen Kern der Persönlichkeit aufgenommen werden kann.

Dieses Kind kann männlich oder weiblich sein, je nachdem, welcher Aspekt der Persönlichkeit unreif geblieben ist. Sein Alter hängt davon ab, zu welcher Zeit im Leben der Person das Erlebnis oder die Situation stattfand, die bewirkten, daß das innere Kind auf dieser Entwicklungsstufe stehen blieb, anstatt sich zusammen mit den anderen Aspekten der Persönlichkeit weiterzuentwickeln.[8]

Umgang mit dem inneren Kind

Sobald das innere Kind aus dem Unbewußten aufgetaucht ist, wo es bis zu diesem Zeitpunkt verborgen war, ist es äußerst wichtig, den Hilfesuchenden in der Erinnerung zu diesem Alter zurückzuführen, so daß er die alte, schmerzliche Situation – nun jedoch vom Standpunkt des Erwachsenen aus – betrachten kann. Oft braucht der Betreffende eine Autoritätsfigur wie etwa eine Personifizierung des Höheren Bewußtseins, die ihn dabei begleitet. Diese unterstützende Gestalt ist besonders hilfreich, wenn der Vorfall sehr traumatisch war, oder wenn bei dem Gedanken daran, ihn wiederaufleben zu lassen, sehr viel Furcht auftritt, da diese Figur um Heilung, Trost und Hilfe angerufen werden kann.

Zu den traumatischen Erlebnissen, denen wir begegnen, gehören Schläge oder Zurückweisung von den Eltern. Vorfälle mit der wahrscheinlich am meisten schädigenden Wirkung sind sexuelle Mißhandlung und Inzest, die, wie wir festgestellt haben, weitaus häufiger vorkommen als gemeinhin angenommen wird. Beide haben viele negative Einflüsse auf das Leben des Opfers, wobei der destruktivste sicherlich in der Wirkung auf das Sexualleben und die Partnerwahl zu sehen ist. Von den vielen Fällen, die ich erlebt habe, fallen mir zwei Geschichten ein, die sich zwar stark voneinander unterscheiden, bei denen jedoch ähnliche Verletzungen zustandekamen. Ein junges Mädchen, das verlobt war, jedoch auf den Gedanken an die sexuellen Aktivitäten, die mit der Ehe verbunden sind, mit großer Angst reagierte, bat mich, ihr dabei zu helfen, den Grund für diese tief verwurzelte Angst zu entdecken. Sobald sie entspannt war, baten wir gemeinsam darum, sie möge von ihrem Höheren Bewußtsein zu Ereignissen in ihrer Kindheit zurückgeführt werden, die sie verdrängt hatte und die diese Angst verursacht haben könnten, die nun mehr Gewicht zu bekommen drohte als die aufrichtige Liebe der jungen Frau zu dem Mann, den sie heiraten wollte. Sie schaute langsam durch die Jahre zurück, und plötzlich fiel ihr ein Vorfall ein, der sich zugetragen hatte, als sie ungefähr acht Jahre alt gewesen war. Sie erzählte, daß ein paar ältere Jungen sie gezwungen hatten, mit ihnen hinter eine hohe Mauer hinter der Schule zu gehen, die sie alle besuchten. Sobald sie alle außer Sichtweite waren, begannen die Jungen, ihr das Höschen herunterzuziehen und sie zu belästigen, obwohl sie sich wehrte und um Hilfe rief. Als alles vorbei war, wurde sie mit panischer Angst und blauen Flecken allein zurückgelas-

sen. Sie rannte nach Hause und erzählte ihren Eltern unter hysterischem Weinen, was geschehen war. Ihr Vater war wütend und wollte die Jungen anzeigen. Diese lachten jedoch nur über seine Drohung und verbreiteten in der kleinen Stadt, in der sie alle lebten, das Gerücht, das Mädchen habe sie zu sexuellen Handlungen verführt, und sie sei eben diese Art Mädchen. Während die Jungen alle aus wohlhabenden prominenten Familien stammten, war die Familie des Mädchens arm, so daß man den Jungen eher glaubte als ihr. Sie wurde als loses Mädchen verschrien und von vielen Freundinnen gemieden, deren Mütter ihnen verboten hatten, mit ihr zusammenzusein. So kam es, daß sie unter massiver Zurückweisung zu leiden hatte, obwohl sie keine Schuld an den Dingen trug, die man ihr vorwarf.
Der Mann, den sie zu heiraten beabsichtigte, war der Sohn einer prominenten Familie. Sie hatte ihn während ihrer Studienzeit kennengelernt, als sie beide dieselbe Hochschule besuchten. Um ihre bescheidenen Verhältnisse hinter sich lassen zu können, hatte sie hart gearbeitet und ihr Studium mit Hilfe eines Stipendiums finanziert. Die beiden jungen Leute paßten gut zusammen, hatten viele gemeinsame Interessen, und alles sprach dafür, daß die Ehe ein Erfolg werden würde, wenn sie sich von ihrer Angst vor der Sexualität würde befreien können.
Als sie sich nun im Wachtraum-Zustand befand und den Vorfall von ihrem gegenwärtigen Standpunkt der Erwachsenen aus betrachten konnte, wurde ihr klar, daß sie als kleines Mädchen Kräften zum Opfer gefallen war, die sich ihrer Einflußnahme entzogen hatten. Sie sah ein, daß es keinen triftigen Grund für die furchtbaren Schuldgefühle gab, die sie all die Jahre mit sich herumgetragen hatte, oder für die Scham, die durch die Verhöhnungen ihrer Freundinnen entstanden war, denen man Lügen und nicht die wirklichen Tatsachen erzählt hatte. Sie sah auch, daß sie über ihre bescheidene Herkunft hinausgewachsen war und sich als kompetente Frau ei-

nen Platz in der Welt geschaffen hatte, und daß sie es nicht zulassen durfte, daß diese alte, unterdrückte Erinnerung sie weiterhin verfolgte und sie darin hinderte anzunehmen, was das Leben ihr jetzt anzubieten hatte: einen guten Ehemann und die Aussicht auf eine glückliche Zukunft.
Ich bat sie, sich vorzustellen, wie sie das kleine achtjährige Mädchen an einen Fluß führte, in dem sie es baden und alle alten Gefühle der Minderwertigkeit wegwaschen konnte, was sie auch voller Dankbarkeit tat. Darauf nahm sie das Kind in die Arme, trocknete es ab, zog ihm ein frisches, sauberes Kleid an und kämmte ihm das Haar. Während sie all dies tat, tröstete sie das kleine Mädchen und sprach mit ihm, als sei es ihre eigene kleine Tochter. Ich wies sie an, sich vorzustellen, wie sie nun das kleine Mädchen wieder in sich selbst aufnimmt, so daß dieser Teil von ihr aufwachsen und sich mit allen anderen Teilen ihres Selbst würde verbinden können. Ich sagte ihr, sie solle das Kind jedoch jeden Tag für einige Minuten aus ihrem Inneren hervorholen, um die Kommunikation mit ihm aufrechtzuerhalten und um dem Kind in ihr zu versichern, daß es geliebt und angenommen wird. Darauf bat ich sie, sich einen Weg vorzustellen, der sie zu einer schönen grünen Wiese voller Blumen führen würde, wo sie ihre Schuhe ausziehen und sorglos wie ein kleines Kind laufen und tanzen könne, um ihrer Freude über ihre neugewonnene Freiheit Ausdruck zu geben. Als sie sich schließlich auf diese Szene eingelassen und all ihre alten Ängste aus sich herausgetanzt hatte, bat ich sie, sich vorzustellen, wie ihr Verlobter auf sie zukommt und sie ihm entgegengeht, um ihm die guten Neuigkeiten über ihre neuentdeckte Freiheit mitzuteilen. Es überraschte sie selbst ebensosehr wie mich, daß ihr dies sehr leicht fiel, denn zu Beginn dieser inneren Reise hatte sie große Angst gehabt. Es gelang ihr, sich den weiteren Verlauf der Szene vorzustellen, und als sie bei der Umarmung angelangt war und seine Arme um sich fühlte, verließ ich für einige Minuten den Raum. Während dieser Zeit sollte sie sich vorstel-

len, wie sie und ihr Verlobter in einer Liebesumarmung zusammenkamen, einer Art Hauptprobe vor dem tatsächlichen Erlebnis. Als ich in den Raum zurückkehrte, sagte mir ihr Gesichtsausdruck, daß sie ihre früheren Ängste verloren hatte.

Sie und ihr Verlobter heirateten und wurden nach einiger Zeit stolze Eltern eines gesunden Jungen. Zum Glück war ihr Mann ein außergewöhnlich sanfter, geduldiger und verständnisvoller Mensch, und er half ihr sehr dabei, sich von ihren alten Ängsten und Schuldgefühlen zu befreien.

Der zweite Fall, der mir in den Sinn kommt, handelt von einer jungen Frau, die sich zwanghaft prostituierte, indem sie mit äußerst unpassenden Sexualpartnern verkehrte, die sie nicht im geringsten mochte, geschweige denn liebte. Sie haßte sich für diese Eskapaden selbst und wünschte sich nichts sehnlicher, als diesen Lebensstil aufgeben zu können, da sie sich nach jeder dieser Episoden noch mehr beschmutzt fühlte. Wie in dem vorher beschriebenen Fall konnten wir in ihrer bewußten Erinnerung nichts finden, was ihr Verhalten begründet hätte, außer daß sie schon immer ein schwaches Selbstwertgefühl gehabt hatte. Obwohl sie immer bemüht war, auf jede erdenkliche Art und Weise an sich zu arbeiten, fühlte sie sich immer noch von dem Gefühl der Wertlosigkeit verfolgt, das sich mit jedem sexuellen Abenteuer nur noch verstärkte. Sie war völlig verzweifelt. Oft scheint jedoch gerade dies die beste Voraussetzung dafür zu sein, Hilfe zu suchen, da viele Menschen sehr leiden müssen, bevor sie die harte und schmerzvolle Arbeit anzugehen bereit sind, sich selbst zu verändern.

Es dauerte außergewöhnlich lange, sie zu entspannen, da sie wegen des starken Wunsches, den Grund ihres Problems zu finden, besonders angespannt war. Wir errichteten das Dreieck und baten darum, gezeigt zu bekommen, was sie wissen, erfahren oder sehen sollte, um von ihrem Selbsthaß befreit zu werden. Darauf schlug ich ihr vor, sich eine Straße vorzustel-

len, die vor ihr lag, und diese entlangzugehen und alles zu beobachten, was links und rechts von ihr ins Blickfeld kam, während sie Ausschau hielt, wohin dieser Weg sie führte. Nach kurzer Zeit schnappte sie nach Luft und sagte, sie sehe ein Haus, das sie als eines der Wohnhäuser erkannte, in denen sie als Kind gewohnt hatte. Sie hatte es in der Zwischenzeit völlig vergessen, obwohl sie sich daran erinnern konnte, ein Foto dieses Hauses in einem alten Familienalbum gesehen und dabei gefragt zu haben, wessen Haus dies eigentlich sei. Ich ermutigte sie, auf dieses Haus zuzugehen und es durch die Haustür zu betreten, so als ob sie selbst unsichtbar sei, dabei aber alles um sie herum beobachten könne. Sie verhielt sich äußerst zögernd, und dies wies mich auf die Möglichkeit hin, daß wir kurz vor der Entdeckung eines Vorfalls standen, der sich in diesem Haus ereignet hatte und die Ursache ihrer Schwierigkeiten darstellte, und daß wir auf der Suche nach der Lösung nicht weiter zurückzugehen brauchten. Und so ermutigte ich sie mit vielen Fragen, wie z.B. «Ist jemand im Haus?», sanft aber bestimmt, mir alles zu schildern, was sie sah, ganz gleich, ob es wichtig erschien oder nicht. Dazu erklärte ich ihr, daß oft scheinbar unbedeutende Vorfälle ernsthafte Probleme verursachen, wenn sie im Denken des Kindes in Umfang und Gewicht «aufgeblasen» werden.
Diese Erklärung schien sie zu beruhigen, und sie begann, einige Gegenstände zu beschreiben, die sie in den verschiedenen Räumen sah. Kurze Zeit später war sie länger still als üblich. Ich wurde vom Höheren Bewußtsein veranlaßt, diese Stille nicht zu unterbrechen, sondern die Bitte an ihr Höheres Bewußtsein zu richten, es möge ihr entdecken helfen, was hier verborgen lag. Plötzlich entfuhr ihr ein erschütterndes Schluchzen, und sie rief aus: «Nein! Nein! Nur das nicht!»
Ich versicherte ihr, daß es von allergrößter Wichtigkeit für sie sei, von dem, was sie da sah, befreit zu werden, da es ihr so akutes Leid verursache, und daß ich da sei, um ihr zu helfen und nicht, um sie zu beurteilen. Schließlich gelang es ihr,

durch ihr Schluchzen hindurch herauszustoßen, was sie gesehen hatte und nach und nach zu erzählen, wie ihr Vater sie sexuell belästigt hatte, als sie noch so klein war, daß sie nicht ganz verstand, was sich eigentlich abspielte. Gleichzeitig hatte sie panische Angst vor seinen Drohungen mit den Folgen, die es haben würde, falls sie jemals jemandem von ihrer Beziehung erzählen würde. Dadurch war ihr trotz ihres jungen Alters klargeworden, daß an der Sache etwas nicht stimmte. Sie konnte sich nun daran erinnern, daß ihr Vater sie immer «schlechtes Mädchen» genannt hatte, und nun wurde ihr klar, daß dies seinem Bedürfnis entsprungen war, seine eigene Schuld zu kaschieren. Offenbar wußte die Mutter von der Beziehung, hatte aber so große Angst vor ihrem Mann, daß sie es vorzog, die Augen vor der ganzen Sache zu verschließen als sich damit zu befassen. Auch sie nannte ihre Tochter «schlecht», wobei jedoch ihre Gehässigkeit mitspielte, denn wegen der Aufmerksamkeit, die ihr Mann ihrer Tochter zukommen ließ und ihr selbst vorenthielt, war sie voller Eifersucht. Das arme Kind hatte von keinem der beiden Liebe und Unterstützung bekommen, und so war es nicht verwunderlich, daß es sich so wertlos fühlte. Auch als Erwachsene suchte sie Liebe, wo sie nur konnte, hauptsächlich jedoch in äußerst erniedrigenden Situationen, da dies dem ursprünglichen Muster ihres Sexualverhaltens entsprach. Sie fühlte sich wertlos, und da ihre Eltern ihr diese Selbsteinschätzung beigebracht hatten, gestand sie sich nur negative Erfahrungen zu.

Wegen der inzestuösen Beziehung zu ihrem Vater litt sie auch unter Schuldgefühlen, die sie später zwar verstanden, aber völlig verdrängt hatte. Sie bestrafte sich, indem sie sich auf jede nur mögliche Weise degradierte, um für ihre frühen Verfehlungen zu bezahlen.

Sobald sie in der Sitzung ruhiger geworden war, schlug ich ihr vor, dieses kleine Mädchen zu betrachten, das in ihrem Inneren immer noch sehr lebendig war, das jedoch bei seinen acht Jahren stehengeblieben war und immer noch unter diesen

Schuld- und Schamgefühlen litt. Ich fragte sie, ob sie das Mädchen gern in die Arme nehmen und trösten würde, um ihm die Liebe zu geben, nach der es sich so sehr sehnte. Dies löste einen erneuten Ausbruch von Schluchzen aus, und sie rief: «Ja! Ja! Mehr als alles in der Welt möchte ich das tun!» Sie stürzte sich förmlich in die Vorstellung, wie sie das Kind badete, sein Haar kämmte, es mit heilenden Ölen einrieb, es liebkoste und streichelte, als sei es ihr geliebtes, kleines Kind. Darauf bat ich sie, dem Kind ein Schlaflied vorzusingen, was sie auch ohne Umschweife tat. Es schien, als könne sie gar nicht genug für das Kind tun, da sie nun einmal die Gelegenheit hatte, die Verantwortung für seine Pflege zu übernehmen. Als sie sagte, daß das Kind nun fest eingeschlafen sei, fragte ich sie, ob sie gern zu ihm sprechen würde, während es schlief, um ihm in Form von Suggestionen mitzuteilen, daß die häßlichen Ereignisse der Vergangenheit nur ein Alptraum gewesen seien und daß das Mädchen sie beim Aufwachen ganz und gar vergessen haben würde. Sie befolgte diese Anweisung bereitwillig und sprach zu dem Kind, als sei es wirklich lebendig. Dann machte ich ihr den Vorschlag, daß sie ihr eigenes Höheres Bewußtsein anrufen und es bitten solle, sich ihr in Form eines Symbols oder einer Person zu offenbaren, die das Kind während des Schlafes heilen würden.

Sie war sich ganz und gar nicht sicher, ob ihr dies gelingen würde, sagte aber, sie wolle es versuchen, und zu ihrer großen Überraschung erschien Christus in ihrer inneren Szene. Er war, wie dies häufig der Fall ist, in ein Gewand gekleidet, das die Farbe der Mutter Maria hatte, nämlich ein wunderbares tiefes Blau. Ich bat sie, nach dem Grund hierfür zu fragen, und sie antwortete mit ehrfurchtsvoller Stimme: «Es ist der Vater im Gewand der Mutter, und so sind es beide Eltern in einer Person.» Mit dieser Einsicht brach sie förmlich unter Tränen zusammen, diesmal jedoch nicht vor Schmerz, sondern vor Freude und Erleichterung, da sie eine neue Verkörperung der Mutter und des Vaters in sich gefunden hatte.

Nun sagte sie mir, sie fühle sich immer noch unrein und zögere deshalb, sich von dieser Gestalt berühren zu lassen, und so fragte ich sie, ob sie selbst vielleicht auch gerne ein Bad nehmen würde, so wie das kleine Mädchen es vorhin getan hatte. «Ja, im Meer», war ihre spontane Antwort, und sie erklärte, daß das Salzwasser sie reinigen würde. Ich wies sie an, ihre gesamte Kleidung abzulegen und sie in einem Bündel aufeinanderzulegen und zu verbrennen, da sie alte Gewohnheiten repräsentierten und es nötig sei, sie durch neue zu ersetzen. Sie tat dies mit wahrer Hingabe und beschrieb, wie sie das Feuer ausstampfte und dann sogar noch die Asche tief in der Erde vergrub, da sie jede Spur dieser alten Gewohnheiten für immer verschwinden lassen wollte. Nun hinderte sie nichts mehr daran, ins Meer zu laufen und im Salzwasser herumzuplanschen, wobei sie jedoch darauf achtete, ihren gesamten Körper gründlich zu waschen, so daß jede Spur der alten Makel entfernt würde. Darauf schlug ich ihr vor, sich zu überlegen, auf welche Art und Weise sie ihre neue Freiheit ausdrücken wolle, worauf sie mir spontan antwortete, daß sie gerne ein Delphin wäre, der frei und ungehindert durchs Wasser gleitet und taucht und von reiner Lebensfreude erfüllt ist.

Als sie mir schließlich sagte, daß sie nun aus dem Wasser gekommen sei, reichte ich ihr als Symbol der Reinheit ein weißes Gewand, das sie freudig entgegennahm und fast ehrfürchtig anzog. Zuletzt sagte ich, sie möge sich nun wieder dem Leben zuwenden und dabei ihr geheimes Wissen darüber bewahren, daß sie nun von all ihren vergangenen Erlebnissen befreit war sowie von der Schuld und dem Selbsthaß, die diese in ihr verursacht hatten, und daß sie nun ein völlig neues Selbst-Verständnis habe.

Kurze Zeit nach dieser Sitzung traf sie einen netten Mann, der seine Frau bei einem Autounfall verloren hatte und mit zwei kleinen Kindern zurückgeblieben war. Diese Beziehung machte ihr zuerst ein wenig Angst, da sie kein Verhaltensmuster für eine enge, liebevolle Beziehung zu einem Mann hatte. Sie kam deshalb wieder und bat mich um Hilfe und eine weitere Wachtraum-Sitzung, die ihr die nötigen Voraussetzungen geben sollte, um diese Herausforderung annehmen zu können.

Ich brachte sie in der Imagination an den Ort zurück, an dem sie in ihrer letzten Sitzung im Meer gebadet hatte. Nun wies ich sie an, sich in den Sand zu legen, sich zu sonnen und sich dabei so zu entspannen, als ob sie wirklich an einem Sandstrand liegen würde. Als sie den Eindruck machte, ganz entspannt zu sein, bat ich sie, ihrem Körper zu sagen, er solle in dieser Entspannung bleiben, während sie sich vorstellte, daß ihr Verlobter den Strand entlang schlenderte und nach ihr Ausschau hielt. Sie reagierte zunächst mit Anspannung. Als sie aber sah, daß auch er bei dem Gedanken an eine neue Beziehung nicht ganz frei von Ängsten war, winkte sie ihm zu und bat ihn, zu ihr zu kommen. Als sie mir sagte, er liege nun neben ihr im Sand, bat ich sie, die Szene sich entwickeln zu lassen, ohne sie zu unterdrücken und ihr Höheres Bewußtsein zu bitten, es möge ihnen beiden dabei helfen, ihre Ängste zu überwinden. Ich verließ für einige Minuten den Raum, damit es ihr leichter fiel, sich in diese innere Szene hinein zu entspannen, und als ich ihn wieder betrat, fand ich sie freudig strahlend vor. Sie sagte mir, sie habe ihre alte Angst verloren und sei nun voller Zuversicht, ihrem Mann eine gute Ehefrau und seinen Kindern eine gute Mutter sein zu können.

Ihr Verlobter bat mich einige Tage später um einen Termin. Er trauerte immer noch über den Tod seiner ersten Frau und hatte das Gefühl, die Bindungen durchtrennen zu müssen, die ihn immer noch mit ihr verbanden, bevor er eine neue Ehe eingehen könnte. Ich erklärte ihm die vorbereitende Übung, die Acht, die er während der folgenden beiden Wochen täglich üben wollte. Nach Ablauf dieser zwei Wochen kam er, um das Trennungs-Ritual durchzuführen. Als er gerade dabei war, mir zu sagen, wo sich diese Bindungen bei ihm und seiner Frau befanden, hielt er mitten im Satz inne. Ich fragte ihn, was geschehen sei, und er antwortete mit hörbarer Anstrengung, er habe das sichere Gefühl, daß seine Frau, die er deutlich sehen könne, den ebenso starken Wunsch habe wie er, die Bindungen an ihn zu lösen. Ich erklärte ihm, daß er mit ihr sprechen, ihr Fragen stellen und ihre Antworten in Form von Gedanken empfangen könne. Er erwiderte, genau dies geschehe offenbar gerade, und seine Frau, die er deutlich sehen könne, teile ihm ihre Hoffnung mit, er werde wieder heiraten, und sie gebe ihm und seiner neuen Frau ihren Segen, da sie so dankbar sei, ihre Kinder wieder in der Fürsorge einer Mutter zu wissen.

Er weinte, als er mir wiedergab, was seine Frau ihm sagte, und fügte hinzu, er hätte nie geglaubt, eine so überzeugende und wirkliche Erfahrung machen zu können. Offensichtlich war er tief bewegt und gleichzeitig sehr erstaunt über dieses innere Erlebnis.

Wir führten den restlichen Teil des Rituals durch, und er beschrieb, wie er die Verbindungen zu seiner Frau löste, wie er sie umarmte und ihr seinen Segen gab, als er sie in eine andere Bewußtseinsdimension eintreten sah. Wie er sagte, strahlte sie vor Glück darüber, daß sie nun die Freiheit hatte, die Welt zu verlassen, die sie als seine Frau gekannt hatte.

Kurze Zeit später fand die neue Eheschließung statt, und die Frau, die als Kind zurückgewiesen und verleumdet worden war, fand Glück in ihrer Ehe und konnte die Kinder ihres Mannes lieben, so wie sie ihr eigenes inneres Kind zu lieben gelernt hatte. Die beiden erwarten nun voller Freude die Geburt ihres ersten gemeinsamen Kindes.

Dies sind nur zwei Beispiele von Hunderten. Jeder Mensch hat einen kindhaften Teil, der tief in seinem Inneren verborgen ist und der erlöst, geheilt und versorgt werden muß, damit er reifen und zu einem bewußt funktionierenden Teil der Gesamtpersönlichkeit werden kann. Eine solche Befreiung der inneren Kindes setzt die Energien frei, die zusammen mit den alten Erinnerungen «weggepackt» worden waren und macht sie für das tägliche Leben verfügbar.

Es gibt natürlich noch viele andere Geschichten, die weniger dramatisch sind als die beiden eben erwähnten. Unabhängig von den jeweiligen Begleitumständen wird der Betreffende jedoch in jedem Fall eindringlich gebeten, die Verantwortung für sein inneres Kind zu übernehmen und es täglich aufzusuchen und ihm so lange persönliche Zuwendung zu geben, bis es ganz erwachsen ist und in die Gesamtpersönlichkeit aufgenommen werden kann.

Zurückweisung

Jede Zurückweisung, sei sie bewußt oder unbewußt geschehen, beeinflußt das Verhalten dessen, der sie erfährt, in negativer Weise. Wir haben Fälle erlebt, in denen ein Elternteil oder sogar beide einen so starken Wunsch nach einem Jungen oder Mädchen hatten, daß sie ihrer Enttäuschung in heftigen Gefühlsausbrüchen Ausdruck gaben, wenn ihr Kind nicht das Geschlecht hatte, das sie erwarteten. Eine solche Reaktion wird von dem Neugeborenen als Zurückweisung erlebt, und dies hat lebenslange Auswirkungen zur Folge, da das Eintreten des Kindes in diese Welt mit Unsicherheit und Nichtakzeptiertwerden von seiten der beiden Menschen verbunden war, die eigentlich die Hauptsicherheit des Kindes hätten darstellen sollen. Eine solche frühe Zurückweisung ist der Nährboden für eine Vielzahl negativer Reaktionen auf das Leben, und dies gilt auch in Fällen, in denen es beiden Eltern mit der Zeit gelingt, das Kind zu lieben. Manche Menschen suchen regelrecht Situationen, in denen sie Zurückweisungen erleben, da dies ein vertrauter Zustand für sie ist, in dem sie sich auf eine seltsame Art sicher fühlen. Andere wiederum gehen durchs Leben und fordern unablässig Liebe und Aufmerksamkeit, um ihren Hunger nach dem Gefühl, angenommen zu sein, zu stillen, und sind doch nie zufrieden, ganz gleich, wieviel sie bekommen.

Neben dem ungewollten Geschlecht des Kindes kann es noch eine Reihe anderer Gründe geben, aus denen Eltern sich bei der Geburt ihres Kindes oder während der ersten Lebensjahre von ihrem Kind abwenden. Manche Eltern sind enttäuscht, wenn ihr Kind nicht gleich nach der Geburt hübsch aussieht, oder wenn es sich nicht so schnell entwickelt wie andere Babys des gleichen Alters. Hier kommt es oft zu regelrechten Konkurrenzkämpfen unter Freunden und Verwandten, die manchmal extreme Formen annehmen. Gleichgültig, aus welchem Grund eine Zurückweisung geschieht, sie zieht immer sehr viel Leid und Elend nach sich. Wenn ein solches Erlebnis der Ablehnung aufgedeckt und der Schmerz freigesetzt wird, kann dem Betreffenden ein wahres Bild seiner selbst gezeigt werden, das nicht von der Enttäuschung getrübt ist, die seine Eltern auf ihn projizierten und die ihm das Gefühl vermittelte, es ihnen nie recht machen zu können.

Wenn uns Menschen um Hilfe bitten, die unter einer ungewöhnlich starken Angst vor Ablehnung leiden, versuchen wir zuerst, die Ursache dafür zu finden. Diese tritt oft zutage, wenn wir den Betreffenden durch die Pubertätsriten begleiten, oder wenn er die Listen der Eigenschaften seiner Eltern bearbeitet. In manchen Fällen genügt das bloße Erkennen der Ursache, um den Betreffenden von ihrer Wirkung zu befreien. Es ist jedoch immer notwendig, den Eltern oder der Person, von der die Zurückweisung ausging, voll und ganz zu verzeihen; erst dann ist wirkliche Freiheit möglich.

Manchmal war die Ablehnung, die ein Kind gefühlt hat, unvermeidbar, wie etwa in Fällen, in denen jemand in frühen Jahren einen oder beide Elternteile verloren hat. Hier hat das Kind einen Verlust erlitten, bevor der bewußte Verstand genügend entwickelt war, um diesen ausreichend zu erklären und in seiner wahren Bedeutung zu verstehen, nämlich als ein Ereignis, das der betreffende Elternteil nicht abwenden konnte. Da dieses Verlusterlebnis von dem Kind dennoch als Akt der Zurückweisung interpretiert wurde, muß es konfrontiert und bearbeitet werden, damit der erwachsene Mensch sich von seinen Folgen befreien und bewußt andere Haltungen entwickeln kann. Dies wird durch die folgenden beiden Fälle deutlich.

Im ersten geht es um einen jungen Mann, dessen Mutter kurz nach seiner Geburt gestorben war. Er wurde von seinen Großeltern mütterlicherseits großgezogen, die keine Gelegenheit ausließen, ihn spüren zu lassen, daß er der Grund für den Tod ihrer geliebten Tochter sei. Dadurch kamen zu seinem ursprünglichen Gefühl, von seiner Mutter abgelehnt worden zu sein, noch Schuldgefühle hinzu.

Ich führte ihn als erwachsenen Zuschauer zu der Zeit zurück, als seine Mutter starb, und ermutigte ihn dazu, mit ihr zu sprechen. Er sollte sie bitten, ihm die Gefühle zu beschreiben, die sie hatte, als ihr bewußt wurde, daß sie ihr neugeborenes Kind würde verlassen müssen. Als er dies tat, berichtete er, seine Mutter erzähle ihm, wie traurig sie sei und daß sie sich große Sorgen bei dem Gedanken mache, ihn nun so kurz, nachdem er ihren Mutterleib verlassen hatte, in dem er so sicher gewesen war, ohne ihre Liebe und Fürsorge zurücklassen mußte. Während dieses Gespräches begann er zu weinen, denn er sah plötzlich den Unterschied zwischen dem, was er als Ablehnung aufgefaßt hatte, und dem ungewollten Abschied seiner Mutter, den diese ihm auf dieser inneren Ebene beschrieb. Er schluchzte auf, als sie ihm versicherte, daß er keine Schuld an ihrem Tod hatte.

Ich fragte ihn, ob er sie dafür um Verzeihung bitten wolle, daß er fälschlicherweise das Gefühl gehegt hatte, sie habe ihn abgelehnt. Er ging sehr freudig auf diesen Vorschlag ein, und so führte ich ihn durch den Teil der Pubertätsriten, in dem der Elternteil um Verzeihung gebeten wird und der Betreffende diesem seinerseits verzeiht. Als er dieses Ritual vollzog, war es, als fiele eine schwere Last von ihm ab, und es gelang ihm, seiner Mutter zu sagen, wie leid ihm sein jahrelanges Mißverständnis tat.

Bei einem weiteren Beispiel von Zurückweisung geht es um eine junge Frau, deren Vater starb, als sie zwei bis drei Jahre alt war. Sie konnte sich noch deutlich daran erinnern, wie sie damals auf seinem Schoß gesessen hatte, während er die Zeitung las, wie sie jeden Abend, wenn er nach Hause kam, aufgehoben und umarmt wurde und noch an viele ähnliche liebevolle, kleine Gesten, die sie von ihm gewohnt war und erwartete. Nach seinem Tod vermißte sie seine Zuneigung sehr, und als sie heranwuchs, verschloß sie ihre Trauer tief in ihrem Inneren, da sie glaubte, so nicht so sehr unter ihr leiden zu müssen.

Während der Routinesitzung, in der sie die Bindungen an ihren Vater löste, brach alles, was sie unterdrückt hatte, in Form von Wut und Groll aus ihr heraus. Sie war wütend darüber, daß er sie so alleingelassen hatte und fortgegangen war. Sie war schockiert und bekam Angst vor ihrem eigenen Ausbruch, da sie von der tiefen Wut, die sie unterdrückt hatte, nichts ahnte.

Ich bat sie, sich wieder in dieses kleine Mädchen hineinzuversetzen, was ihr sehr leichtfiel. Sie sagte mir, sie sehe sich als kleines, etwa zweijähriges Kind. Ich bat sie, sich vorzustellen, wie sie wieder einmal ungeduldig die Rückkehr ihres Vaters erwartete, und mir alles zu erzählen, was sich abspielen würde und wie sie sich dabei fühle. Sie beschrieb, wie sie ihn die Türe aufschließen hörte und wie sie ihm entgegenrannte, um ihn zu begrüßen. Sie hörte, wie ihr Vater sie bei ihrem Kosenamen nannte und fragte, ob sie einen glücklichen Tag erlebt hätte, worauf er sie in die Arme nahm, sie küßte und sie seine kleine Prinzessin nannte. Aus der Art, wie sie die Szene beschrieb, wurde deutlich, daß sie sich wirklich an diesem Punkt in ihrer Erinnerung befand. Sie beschrieb, wie sie seine starken Arme spürte und seine Hand, die sie streichelte, und viele andere, kleine intime Gesten.

Deshalb bat ich sie, ihm ihr Herz auszuschütten, ihm zu sagen, wie furchtbar sie ihn vermisse, und ihn zu bitten, ihr zu sagen, warum er sie verlassen hatte. Es fiel ihr sehr leicht, dies zu tun, und schließlich bat sie ihn um Verzeihung dafür, daß sie all die Jahre hindurch Wut und Groll gegen ihn gehegt hatte. Sie konnte ihm ihrerseits verzeihen, daß er sie anscheinend verlassen hatte, da sie nun in der Lage war, das Verstehen zu fühlen, das sie vorher nur intellektuell gekannt hatte. Sie verstand, daß er keine Wahl gehabt hatte und daß seine Trauer darüber, sie verlassen zu müssen, ebenso groß gewesen war wie der Verlust, den sie erlitten hatte. An diesem Punkt schlug ich ihr vor, das Mädchen in die Arme zu nehmen, als sei es ihr eigenes kleines Kind, und es zu streicheln und zu trösten, wie ihr Vater es früher immer getan hatte. Ich legte ihr nahe, dies jeden Tag zu tun und sich immer vorzustellen, daß dieses Kind bei ihr sei.

Am Ende dieser Sitzung war sie entspannter, als ich sie je erlebt hatte, und sie sagte, sie fühle sich, als wäre eine schwere Last von ihr gefallen. Sie arbeitete weiter bewußt daran, ihr altes Muster zu verändern, das darin bestand, Zurückweisung von Männern zu erwarten, und allmählich erreichte sie ein positiveres Selbstbild, das an die Stelle dessen trat, welches das abgelehnte kleine Mädchen hatte, für das sie nun bewußt die Verantwortung übernahm.

Manchmal erscheint die eigentliche Zurückweisung zu geringfügig zu sein, um ein Problem nach sich zu ziehen. Wir haben jedoch entdeckt, daß ihre Wirkung von der Art und Weise bestimmt wird, in der ein Kind auf die ablehnende Handlung reagiert, und nicht so sehr durch den Vorgang selbst. Dieser Umstand wird in der Geschichte einer Frau deutlich, die als kleines Kind oft mit ihrem Vater zusammen duschen durfte und die sich auf diese Nähe zu ihm jedesmal sehr gefreut hatte. Eines Tages faßte sie aus kindlicher Neugier heraus nach dem Penis ihres Vaters und erschrak über seine heftige Reaktion. Er brachte sie nicht nur aus der Dusche, sondern aus dem Badezimmer hinaus, schloß die Tür ab, und seit diesem Tag durfte sie nie mehr mit ihm duschen. Diese abrupte Verbannung wurde ihr nie erklärt, und da sie zu jung war, um die offensichtliche Verbindung zwischen ihrer unschuldigen Handlung und der unmittelbaren Reaktion ihres Vaters herzutellen, hinterließ dieses Erlebnis einen tiefen Schmerz und ein unerklärtes Geheimnis in ihr.

Ihre Reaktion auf diesen Vorfall hatte zur Folge, daß sie trotz ihres liebevollen Naturells nie eine intime Beziehung zu einem Mann herstellen konnte, ein Umstand, den sie in keiner Weise verstehen oder beheben konnte. Sie hatte dies nie verstehen, geschweige denn ändern können, bis sie schließlich die Ursache ihres Verhaltens verstand. Die Ergebnisse ihrer Entdeckung können noch nicht beurteilt werden, aber sie hat jetzt die Zuversicht, in der Zukunft freier handeln zu können, und hofft, dieses alte Muster irgendwann endgültig löschen zu können, da sie nun seine Ursache erkannt hat.

Animus und Anima – männliche und weibliche Aspekte des Menschen

Es gibt einen weiteren, sehr wichtigen Grund, die Wirkung der Eltern auf einen Menschen zu untersuchen: In vielen Fällen haben sie seine Partnerwahl beeinflußt. C.G. Jung präsentierte der Welt seine Theorie, daß jedem Mann ein weiblicher Aspekt innewohne, den er Anima nannte, und jeder Frau ein männlicher Aspekt, der Animus genannt wird.[9]
Die Muster für die männlichen und weiblichen Aspekte in einem Menschen werden durch seine Reaktion auf die Vorbilder der Männlichkeit und der Weiblichkeit festgelegt, die seine Eltern ihm vorgelebt haben. Da diese Muster sich unbewußt entwickeln, ist sich der Betreffende dieses Prozesses nicht bewußt und denkt, er handle bei seiner Partnerwahl immer als freies Individuum.

Das ideale Verhältnis der beiden Seiten eines Mannes ist dann vorhanden, wenn der männliche Teil dominiert und der weibliche Aspekt ihn unterstützt und mit ihm zusammenarbeitet. Bei einer Frau sollte der feminine Teil stärker sein, wobei der maskuline ihn im Hintergrund unterstützt. Das Gleichgewicht zwischen diesen beiden Teilen kann auf die verschiedensten Arten gestört sein, je nachdem, wie eine Person auf die Haltungen reagiert hat, die ihre Eltern ihrem eigenen Geschlecht gegenüber einnahmen. Davon abgesehen bringt ein Mensch bei seiner Geburt Eigenschaften mit, die er vererbt hat oder die aus einem früheren Leben stammen.

Wahrscheinlich kennen wir alle Fälle, in denen Männer durch und durch männlich sind, wenig Kontakt zu ihrer Anima haben und denen daher die Fähigkeit zu fühlen fehlt; und gleichermaßen gibt es Frauen, die völlig weiblich sind, den

Kontakt zu ihrem Animus verloren haben und deshalb nicht in der Lage sind, klar zu denken. Eine solche Verschiebung der Aspekte wird durch zwei weitere Extreme oder Karikaturen, wie solche Ausnahmefälle manchmal genannt werden, verdeutlicht: Männer, die eine so starke Anima haben, daß sie verweiblicht wirken, und Frauen, die so sehr von ihrem Animus beherrscht werden, daß sie dominant und energisch wirken und sich eher wie Männer verhalten.

Uns wurden vielerlei Hilfen gezeigt, wie man ein solches gestörtes Gleichgewicht korrigieren kann. Der erste Schritt besteht darin, die inneren Haltungen der Eltern zu untersuchen und den Versuch zu unternehmen, die Wirkung, die sie auf die Entwicklung des Kindes hatten, zu verstehen. In vielen Fällen liegt eine Kettenreaktion vor: Die Eltern waren ihrerseits den Mustern ihrer Eltern ausgesetzt usw., und so wiederholten viele Generationen immer wieder die Gewohnheiten ihrer Vorfahren. Ein Grund für diese Wiederholung ist in der Tatsache zu sehen, daß ein Mann sich mit großer Wahrscheinlichkeit zu einer Partnerin hingezogen fühlt, die ihn an seine Mutter erinnert, falls er zu dieser eine positive Beziehung hatte, oder zu einer Frau, die sich sehr stark von der Mutter unterscheidet, wenn er mit Rebellion oder Ablehnung auf diese reagiert hat. Dieselbe Regel gilt für die Partnerwahl der Frau. In der Regel fühlt sie sich von einem Mann angezogen, der sie an ihren Vater erinnert, oder der möglichst verschieden von ihm ist, falls sie ihren Vater nicht mochte. Leider projizieren die Menschen in solchen Fällen dann all die Eigenschaften auf ihren Partner, die sie rein gewohnheitsmäßig mit ihrem Ideal in Verbindung bringen. Der arme Mensch, der all diese Projektionen tragen soll, ist dann gezwungen, eine Rolle auszufüllen, die sein Partner als Vorbild aufrechterhalten hat, anstatt die Freiheit zu haben, seinem wirklichen Selbst Ausdruck zu geben. Nach der Loslösung von den Eltern (s. Kapitel: Pubertätsritual) ist es deswegen sehr wichtig, die Aufstellungen ihrer positiven und negativen

Eigenschaften sorgfältig zu studieren, um zu erkennen, in welcher Weise sie uns beeinflußt haben.

Ein junger Mann, mit dem ich an der Befreiung von seiner Mutter gearbeitet hatte, rief mich eines Tages an und erzählte mir ganz aufgeregt von einer Entdeckung, die er gerade gemacht hatte. Ihm war klar geworden, daß er im emotionalen Bereich seiner Mutter sehr ähnlich war und folglich genau die Haltungen bei sich selbst vorfinden konnte, die er bei ihr kritisierte. Er sagte, er habe auch gesehen, daß der Hauptgrund für die Scheidung von seiner Frau darin bestanden habe, daß sie versucht hatte, ihm eben diese Ähnlichkeiten zu zeigen, daß er damals jedoch noch nicht in der Lage gewesen war, diese zu sehen oder mit ihnen umzugehen. Menschen können solche Aspekte ihres Selbst erst sehen und akzeptieren, wenn sie bereit sind, an ihnen zu arbeiten, und wenn ihnen eine Methode angeboten wird, mit der sie diese Arbeit angehen können.

Wir haben auch beobachtet, daß Menschen in den allermeisten Fällen aus irgendeinem Grunde wirklich leiden müssen, ehe sie durch ihren Schmerz gezwungen werden, Hilfe zu suchen. Die meisten Menschen neigen dazu, faul zu sein, wenn ihr Leben glatt verläuft und wenn sie nicht irgendwie zur Veränderung gezwungen werden. Viele Menschen weigern sich, sich zu ändern und ziehen das Bekannte, Sichere der unbekannten und oft Angst einflößenden Alternative vor, ganz gleich, wie unbefriedigend ihr gegenwärtiger Zustand auch sein mag. Das Leiden, das ihnen den Anstoß gibt, eine solche Veränderung herbeiführen zu wollen, kann finanzielle, emotionale, körperliche oder geistige Ursachen haben. Ganz gleich, wie eine Situation geartet ist, mit der sich jemand konfrontiert sieht und mit der er allein nicht umgehen kann: sie kann ihn dazu bringen, nach Hilfen zu suchen, mit denen das Problem zu lösen ist, das seinen Schmerz verursacht hat. So kann eine leidvolle Erfahrung ein wahrer Segen sein, der ihm den Weg in die Freiheit weist.

Die Neuformung der eigenen Person ist eine große Aufgabe, die wie ein gewaltiger Berg erscheinen mag, und dies kann einem das Gefühl geben, man sei absolut unfähig, den Gipfel je zu erreichen. Ein Mensch in dieser Situation sollte daran erinnert werden, daß es nicht darum geht, den Berg in *einem* Anlauf zu bezwingen, sondern daß man einen Schritt nach dem andern zurücklegen muß, um ans Ziel zu gelangen. Wie bei jeder anderen Aufgabe wäre es auch bei dieser zu entmutigend, sie gleich als Ganzes anzugehen; jeder Mensch ist jedoch in der Lage, einen kleinen Teil nach dem anderen zu bearbeiten, und nach kurzer Zeit wird sein Fortschritt schon weitaus größer sein, als er es sich jemals träumen ließ, da die kleinen Teile sich wie die Steine eines Mosaiks zusammenfügen.

Sirenen- und medusenhafte Frauen

Es gibt bestimmte Männer, die dazu neigen, dem Zauber sogenannter «Medusen» zu verfallen. In den allermeisten Fällen sind diese Männer beruflich sehr erfolgreich, was die Tatsache, daß sie von solchen Frauen beherrscht werden, als um so erstaunlicher erscheinen läßt.
Wie die Sirenen in den Alten Mythen und Märchen die Männer mit Hilfe ihrer weiblichen Listen und Liebesbekundungen in den Tod lockten, wirken diese modernen Versionen auf dieselbe Weise, so als ob sie den Mann mit Hilfe eines Zaubermittels für die Wirklichkeit blind machten und ihn in ihrem Bann hielten. Sie selbst werden vom Medusa-Archetyp überschattet, der ihnen übermenschliche Kräfte verleiht, und so können sie ihre Opfer lähmen und die armen Männer zu Stein erstarren lassen, so wie eine Schlange ein Kaninchen oder ein anderes kleines Tier lähmen kann.
Dieser Frauentyp gehört nicht zu den kastrierenden Animusregierten Frauen. Sie sind sogar ganz und gar weiblich, und

da das Gegengewicht des Animus ihnen fehlt, müssen sie das Männliche außerhalb ihrer selbst suchen. Aus diesem Grunde projizieren sie ihren Animus auf sehr maskuline Männer, denen wiederum eine starke Anima fehlt, die sie ihrerseits außerhalb ihrer Person in einer solchen Frau suchen. Die beiden Partner einer solchen Beziehung sind durch ihr gegenseitiges Bedürfnis in einer engen Umklammerung eingeschlossen, indem beide gleichermaßen unfähig sind, den Bann zu durchbrechen, der sie in einer monströsen Umarmung festhält.
Diese Frauen erscheinen den Männern, auf die ihre Anziehungskraft wirkt, als süße, liebevolle und hingebungsvolle Wesen, doch gleichzeitig zerstören sie ihn, so wie die schwarze Witwenspinne, die ihren Partner tötet, wenn sie sich mit ihm gepaart hat. Die Männer, die solchen Frauen hörig sind, genießen diese Beziehungen in einer perversen Weise, die sie für Liebe halten, und fühlen sich auf seltsame Art erfüllt.
Diese Frauen, die so feminin erscheinen, sind in Wirklichkeit Aggressoren und spielen mit den Männern, wie die Katze mit der Maus; manchmal verlassen sie den Mann sogar, nur um dann immer wieder zu ihm zurückzukehren und ihn noch stärker in ihre Macht zu locken. Sie heiraten den Mann nicht in allen Fällen und nehmen ihn mit Vorliebe einer andern Frau weg. Oft ist es in einer solchen Situation die Ehefrau des Mannes, die für ihn Hilfe sucht, mit der er aus den Krallen eine solchen Frau freikommen kann. Es genügt jedoch nicht, ihn von ihr zu befreien. Er muß mit einer positiven Kraft erfüllt werden, und er braucht Hilfe, um zu verstehen, was mit ihm geschehen war, damit er nicht der gleichen Frau oder einer anderen desselben Typs zum Opfer fällt. Es sollte ihm dazu geholfen werden, seine eigene innere Frau bzw. seinen Gefühlsbereich zu entwickeln, damit er nicht wieder von solchen «Sirenen» in menschlicher Form überwältigt wird.
Wenn man mit einer Frau arbeitet, die vom Medusen-Arche-

typ überschattet wird, ist es notwendig, eine positive archetypische Gestalt anzurufen, die sowohl bei der Befreiung des Mannes als auch bei der Frau Hilfe leistet.

Homosexualität

Wie uns zu erkennen gegeben wurde, kann Homosexualität verschiedene Ursachen haben. Das Konzept der Wiedergeburt bietet eine mögliche Erklärung an: Gemäß dieser Weltanschauung reinkarniert sich ein Mensch nicht nur in verschiedene Kulturen und Epochen hinein, sondern erscheint im Laufe vieler Leben sowohl als Mann wie auch als Frau.[10] Daher ist es durchaus möglich, daß bei einem Wechsel der Geschlechtszugehörigkeit von einem Leben zum nächsten Verwirrung entstehen kann. Die Seele, die einen neuen Körper annimmt, bringt viele Charakterzüge früherer Persönlichkeiten mit, und wenn diese sehr stark sind, können sie sehr leicht die neue Persönlichkeit überschatten. So könnte beispielsweise ein starker Mann, der in seinem nächsten Leben einen weiblichen Körper annimmt, sich weiterhin wie ein Mann verhalten. Ebenso könnte eine sehr feminine Frau, die in einen männlichen Körper hineingeboren wird, es schwierig finden, ein aggressiver Mann zu sein. Der Wechsel des Geschlechts erscheint noch komplizierter, wenn der Betreffende in seinem vorhergehenden Leben sexuell sehr aktiv war und sehr stark an sexueller Befriedigung hing.
Die Muster für das Weibliche und das Männliche erwerben wir durch unsere Eltern, indem wir sie entweder nachahmen oder gegen sie rebellieren. Dies beeinflußt die Psyche sowie den Animus und die Anima in uns, wobei die Psyche des Mannes von seinem Vater beeinflußt wird und seine Anima von seiner Mutter, und die Psyche der Frau von ihrer Mutter und ihr Animus von ihrem Vater. Ferner reagieren wir unbewußt auf die Haltungen der Eltern ihrem eigenen Geschlecht

sowie dem ihres Partners gegenüber. Die Kettenreaktion, in der Kinder auf Eltern reagieren, die ihrerseits auf ihre Eltern reagiert haben, kann durchbrochen werden, wenn Menschen beginnen, an dem Gleichgewicht ihrer männlichen und weiblichen Anteile zu arbeiten und das Konzept des Animus und der Anima zu verstehen.

Ehe und Partnerschaft

In einem Wachtraum wurde mir einmal gezeigt, daß die engsten Beziehungen, wie sie z. B. zwischen Angehörigen einer Familie bestehen, uns am meisten beibringen können, und dies gilt ganz sicher auch für Ehepartner.[11] Wenn nun beide Partner dazu bereit sind, an sich zu arbeiten, ist es eine unschätzbare Hilfe, wenn beide das Dreieck visualisieren, das sie im Höheren Bewußtsein verbindet. Wenn sie dann dieses Höhere Bewußtsein um Hilfe und Führung bitten anstatt zu versuchen, ihre Probleme lediglich mit ihrem bewußten Verstand zu lösen, wird die Partnerschaft beiden sehr viel mehr Erfüllung und gegenseitige Hilfe geben können.
Wenn beide Partner darüber hinaus ihre eigenen schwachen Bereiche stärken anstatt sich auf die Stärken des anderen zu verlassen, können sie das symbiotische Moment ihrer Partnerschaft durchbrechen, das sich so oft zwischen zwei Menschen entwickelt. In manchen Fällen sind die beiden Partner aneinander gekettet wie zwei Kraken, und es ist ganz und gar nicht ungewöhnlich, wenn einer von ihnen oder sogar beide sich weigern, diese doppelte Umklammerung zu durchbrechen. Sie ziehen es vor, sich weiterhin aufeinander zu stützen, da sie mit diesem Zustand vertraut sind, der ihnen eine gewisse, wenn auch falsche Sicherheit bietet. Dies gilt ganz besonders dann, wenn die Beziehung schon lange besteht und wenn starke Gewohnheiten entstanden sind. In solchen Fällen kann der Tod eines der beiden Partner ein verheerender

Schock für den Hinterbliebenen sein; es kommt vor, daß Menschen nach dem Tod ihres Partners regelrecht verfallen, wenn ihnen diese menschliche Stütze genommen worden ist.
Der ideale Fall wäre natürlich, wenn zwei Menschen, die einander lieben, den Wunsch hätten, sich gegenseitig dabei zu helfen, bei jedem der beiden Partner ein besseres Gleichgewicht herzustellen. Dies beinhaltet, daß beide ihre überentwickelten Funktionen oder Eigenschaften abschwächen und die schwachen stärken, so daß beide Partner aufrecht stehen können, ohne den anderen als Krücke zu benutzen.
Wenn diese gegenseitige Hilfeleistung gegeben wird, kann sich eine gesunde, kraftvolle und lebendigere Partnerschaft entwickeln, in der beide Partner einander zur Ganzheit verhelfen und nicht zur gegenseitigen Abhängigkeit. Wenn dies vor dem Tod eines der beiden Partner gelingt, wird die Trennung sehr viel leichterfallen. Der Hinterbliebene kann sich so sehr viel besser auf die Veränderung in seinem Leben einstellen und auf die unvermeidbare Einsamkeit, die durch den Verlust des Partners entstanden ist. Es ist jedoch beileibe nicht jeder Mensch bereit, irgendeine Form von Veränderung in die Wege zu leiten, und viele wehren sich regelrecht dagegen.
An dieser Stelle fällt mir ein junger Mann ein, der einmal auf mich losstürmte, weil ich, wie er meinte, seine Ehe in Gefahr brachte, indem ich seine Frau das Visualisieren der Acht lehrte. Meine Versuche, seine Schimpftirade zu durchbrechen, waren vergeblich, und es gelang mir nicht, ihm zu erklären, daß diese Übung seine Ehe alles andere als zerstören, sondern sie sogar erheblich verbessern würde. Seine Frau stand jedoch so sehr unter seiner Herrschaft, daß sie kaum zu atmen wagte, ohne ihn um Erlaubnis zu fragen. Sie befand sich in einer Krise und wußte, daß sie ihrer Knechtschaft um jeden Preis ein Ende setzen mußte, wenn sie als Individuum überleben wollte. Diese Ehe endete leider tatsächlich mit einer Scheidung, wofür aber keineswegs die Acht verantwort-

lich war. Sie resultierte vielmehr voll und ganz aus der mangelnden Flexibilität des Willens ihres Mannes und aus seinem Versuch, sie zur Sklavin zu machen, ohne ihr irgendwelche Rechte zu lassen. In seinen Augen war sie nur zu einem einzigen Zweck auf der Welt, nämlich um allen seinen Launen gerecht zu werden. Um sich zu einer Veränderung der Situation zu entschließen, mußte die Frau erst wirklich verzweifelt sein. Oft scheint eine solche innere Situation notwendig zu sein, damit ein Mensch den Mut aufbringt, den er braucht, um seinen Standpunkt zu vertreten.

Man kann nur hoffen, daß diese Frau keine neue Beziehung eingeht, bevor sie weiter an sich gearbeitet hat, da sie sonst einen ähnlichen Mann anziehen würde, mit dem sie dasselbe alte negative Muster wiederholen würde. Andererseits ist es durchaus möglich, daß ihr ehemaliger Mann sein Muster wiederholen und mehrere Scheidungen erleben muß, ehe ihm klar wird, daß er selbst für die Fehlschläge verantwortlich ist.

Das Dreieck kann auch in bezug auf die Sexualität äußerst erfolgreich benutzt werden. Wenn Mann und Frau die Vereinigung im Höheren Bewußtsein suchen und nicht nur über die Grundseite des Dreiecks auf der Persönlichkeits- oder Körperebene, kann die Erfahrung zu einer sehr hohen Schwingung gegenseitiger Erfüllung angehoben werden, welche die gewohnte gegenseitige Befriedigung bei weitem übersteigt. Denn beide Partner werden mit einem Energiestrom von ihrem Höheren Selbst erfüllt und nicht nur von der Persönlichkeitsebene her.

Bindungen an andere Beziehungen lösen

Kinder, deren Eltern erkannt haben, wie weise es ist, sie loszulassen, wenn sie das Pubertätsalter erreicht haben, sind wahrhaftig in einer äußerst glücklichen Lage. Es ist nur natürlich, daß Eltern die Autoritätsfiguren sind, bis das Kind soweit ist, die eigene Unabhängigkeit von ihnen zu entwickeln, und beginnt, in der Welt der Erwachsenen auf eigenen Füßen zu stehen. Manche Eltern, mit denen wir gearbeitet haben, sind geradezu darauf aus, die Bindungen an ihre Kinder aufzulösen. Dies sollte jedoch nie vor dem Pubertätsalter versucht werden, das von Mensch zu Mensch variieren kann. Das Ritual ist ähnlich wie das für die Trennung des erwachsenen Kindes von seinen Eltern.
Wenn ein Jugendlicher von seinen Eltern freigegeben werden soll, schlage ich gewöhnlich vor, daß beide Eltern am Ende des Rituals ihr Kind der Fürsorge seines eigenen Höheren Bewußtseins übergeben. Dies geschieht, indem jeder Elternteil ein Dreieck visualisiert, das ihn selbst und das Kind einschließt, und indem eine Lichtlinie vom Höheren Bewußtsein herab in den Kopf des Kindes einstrahlt. Es wurde uns sehr deutlich, daß dies die wirksamste Übung ist, die jemand für einen nahen Verwandten überhaupt ausführen kann. Bei erwachsenen «Kindern» sollte allerdings eine gestrichelte Linie visualisiert werden, so daß sie die Freiheit haben, zur gegebenen Zeit diese durchzuziehen und Kontakt mit ihrem Höheren Bewußtsein aufzunehmen.
Es ist auch sehr wichtig, daß Eltern die Bindungen zu Kindern lösen, die gestorben sind, gleichgültig wie alt sie waren, damit ihre Befreiung nach dem Tod erleichtert wird und um

die Zeit der Trauer der Eltern zu verkürzen. In solchen Fällen sollte das verstorbene Kind eindringlich aufgefordert werden, sich in das Licht hineinzubewegen oder sich denen anzuschließen, die erschienen sind, um es zu begleiten. Dieses Thema wird in dem Kapitel über den Tod noch ausführlicher behandelt werden.

Eine weitere Situation, in der sich das Trennen von Bindungen empfiehlt, ist die einer Abtreibung oder Fehlgeburt. Im Falle einer Fehlgeburt trauern die Eltern meist sehr über den Verlust eines erwarteten Kindes und dazu hat die Mutter auch noch einen Bruch ihres Körperrhythmus erfahren, für den sie Hilfe benötigt. Das Befreiungsritual ist dasselbe wie das für Eltern und Kinder, mit der Ergänzung, daß dem Kind versichert wird, daß es in keiner Weise wegen seines verfrühten Todes zurückgewiesen wurde.

Ich habe die Beobachtung gemacht, daß die Mütter in einer solchen Sitzung eine Menge angestauter Gefühle loslassen können, und ich ermutige sie immer, den Tränen freien Lauf zu lassen, damit ihr Kummer weggewaschen werden kann. Nach Fehlgeburten haben die Mütter oft nagende Schuldgefühle und Befürchtungen, sie selbst verschuldet zu haben, weil sie die richtige Ernährung oder ihre Körperübungen nicht eingehalten haben, oder weil sie zuviel gegessen, geraucht oder getrunken haben; dies ist also eine wunderbare Gelegenheit, die oft kaum eingestandene Schuld auszudrükken und die Seele, der das Eintreten in einen menschlichen Körper verwehrt worden ist, um Vergebung zu bitten. Oft erscheint Christus, Baba oder andere christliche Gestalten, um sie zu trösten oder ihnen zu vergeben.

Im Falle einer Abtreibung ist die Vorgehensweise dieselbe. Da jedoch hier die Entscheidung, die eintretende Seele zurückzuweisen, eine bewußte Handlung der Frau war, ist es wichtig, denjenigen, den sie durch diese unerwünschte Schwangerschaft geboren hätte, um Verzeihung zu bitten. Oft ist die Erleichterung überwältigend, die Frauen durch diese

Gelegenheit erleben, für ihre zurückweisende Handlung Verzeihung zu erfahren. Ohne diese Erleichterung tragen manche Frauen jahrelang Schuldgefühle mit sich herum.
Manche Abtreibungen schlagen fehl und wirken sich auf die Seele aus, die in dem Kind in die Welt einzutreten versucht. Folgende Fälle verdeutlichen diese Situation. Im einen wurden Drogen benutzt und im anderen ein Metallhaken. Beide Kinder, ein Mädchen und ein Junge, hatten ohne ersichtlichen Grund der Mutter Groll und Wut entgegengebracht, und beide hatten darüberhinaus eine überwältigende Angst vor Zurückweisung. Erst, als die beiden die zugrundeliegende Ursache für ihre Haltungen entdeckt hatten und nachdem das alte Trauma ausgegraben war und sie der Mutter verziehen hatten, verschwanden ihre Ängste vor Ablehnung allmählich, und eine positivere Beziehung zur Mutter wurde möglich.

Die Bindungen zu anderen Familienmitgliedern lösen

In manchen kinderreichen Familien wird von den älteren Kindern erwartet, daß sie für die jüngeren Verantwortung übernehmen, welche dadurch manchmal das Gefühl haben, sie hätten mehr als eine Mutter und einen Vater. Dies kann in der Entwicklung eines Kindes große Verwirrung verursachen. In einer solchen Situation ist es nötig, den Betreffenden durch ein Ritual zu führen, das ihn von den älteren Geschwistern trennt, als seien sie seine Eltern, damit er die Freiheit erlangt, seine eigene Identität zu entwickeln.
Wir haben auch Fälle erlebt, in denen die Bindung zwischen Bruder und Schwester so stark ist, daß sie beide daran hindert, eine erfolgreiche Beziehung zu einem anderen Partner aufzunehmen. Ich will nicht sagen, daß alle diese engen Beziehungen inzestuös sind, obwohl das in einigen Fällen durchaus sein kann; inzestuöse Gefühle können jedoch vor-

handen sein, auch wenn sie wegen gesellschaftlicher Tabus nicht offen zum Ausdruck kommen.
Manchmal sind diese Gefühle so tief versteckt, daß beide Beteiligten sich ihrer nicht im geringsten bewußt sind. Solche Beziehungen sind für Außenstehende oft mehr als augenfällig, die Betreffenden selbst würden jedoch mit größter Empörung reagieren, wenn man sie auf die Natur ihrer Beziehung zum Bruder oder der Schwester aufmerksam machen würde. Meist entdecken wir solche Bindungen, wenn wir zu Beginn der Arbeit die Gruppe der Familienangehörigen besprechen, um herauszufinden, wer von ihnen die Person, die an ihrer Berfreiung arbeitet, am meisten beeinflußt oder programmiert hat.
Hier fällt mir eine Frau ein, die zwei Ehen eingegangen war, die beide geschieden wurden, weil sie die Gewohnheit hatte, ihrem Mann gegenüber ihren älteren Bruder zu zitieren und bei Diskussionen zwischen den beiden Männern für ihren Bruder Partei zu ergreifen. Als sie die Situation schließlich sah und die ihr zugrundeliegende Ursache verstand, war sie bereit, sich durch ein Trennungsritual von ihrem Bruder zu lösen. Darauf arbeitete sie konsequent daran, ihren eigenen inneren Animus zu entdecken, und schließlich war sie in der Lage, zum erstenmal eine wirkliche Beziehung zu einem Mann einzugehen. Sie hat wieder geheiratet, und diesmal ist sie offenbar glücklich.
Manchmal kann eine solch enge Bindung ein oder beide Geschwister daran hindern, eine Ehe anzustreben, da sie das vage, ungute Gefühl haben, dies sei dem geliebten Bruder oder der Schwester gegenüber unloyal. Manche befürchten, sie könnten zu keinem anderen Menschen eine so gute Beziehung haben.
Daneben gibt es auch die negativen Beziehungen zwischen Kindern derselben Eltern, die von einer unerklärbaren gegenseitigen Abneigung oder sogar von Haß geprägt sind. Eine solche Bindung ist, auch wenn sie negativ ist, genauso been-

gend wie eine positive und sollte gelöst werden. Es wurde uns sehr deutlich gezeigt, daß irgendwelche engen und bindenden Fesseln, egal ob sie durch Liebe oder Haß entstanden sind, der Freiheit und Selbstentfaltung im Weg stehen und deshalb konfrontiert und gelöst werden sollten.[12]

Die Aufzählung behindernder Bindungen ist endlos, denn sie schließt alle engen Beziehungen zwischen zwei Menschen ein, in denen einer den anderen stark beeinflußt hat; dies gilt besonders für die Kindheit, in der Gemüt und Denken des Kindes so leicht zu beeindrucken sind. Wir haben entdeckt, daß der Beginn vieler solcher engen Beziehungen in einem früheren Leben liegen kann, in dem die beiden Menschen schon einmal zusammengewesen sein können, wobei sie vielleicht eine andere Art Beziehung zueinander hatten. Die Ehefrau in einem gegenwärtigen Leben kann früher z.B. der Ehemann gewesen sein, in einem anderen Leben waren sie vielleicht einmal Bruder und Schwester, ein weiteres Mal vielleicht Geliebte oder auch Ehepartner. Wenn dies der Fall zu sein scheint, empfiehlt es sich, den Versuch zu machen, sich in ein früheres Leben einzustimmen, um mehr über die damaligen Beziehungen zu erfahren. Aus dem Verstehen der ehemaligen Verbindung können sich Hinweise darüber ergeben, welche Art der Beziehung für die Betreffenden in ihrem jetzigen Leben günstig wäre und wie sie sich von ihrem früheren Muster befreien können. Manche Gruppen von Menschen reinkarnieren sich offenbar immer wieder zusammen, wodurch sich die Tatsache erklärt, daß Angehörige mancher Familien von Geburt an besonders starke Bindungen haben.

Bindungen an ehemalige Partner lösen

Bevor eine neue intime Beziehung zwischen einem Mann und einer Frau wirklich erfolgreich sein kann, sollten alte Bindungen zu früheren Partnern gelöst werden, damit eine neue Verbindung stattfinden kann. Durch eine solche Trennung wird es außerdem möglich, alle Projektionen von Teilen der Persönlichkeit auf frühere Partner aufzuheben. Das Ritual ist dem schon dargestellten ähnlich, durch das die Bindungen zwischen Eltern und Kindern gelöst werden.

Als Vorbereitung dazu muß die Acht visualisiert werden, um alle Projektionen zurückzunehmen, so daß jede der Personen von jeglichen Aspekten der anderen frei wird. Dann werden die Verbindungen visualisiert, durchschnitten, entfernt und vernichtet. Als nächstes dankt man dem Partner für alle Einsichten und Erkenntnisse, die durch die Beziehung ermöglicht wurden. Dem folgt das Ritual, in dem man den ehemaligen Partner um Verzeihung bittet und ihm seinerseits verzeiht. Dieses ist sehr wichtig, besonders in Fällen, in denen es viel Reibung und ungute Gefühle zwischen den beiden Menschen gegeben hat, wie etwa bei einer Scheidung.

Bei einer Frau sollte eine zusätzliche Reinigung durchgeführt werden. Es wurde uns gezeigt, daß die Frau tatsächlich wie ein Behälter die Essenz eines jeden Mannes in sich aufnimmt, mit dem sie eine sexuelle Beziehung hat. Sie sollte deshalb alles entfernen, was sie noch in sich trägt, so daß sie wirklich wieder frei ist, einen eindeutigen Kontakt zu einem anderen Mann aufzunehmen. Dabei ist der Prozeß derselbe, ob der ehemalige Partner nun gestorben ist oder eine Scheidung die beiden Partner getrennt hat oder wenn unverheiratete Partner getrennte Wege gehen.

Eine gute Veranschaulichung hierfür bietet der Fall einer jungen Frau, die viele sexuelle Beziehungen gehabt hatte, aber irgendwann zu dem Entschluß gekommen war, ihren alten Lebensstil hinter sich zu lassen und einen spirituellen Weg zu gehen. Sie spürte den Wunsch, mit einem Mann eine dauerhafte eheliche Beziehung einzugehen, der dieselben Glaubensgrundsätze hatte wie die, welche sie zu erforschen begann. Sie liebte ihn sehr, fühlte sich jedoch von ihren vielen früheren Verbindungen beschmutzt und brachte es nicht fertig, ihn zu heiraten. Mit dieser schweren Last beladen und dem Gefühl, seiner Liebe nicht würdig zu sein, kam sie zu mir. Sie war überglücklich, als sie von der Möglichkeit hörte, gereinigt und für ihre neue Rolle als Ehefrau vorbereitet zu werden.

Ich wies sie an, die Bindungen zu sovielen ihrer früheren Partnern zu visualisieren, wie sie erinnern konnte, und diese sich als hohle Strohhalme oder Schläuche vorzustellen, die von dem Schambereich eines jeden Mannes zu ihrem eigenen führten. Sie konnte sich dies sehr leicht vorstellen, und so bat ich sie, sehr tief zu atmen und mit jedem Atemzug alles loszulassen, was sie von den verschiedenen Männern immer noch in sich beherbergen mochte, und es mit Kraft oder mit einem tiefen Seufzen auszustoßen. Mit jedem Einatmen sollte sie sich goldenes Licht vorstellen, das in sie einströmte, um sie zu reinigen, zu entspannen, zu heilen und alle Bereiche und Teile in ihr neu zu beleben, die dies benötigten. Darauf bat sie jeden einzelnen Mann um Vergebung, verzieh ihnen ihrerseits und beendete die Sitzung, indem sie sich für alles bedankte, was sie von jedem von ihnen und aus dem entsprechenden Lebensabschnitt gelernt hatte.

Dann fragte ich sie, ob sie ihr eigenes Höheres Bewußtsein um Vergebung bitten wolle, was ihre begeisterte Zustimmung fand. So schlug ich ihr vor, darum zu bitten, ein Symbol oder eine Personifizierung ihres Höheren Bewußtseins möge erscheinen, damit sie besser mit ihm kommunizieren könne und das Gefühl habe, tatsächlich in Kontakt zu ihrem eigenen Höheren Selbst zu stehen. Sie war katholisch erzogen worden, hatte aber mit ihrer Konfession gebrochen, und so war sie zutiefst erstaunt und bewegt, eine schöne weibliche Gestalt zu sehen, die sie an die Jungfrau Maria erinnerte, welche sie voller Mitgefühl und Liebe anlächelte. Sie begann, still zu weinen und war kaum in der Lage zu erzählen, wie sie von dieser Gestalt zu einem kleinen Wasserfall geführt wurde, wo sie ihre Kleider ablegte und ein dünnes Hemd anzog. Nun wurde sie angewiesen, unter das fließende Wasser zu treten, als sei es eine Dusche, sich gründlich zu waschen und das kühle Wasser über ihren ganzen Körper fließen zu lassen. Als sie wieder aus dem Wasser kam, machte die Mutter Maria ihr das Kreuzzeichen auf die Stirn und verschwand. Die junge Frau weinte immer noch leise vor sich hin, nicht aus Trauer, sondern aus tiefster Erleichterung und Dankbarkeit.

Sie erzählte dem Mann, der sie heiraten wollte, von dieser Erfahrung, und kurze Zeit später heirateten die beiden und wurden Eltern eines Mädchens. Die junge Frau ist in ihrer neuen Rolle strahlend glücklich, frei von der schweren Last, die sie früher so sehr niedergedrückt hatte und die ihr das Gefühl gegeben hatte, keine Liebe zu verdienen.

Im Lauf der Jahre haben wir viele Variationen dieses Themas erfahren, wobei manche Einzelheiten je nach den Umständen leicht verändert wurden, und erlebten, wie jede Sitzung den Betreffenden von der Vergangenheit erlöste und ihm die Freiheit gab, eine neue Beziehung einzugehen, ohne daß Überreste alter Bindungen im Wege standen.

Ein anderes Problem entsteht, wenn ein Mensch sich noch stark mit einem Partner verbunden fühlt, der gestorben ist oder die Beziehung abgebrochen hat, in Fällen also, in denen es jemandem schwerfällt, den anderen freizugeben, so daß durch dieses Festhalten viel unnötiger Schmerz entsteht. Diese Situation ergibt sich, wenn einer der Partner während des gemeinsamen Lebens sich zu stark auf den anderen gestützt hat, anstatt zu versuchen, seine eigene Stärke und sein Selbstvertrauen zu entwickeln. Daher fühlt er sich nach dem Verlust des Partners verlassen, völlig verloren und hilflos.

In extremen Fällen kann es vorkommen, daß der zurückgebliebene Partner seinen Halt im Leben verliert und stirbt, um dem anderen im Tod nahezusein. Manche Menschen berichten von dem Gefühl, der verstorbene Partner versuche, sie hinüberzuziehen, um im Tod wieder mit ihnen vereint zu sein. Einige geben diesem Ziehen nach, andere widerstehen

ihm und wollen ihr Leben fortsetzen. In solchen Fällen müssen wir mit dem Verstorbenen in Kontakt treten und ihm erklären, er müsse sich bereitfinden, die Erde zu verlassen und in andere Dimensionen überzugehen. Wir sagen ihm, daß sein Partner, der noch am Leben ist, ihm erst dann nachfolgen kann, wenn die Zeit für seinen Tod gekommen ist, und daß niemand das Recht hat, dies vor der Zeit herbeizuführen. In dem Kapitel über den Tod wird dieses Thema noch näher ausgeführt werden; es soll hier nur im Zusammenhang mit dem Lösen alter Beziehungen erwähnt werden.
Wir haben Fälle erlebt, in denen der tote Partner in Träumen erscheint oder auch tagsüber plötzlich im Raum zu sein scheint, was dem noch lebenden Partner großen Schrecken oder Schuldgefühle bei dem Gedanken an eine neue Partnerschaft verursacht und so ein normales Weiterleben erheblich stört. Es gibt viele Berichte von Fällen, in denen jemand seinen neuen Partner mit dem Namen des ehemaligen ansprach, und andere, in denen Menschen das Gefühl haben, mit ihrem früheren Partner zu schlafen, während sie körperlich mit dem neuen zusammen sind. Wiederum andere haben Situationen beschrieben, in denen sie das Gefühl hatten, daß der frühere Partner versucht, sich zwischen das Paar zu stellen. Ein Mann berichtete einmal, er sei sich ganz sicher, daß seine erste Frau, die einige Jahre früher gestorben war, mit ihm und seiner neuen Frau im Bett war, was ihm Schuldgefühle einflößte und es ihm zum großen Erstaunen seiner jetzigen Frau unmöglich machte, mit dem Geschlechtsverkehr fortzufahren.
Es kommt oft vor, daß sich der überlebende Partner schuldig fühlt, mit einem anderen Liebespartner zusammenzusein. In diesem Fall verschafft das Trennungsritual von seinem ehemaligen Partner große Erleichterung.
Wie aus den oben gezeigten Situationen deutlich wird, ist es um vieles besser, wenn zwei Menschen sich innerhalb der Ehe oder festen Beziehung freigeben, so daß jeder von ihnen eine vollständige Person werden kann, anstatt sich auf den ande-

ren zu stützen, um Halt oder Sicherheit zu gewinnen. Unterstützung und Sicherheit sollten im Innern beim Höheren Selbst gesucht werden.

Bindungen für andere Menschen lösen

Wie schon erwähnt, ist es manchen Menschen unmöglich, in einen veränderten Bewußtseinszustand zu gelangen; dies ist aber notwendig, damit der bewußte Verstand zeitweilig ausgeschaltet werden kann und das Unbewußte ohne Überwachung geeignete Bilder oder Symbole als Arbeitsgrundlage zeigen kann.
In anderen Fällen ist der Hilfesuchende so unsicher, daß er seinen eigenen Bildern möglicherweise nicht trauen würde und selbst, wenn er sie sehen könnte, ihre Richtigkeit anzweifeln oder ihnen Teile seiner Einbildung hinzufügen würde. In beiden Fällen wären nicht nur die Bilder ihrer Gültigkeit beraubt, sondern der ganze Prozeß wäre von Zweifeln überschattet, und dies würde es dem Betreffenden unmöglich machen, Hilfe zu empfangen.
In einem anderen Fall, der uns häufig begegnet, lebt jemand, der von unserer Arbeit gehört hat und sie sich gerne zunutze machen würde, zu weit von uns entfernt und kann weder so weit reisen, um direkt mit uns zu arbeiten, noch irgend jemanden in seiner Umgebung finden, mit dem er in dieser Weise arbeiten könnte. Und dann gibt es all jene, die zu jung oder zu krank sind, um selbst zu arbeiten. In manchen Fällen ist die Situation für den Betreffenden zu schwierig, oder er ist emotional zu sehr in ihr verstrickt, um das Maß an Entspannung zulassen zu können, das nötig ist, um für die Anweisung offen sein zu können, und die Eindrücke durchkommen zu lassen. In solchen Fällen bieten wir die Möglichkeit an, das Höhere Bewußtsein zu fragen, ob wir für die Betreffenden arbeiten sollen. Bevor wir dies jedoch tun, müssen wir die Er-

laubnis der betreffenden Person haben, denn wir haben gelernt, niemals in das innere Leben eines anderen Menschen einzugreifen, ohne darum gebeten worden zu sein. Je nach den jeweiligen Gegebenheiten sollte diese Erlaubnis entweder vom Betreffenden selbst gegeben werden, bei Kindern von den Eltern oder Erziehungsberechtigten, im Falle ernsthafter körperlicher oder geistiger Krankheiten von einem nahen Verwandten oder Freund.

Zu einer der allerersten Sitzungen, die wir in dieser Weise abhielten, kam es durch die Bitte eines alten Freundes von mir, der die Arbeit einige Male mit mir direkt erlebt hatte und mit dem Wesen unserer Arbeit und Methoden vertraut war. Er war damals gerade in England, wo er mit seiner Mutter zu deren Lebzeiten oft gewesen war. Sie hatten England beide sehr geliebt, und dieser Besuch war sein erster seit ihrem Tod.

Ich erhielt einen Notruf von ihm in Form eines Luftpostbriefes, in dem er mir mitteilte, daß es ihm sehr schlecht gehe. Er schrieb, er befinde sich in einer tiefen Depression und fühle sich von Erinnerungen an seine Mutter niedergedrückt. Als ich ihn kennenlernte, war er an seine Mutter gefesselt gewesen und befand sich vollständig unter der Herrschaft dieser außerordentlich starken Matriarchin. Eines Tages, kurz nachdem wir uns kennengelernt hatten, faßte er, ohne es zu bemerken, seine Situation in einem Satz zusammen: Wir hatten über die verschiedenen Gottesvorstellungen diskutiert, als er mich mit ernstem Gesicht und völliger Unschuld anschaute und mir versicherte, er brauche keinen anderen Gott, da seine Mutter sein Gott sei. Seit dieser Zeit hatte er hart daran gearbeitet, sich aus ihrer Macht zu befreien, und deswegen war er auch so bestürzt, als er nach England reiste und entdeckte, daß sie offenbar wieder so intensiv wie eh und je von ihm Besitz ergriffen hatte. Nun bat er mich, zu sehen, ob ich nicht irgend etwas für ihn tun könne.

Ich rief umgehend eine meiner Freundinnen an, mit denen ich für andere arbeitete, und wir bekamen zum erstenmal die

Methode gezeigt, mit der die Bindungen zwischen zwei nicht anwesenden Personen getrennt werden können. Seither haben wir sie oft benutzt, um Menschen von den engen Fesseln zu befreien, die ihr Wachstum behindern.
In diesem Fall hatten wir große Mühe, die (verstorbene) Mutter davon zu überzeugen, daß sie ihren Sohn freigeben solle. Sie war während ihres langen Lebens eine starke und eigenwillige Frau gewesen und liebte das Leben, die Spannung, neue Abenteuer, Herausforderungen und Unternehmungen. Sie war eine sehr dynamische Frau und hatte, gemessen an den Verhältnissen der Zeit, in der sie lebte, ein sehr unabhängiges Leben geführt. Wir sahen, daß sie immer noch versuchte, indirekt durch ihren Sohn am Leben teilzuhaben, und daß in dem Moment, als er in England ankam, einem Land, das sie so sehr geliebt hatte, ihre Anwesenheit ihn überwältigte und er in eine tiefe Depression versank.
Wir sprachen mit ihr, als ob sie noch am Leben sei, und versuchten, ihr die Sinnlosigkeit dieses Halblebens klarzumachen, das sie führte, wo sie doch die Möglichkeit hatte, weiterzugehen und auf einer anderen Stufe oder Bewußtseinsebene ein volles Leben zu führen. Wir erklärten ihr, daß sie durch ihr insistierendes Hierbleiben nicht nur ihr eigenes Wachstum und ihre Entwicklung lähmte, sondern auch die ihres Sohnes. Sie war tiefgläubig gewesen, und so ließ sie sich doch noch auf ein Gespräch mit uns ein.
Wir entdeckten, daß sie über ihre Unfähigkeit, das Leben durch ihren Sohn mit ihrem früheren Gusto zu genießen, frustriert war, und daß sie tatsächlich für Hilfen offen war, die ihre Situation verbessern konnten. Wir halfen ihr dabei, den Schauplatz Erde, auf dem sie so mächtig gewesen war, zu verlassen und sich der neuen Lebensweise zuzuwenden, die sie in einer anderen Dimension erwartete. Als wir sie sanft, aber bestimmt vorwärtsdrängten, sah sie ihre Eltern, die sie sehr liebte, und beschrieb, wie diese ihr entgegenkamen und ihr die Hände reichten, um ihr dabei zu helfen, den Rest des We-

ges zurückzulegen. Das letzte Bild, das wir von ihr sahen, zeigte uns eine strahlende Frau, die auf ihre Eltern zurannte, um sie zu begrüßen. Sie hatte schließlich den Übergang in eine andere Ebene vollzogen, und ich schrieb umgehend an meinen Freund und berichtete ihm, was wir erlebt hatten.
Bevor er jedoch meinen Brief erhalten haben konnte, bekam ich einen von ihm, in dem er mir mitteilte, er wisse, daß ich seinen Hilferuf beantwortet habe, da die erdrückende Anwesenheit seiner Mutter ihn nicht mehr belaste. Seine Depression hatte sich gelichtet, und nun konnte er seinen Englandbesuch genießen. Später verglichen wir das Datum und die Zeit, zu der wir die Sitzung abhielten mit dem Zeitpunkt, an dem er begonnen hatte, sich frei zu fühlen, und sahen, daß sie übereinstimmten. Er spürte die Befreiung genau zu dem Zeitpunkt, an dem wir die Sitzung beendeten, nämlich um 11 Uhr nach amerikanischer Zeitrechnung und 19 Uhr in England. Mein Freund hatte seither keine Erlebnisse mehr, in denen seine Mutter von ihm Besitz genommen hätte. Er konnte seine alten Reaktionen ihr gegenüber ablegen, wie z. B. Verehrung, geheuchelte Liebe oder Haß, und erfuhr schließlich eine neue Art der Liebe und Wertschätzung, die dadurch möglich wurde, daß er ihr für ihre Umklammerung verziehen hatte.
Nicht jeder Fall ist so schnell zu lösen. Manchmal dauert es Tage, Wochen, Monate oder sogar ein Jahr, bevor das Ergebnis spürbar wird. Wir haben gelernt, uns nicht damit zu befassen, wie lange es dauert, sondern von den Ergebnissen innerlich freizubleiben und uns damit zu begnügen, nur das zu tun, wozu wir angeleitet werden, und das Ergebnis dem Höheren Bewußtsein und dem Menschen, um den es geht, zu überlassen. Etwas anderes zu tun, würde zu einem Ego-Trip führen, und dies müssen wir um jeden Preis vermeiden.

Befreiung von negativen Kräften

Viele Voraussagungen und Warnungen, die bezüglich des Wassermann-Zeitalters gemacht worden sind, besagen, daß es zu einer Konfrontation zwischen positiven und negativen Kräften kommen wird, und zwar sowohl auf der makrokosmischen Ebene, also in bezug auf die ganze Welt, wie auch auf der mikrokosmischen, das heißt im einzelnen Menschen.

Von einzelnen und Gruppen benutzte negative Kräfte

Wir sind immer wieder gebeten worden, Menschen zu helfen, die von Einzelpersonen oder Gruppen zu dem Glauben verleitet worden sind, man würde sie in eine positive Tätigkeit oder Lebensweise einführen, nur um später, wenn sie noch tiefer hineingezogen worden sind, zu entdecken, daß das genaue Gegenteil der Fall ist. Dies scheint oft mit guten, aber naiven Menschen zu geschehen, die nicht wissen, daß es in der Welt neben den positiven auch negative Kräfte gibt, und daß nicht jeder Mensch die gleichen Motive und Glaubenshaltungen hat wie sie selbst. Wenn einem solchen Menschen klarwird, was mit ihm geschehen ist, steht er meist voll und ganz unter dem Einfluß einer Gruppe oder eines Individuums und ist außerstande, sich ohne Hilfe von außen aus dieser Lage zu befreien.

Wenn wir in solchen Fällen um Hilfe gebeten werden, werden uns Schutzmaßnahmen gezeigt, die uns davor bewahren, in dasselbe Dilemma hineingezogen zu werden. Gewöhnlich beinhalten diese Sicherheitsvorkehrungen irgendein Lichtsymbol, wie etwa den Zylinder, eine Kugel oder eine Pyramide; diese werden in dem Kapitel über Symbole ausführlich beschrieben. In der Regel genügt der Schutz, den sie bieten, aber es gab auch Fälle, in denen wir uns vorstellen mußten, daß wir Rüstungen anlegten oder symbolische Hilfen mit ähnlicher Wirkung benutzten und zusätzlich ein bestimmtes Schutzritual durchführten.

Einmal hielten wir eine Sitzung ab, um einen Mann von einer Gruppe von Personen zu befreien, die versuchten, Macht über ihn auszuüben. Mitten in dieser Sitzung wurden wir beide so schläfrig, daß es uns immer schwerer fiel, uns zu konzentrieren und die Anweisungen von innen wahrzunehmen. Als wir rasch das Höhere Bewußtsein um Hilfe baten, wurde uns klar, daß einige Mitglieder der besagten Gruppe den Verdacht hegten, daß ihr Opfer um Hilfe gebeten hatte, da sie ihn davor gewarnt hatten, dies zu tun.

Wir bekamen den Rat, jedes Fenster und jede Tür des Raumes, in dem wir arbeiteten, mit dem fünfeckigen Stern zu versehen (siehe Kap. Symbole). Zusätzlich zündeten wir Weihrauch und Kerzen an, denn auch dies hat sich als hilfreich erwiesen, alles Negative fernzuhalten. Danach waren wir in der Lage, unsere Arbeit fortzusetzen; wir waren beide hellwach, und es gab keine weiteren Störungen.

Manchmal visualisieren wir in solchen Situationen die Acht, und stellen uns die negative Personengruppe in dem einen und ihr Opfer im anderen Kreis vor; dann bitten wir darum, zu erkennen, was wir tun können, um die Befreiung der betreffenden Person herbeizuführen. Dabei wurden uns verschiedene Vorgehensweisen nahegebracht, wobei jede einzelne immer genau zu der Situation paßte, an der wir gerade arbeiten. Diesen Teil der Arbeit sollten jedoch nur diejenigen angehen, die der inneren Führung absolut gehorchen, und nur dann, wenn sie vom Höheren Bewußtsein angewiesen werden, dies zu tun; und dies kommt in der Regel erst dann in Frage, wenn jemand einige Zeit für andere gearbeitet hat.

Ererbte Familienwolken

Im Laufe der Jahre wurden wir darauf aufmerksam, daß bestimmte Familien eine schwarze Wolke mit sich tragen. Diese Wolken setzen sich offenbar aus allen traumatischen Erlebnissen zusammen, die Gruppen oder einzelnen Personen widerfuhren, die zu irgendeiner Zeit diesen Familien angehört hatten. Dieses Phänomen tritt bei bestimmten ethnischen Gruppen häufiger in Erscheinung. Unserer Erfahrung nach gehören die Juden, die Schwarzen, die Iren und die Indianer zu den am meisten betroffenen Gruppen, da sie alle in der Vergangenheit unter Verfolgung gelitten haben. Wenn ein Mitglied einer solchen Familie einer Schwierigkeit begegnet, wird offenbar die Familienerinnerung an eine ähnliche Situation berührt, und dies hat zur Folge, daß der Betreffende zusätzlich zu seinem eigenen persönlichen Trauma vom alten Trauma seiner Familie überwältigt wird, so daß er in manchen Situationen völlig außerstande ist, zu handeln. Auf dem Hintergrund solcher Erfahrungen haben wir begonnen, diesen Zusammenhang zu vermuten, wenn Menschen von Problemen sprichwörtlich überwältigt werden, die oberflächlich betrachtet nicht schwerwiegend genug erscheinen, um eine so verheerende Wirkung nach sich zu ziehen. Wahrscheinlich kommen viele Selbstmorde auf diese Weise zustande.
Wir wurden zum erstenmal auf eine solche Familienwolke aufmerksam, als wir gebeten wurden, einer jungen Frau zu helfen, die wegen einer schwebenden Scheidung und der Möglichkeit, das Sorgerecht für ihre Kinder zu verlieren, in tiefe Depression gefallen war. Sie war über die Maßen verzweifelt und ängstlich, und als wir sie sorgfältig befragten, stellte sich heraus, daß ihre Notlage weitaus weniger schrecklich war, als sie zunächst angedeutet hatte. Wir unternahmen den Versuch, eine Lösung für sie zu finden und nicht mit ihr selbst zu arbeiten, da sie nicht in der Lage war, an einer Sitzung teilzunehmen. Von ihren Freunden, die uns gebeten hat-

ten, ihr zu helfen, erfuhren wir, daß sie sonst nicht zu hysterischen Reaktionen neigte und daß sie offenbar nur in dieser einen Situation die Kontrolle zu verlieren schien und so überwältigt war, daß sie außerstande war, die nächstliegenden und einfachsten Entscheidungen zu treffen.

Als wir beide zu Beginn der Sitzung für diese junge Frau entspannt waren und die üblichen Vorbereitungen getroffen hatten, wurde ich in der Zeit zurückgeführt, und zunächst schloß ich daraus, ein früheres Leben der Frau gezeigt zu bekommen. Als sich das Bild entfaltete, wurden wir befähigt, eine ziemlich grauenerregende Geschichte zusammenzusetzen, die sich in einer italienischen Familie zugetragen hatte, die den Medicis sehr ähnlich, jedoch nicht ganz so berühmt war wie sie. Ich wurde angewiesen, meine Konzentration auf einen bestimmten Zweig der Familie zu richten, in der eine Situation entstanden war, die der momentanen Lage der jungen Frau sehr ähnelte. Die Kinder einer Familie wurden zwischen zwei sich bekämpfenden Seiten hin- und hergereicht, als seien sie nichts weiter als Schachfiguren oder Puppen und nicht Menschen mit Gefühlen. Niemand kümmerte sich in diesem Tumult darum, ob sie am Leben blieben oder starben. Immer noch in der Annahme, es handle sich um ein früheres Leben, fragte ich, was sie in dieser vergangenen Inkarnation nicht verstanden hatte und was sie aus ihrer gegenwärtigen Situation zu lernen habe. Zu unserer Überraschung erfuhr ich, daß die Szene, die ich beobachtet hatte, nicht aus einem früheren Leben stammte, sondern Teil der Geschichte ihrer jetzigen Familie war und sich vor vielen Generationen ereignet hatte. Das alte Erlebnis war mit negativen Emotionen angefüllt worden, die in Form einer schwarzen Wolke seither über der Familie fortbestand. Ohne es zu ahnen, hatte die junge Frau in ihrer momentanen Lage Verbindung mit ihr aufgenommen, was ihre scheinbar unverständlichen Reaktionen erklärte und die Panik bei dem Gedanken daran, ihre Kinder seien in großer Gefahr, weniger grundlos erscheinen ließ.

Unsere nächste Frage war, was wir tun könnten, um sie von dieser alten, furchterregenden Familienerinnerung zu befreien. Hierauf bekamen wir eine Methode, um die schwarze Wolke, die über der Familie hing, aufzulösen, nicht nur zur Erleichterung der jungen Frau, für die wir arbeiteten, sondern auch aller anderen Mitglieder ihrer Familie, bei denen diese alte Familienerinnerung ausgelöst worden sein mag. Wir haben diese Methode für viele schwarze Wolken benutzt, die über einzelnen Familien oder ethnischen Gruppen hingen.

Eine schwarze Wolke auflösen

Zwei Personen oder mehr, wenn verfügbar, sitzen sich mit geschlossenen Augen gegenüber. In ihrer Vorstellung strecken sie die Arme der Sonne entgegen und bilden mit beiden Händen einen Becher, in dem sie die positive Kraft oder Energie empfangen, die nötig ist, um die negativen Emotionen in der Wolke aufzulösen. Wenn die Beteiligten sich mit dieser Sonnenenergie erfüllt fühlen, senken sie die Arme und legen die Handflächen wie bei der Gebetshaltung aufeinander, wobei die Finger gestreckt bleiben, und richten diese Energie durch die Fingerspitzen hindurch auf die visualisierte Wolke, bis diese anfängt, schwächer zu werden und sich allmählich auflöst.
Ein junger Mann, mit dem ich an der Auflösung seiner Familienwolke arbeitete, konnte die Veränderung der Wolke wahrnehmen. Er beschrieb, wie sich ihre Färbung allmählich von dunkelgrün in grau mit gelben Flecken, dann in hellgrau und schließlich in einen dicken, weißen Nebel verwandelte. Dieser verschwand vollends, als wir weiterhin unsere gefalteten Hände auf ihn richteten und damit die Energie, die wir von der Sonne erhalten hatten, in ihn einströmen ließen.
Diese schwarzen Wolken aus der Welt schaffen zu können, ist außerordentlich erfüllend, und es ist ermutigend zu hören,

daß der Betroffene dadurch von der überwältigenden Düsterkeit, Angst oder anderen negativen Emotionen frei geworden ist, und nur noch seine eigenen persönlichen Probleme zu lösen hat. In vielen Fällen wurde uns berichtet, daß auch andere Angehörige einer Familie sich nach der Auflösung einer schwarzen Wolke irgendwie freier fühlten.
Auf die Frage, wie eine solche Wolke sich anfühlt, kann ich als Beispiel nur das seltsam unangenehme Gefühl anführen, das man in manchen Häusern oder Städten erlebt, von denen man, ohne zu wissen warum, so schnell wie möglich fortkommen möchte, bevor man von Depressionen überschwemmt wird.

Der ererbte Tintenklecks

Ein Kind, das in eine Familie hineingeboren wird, bezieht aus seinem Genreservoir sowohl negative als auch positive Familienmuster. Das kann mit einem Computer verglichen werden, der Informationen über Charakterzüge und Schwächen enthält, die das neue Familienmitglied für seinen Lernprozeß in diesem Leben braucht. Die Muster, die momentan nicht gebraucht werden, verbleiben inaktiv oder latent im Unbewußten.
Im Gegensatz zu der schwarzen Wolke, die aktiviert wird, wenn ein persönliches Trauma mit einem alten Familenproblem zusammenfällt, ist ein anderes negatives Muster, das wir den Tintenklecks nennen, schon von Geburt an im Baby gegenwärtig. Es kann sich in Form von negativen Neigungen, Emotionen und Zügen auf jeder Ebene der Persönlichkeit äußern. Die schwarze Familienwolke wird von außen von der Person angezogen, während der Tintenklecks von Anfang an in ihrem Inneren existiert.
Wenn ein Mensch gewissenhaft an seinen negativen Aspekten gearbeitet hat und sich der Lehren bewußt ist, die er aus ihnen zu ziehen hat, kann dieser Prozeß beschleunigt werden,

und die negativen Muster können abgeschwächt werden. Um dies zu tun, visualisiert der Betreffende einen Tintenklecks. Sobald dieser vor seinem geistigen Auge erscheint, sollte er einen Lichtstrahl auf ihn richten, der ihn allmählich aufhellt, so daß er in einer späteren Sitzung leichter bearbeitet werden kann. Diese Übung sollte mindestens eine Woche lang einmal täglich ausgeführt werden, wenn nötig länger. Die Zeitdauer richtet sich nach der Geschwindigkeit, mit der der Klecks durch das Licht aufgehellt wird. Wenn dies erreicht ist und der Fleck seine schwarze Farbe verloren hat, kann der Betreffende in eine Wachtraumsitzung geführt werden, in der er um Hinweise darüber bittet, auf welche Weise der Tintenklecks endgültig aus seiner Persönlichkeit gelöscht werden kann.

Meine Tochter sah, daß ihr Tintenklecks wie ein dunkler, schwammiger Teich aussah, der allmählich austrocknete, als sie täglich den Lichtstrahl auf ihn richtete. Nach einer Woche war der ursprüngliche Bereich schwarz umrissen, so daß er gerade noch sichtbar war. Als sie darum bat, gezeigt zu bekommen, was sie nun tun solle, wurde sie aufgefordert, in ihrer Vorstellung einen Spaten zu nehmen und die Erde um den ganzen Fleck herum umzugraben. Als sie damit fertig war, beschloß sie, Samen der entgegengesetzten Charakterzüge zu säen, die den Tintenklecks ersetzen sollten.

Jeder Mensch entdeckt seine Methode, mit der er seinen Tintenklecks beseitigen kann, wenn er ihn deutlich gesehen hat. Manche Rituale sind lang und ausgetüftelt, andere dagegen kurz und einfach. Wie alle anderen Techniken sollte auch diese von der betreffenden Person selbst ausgeführt werden, da sie die geeignetste Instanz ist, um die Mitteilung, der Klecks solle gelöscht werden, an ihr eigenes Unbewußtes zu «funken».

Der innere Feind

Eine weitere Gestalt, die sehr schwer zu fassen ist und oft flüchtig in Träumen und Wachtraumphasen erscheint, muß auf dem Weg zur Freiheit und Ganzheit ins Auge gefaßt werden. Wir nennen diese Gestalt den inneren Feind. Er ist eine Zusammensetzung all der Aspekte eines Menschen, die beständig gegen ihn und seine besten Absichten arbeiten, gleichgültig wie gewissenhaft er sich um Fortschritt bemühen mag. Er nimmt viele Formen an und kann männlich oder weiblich, jung oder alt sein. Sein Erscheinen kündigt einen Durchbruch zum Kern eines bestimmten, oft des zentralsten Problems an. Gewöhnlich ist in diesem inneren Feind eine große Energiemenge gebunden, die für das tägliche Leben freigesetzt und verfügbar wird, wenn er besiegt ist. Darüber hinaus kann diese zusätzliche Energie das Wachstum zur Ganzheit beschleunigen.

Das Bezwingen des inneren Feindes

Der innere Feind ist die Quelle vieler Alpträume, in denen er als Mörder in Erscheinung treten kann oder als Angreifer, Versucher, Verführer, Zweifler, Spötter oder in irgendeiner anderen Form, die den Betroffenen davon abhält, sein Ziel zu erreichen.
Alle Menschen haben negative Anteile, die in ihrem Inneren verborgen sind und oft aus früheren Inkarnationen mitgebracht werden. Sie müssen bewußtgemacht werden, um dann deutlich gesehen und beseitigt werden zu können. Wenn sie

jedoch zu schnell oder zu plötzlich ausbrechen, kann der Betreffende unter Umständen von den Inhalten seines Unbewußten überflutet werden. Wenn dieses Unbewußte zu schwer und furchterregend für jemanden ist, als daß er sich damit konfrontieren und damit umgehen könnte, kann es vorkommen, daß er versucht, ihm zu entgehen, indem er sich in Erinnerungsschwund oder Geisteskrankheit flüchtet, ernsthaft krank wird und manchmal sogar an der Krankheit stirbt, indem er Selbstmord begeht, alkohol- oder drogensüchtig wird, oder durch Hunderte andere Arten der Schmerzvermeidung, die der Mensch erfunden hat. Deshalb ist es gefährlich, diese Figur zu suchen, ehe sie sich von selbst zeigt – möglicherweise in einem Traum –, denn dies zu tun, kann dem Öffnen von Pandoras Büchse gleichkommen. Wenn diese negativen Figuren spontan in Träumen auftauchen, ist dies ein Zeichen dafür, daß der Betreffende in der Lage ist, mit ihnen zu arbeiten. Erst, wenn sich eine solche Gestalt gezeigt hat, bitten wir das Höhere Bewußtsein, uns den geeigneten Weg zu zeigen, auf dem wir vorsichtig vorangehen können, so daß die betreffende Person nur mit soviel konfrontiert wird, wie sie zu diesem Zeitpunkt verkraften kann.

So wie bei der Trennung von allen anderen Dingen oder Personen geben wir dem Hilfesuchenden zuerst die Acht, die in diesem Fall dazu benutzt wird, die Figur aus dem Traum, die den Teil von ihm symbolisiert, der ihn in irgendeiner Weise bedroht, zu isolieren. Der nächste Schritt besteht im Durchschneiden der Bindungen, durch welche der Betreffende mit seinem inneren Feind verbunden ist. Hierbei wird die Standardtechnik angewendet, bei der der Betroffene die Bindungen visualisiert und darum bittet, zu erfahren, was mit der negativen Figur zu tun sei. Manchmal ist es möglich, sie auf die gleiche Weise zu bergen wie das innere Kind. Oft genügt es schon, sie in dem gegenüberliegenden Lichtkreis der Acht zu sehen, um ihre Größe und Macht zu verringern. In manchen

Fällen sind diese Figuren jedoch so furchterregend, daß man ihnen zuerst die Kraft nehmen muß, ehe man in angemessener Weise mit ihnen umgehen kann.
Mir fällt der Traum eines jungen Mannes ein, in dem eine Gestalt erschien, die alles, was er jemals unternommen hatte, sabotierte. Er übte die Acht, und in der folgenden Sitzung war er überrascht zu sehen, daß sich sein innerer Feind in einen schniefenden Bettler verwandelt hatte. Wir baten beide darum, sehen zu können, was er mit diesem Teil seiner selbst tun sollte. Die rasche innere Antwort, auf ihn zu treten und alle Energie aus diesem bettlerhaften Teil seiner selbst herauszudrücken, schockierte den jungen Mann. Er zögerte, und so schlug ich ihm vor, noch einmal nachzufragen, und diesmal hatte er den klaren Eindruck, daß der Bettler selbst ihn eindringlich bat, rasch zu handeln und seinem Elend ein Ende zu bereiten. Dies muß sein Mitgefühl berührt haben, denn nun war der junge Mann in der Lage, die Anweisung auszuführen. Als er dies tat, entdeckte er, daß die Gestalt, die so furchterregend gewesen war, unter seinem Fuß zerfiel, als bestehe sie aus Pappmaché, und mit Leichtigkeit zu Staub getreten werden konnte, den er auf eine Schaufel kehrte und in ein Feuer warf.
Ein anderer junger Mann entdeckte seinen inneren Feind, als wir dabei waren, seine kosmischen Eltern anzurufen. Er sah ihn als ernsten Jugendlichen, der ihn um jeden Preis zerstören und davon abhalten wollte, die Verbindung zu seinen kosmischen Eltern aufzunehmen. Diese erste Konfrontation war jedoch nicht dazu geeignet, mehr zu tun, als diese negative Figur ans Tageslicht zu bringen, wo sie auch blieb, bis wir wieder arbeiten konnten. In der Zwischenzeit, die einige Wochen dauerte, verursachte sie im Leben des armen Mannes noch allerlei Probleme. Beim nächsten Treffen berichtete er, sobald er entspannt war, er könne den Jungen sehen, und dieser sei all seiner Bemühungen, ihn zu zähmen, zum Trotz genauso bedrohlich wie zuvor. Ich schlug ihm vor, seinen kosmischen

Vater zu bitten, ihm die nötige Stärke zu verleihen, die er für diese Situation brauchte. Dann hatte ich den plötzlichen Impuls, ihm vorzuschlagen, den Jungen in einen Boxkampf zu verwickeln. Er versuchte es, und zu seiner Überraschung sah er, daß der Junge auf seinen Angriff mit Angst reagierte, schwach und feige wurde, und er konnte ihn mit einem schnellen Schlag in den Solarplexus k. o. schlagen.
Dann fragte er mich: «Was soll ich mit ihm tun? Ihn töten?» Worauf ich ihm antwortete: «Ich weiß nicht, was Du tun sollst. Bitte Dein Höheres Bewußtsein, es Dir zu zeigen.» Daraufhin beschrieb er, wie er den Jungen, der versuchte, in Deckung zu gehen, an einem Arm packte, ihn um seinen Kopf herumschwang und in den Weltraum hinausschleuderte. Als der Junge schließlich aus dem Weg geräumt war, gelang es uns, die Verbindung zu den kosmischen Eltern herzustellen.
Wenn der Traum, in dem sich der innere Feind zeigt, die Ausmaße eines Alptraums annimmt, müssen wir mit der Möglichkeit rechnen, daß die Gestalt Überlagerungen anderer negativer Gedankenformen auf der gleichen Wellenlänge angezogen hat, die bewirken, daß sie dem Träumer noch furchterregender und überwältigender erscheint. Um mit einer solchen Figur umgehen zu können, brauchen wir die Hilfe der Autoritätsfigur des Betreffenden oder den Beistand des kosmischen Vaters oder eines anderen geeigneten Archetypen, der die zusätzliche Kraft und Energie zur Verfügung stellt, mit der der Feind in die Flucht geschlagen werden kann.
Wir haben beobachtet, daß diese negative Figur oft dann im Bewußtsein auftaucht, wenn ein Mensch die ernsthafte Entscheidung getroffen hat, einen Weg zu gehen oder eine Methode anzuwenden, die seine Selbsterkenntnis und Entwicklung vorantreiben. Der innere Feind ist bestrebt, ihn von diesem positiven Schritt abzuhalten, der natürlich seine Machtausübung im Inneren des Menschen bedrohen würde. Dies

ist der Grund für so viele anscheinend negative Erlebnisse, die sich im Leben eines Menschen ereignen, sobald er beginnt, auf positive Weise an sich zu arbeiten.

Das Beseitigen anderer negativer Gedankenformen

Neben dem inneren Feind in menschlicher Gestalt kann es noch andere negative Facetten im Inneren des Menschen geben, die Probleme verursachen und beseitigt werden müssen, damit das wirkliche Selbst befreit werden kann. Auch sie tauchen oft in einem Traum aus dem Unbewußten auf – ein Zeichen dafür, daß der Träumende nun in der Lage ist, mit ihnen fertig zu werden. Sie sollten nicht gesucht werden, wenn kein eindeutiges inneres Zeichen gegeben wurde, daß die Zeit dafür reif ist.
Manchmal nehmen sie die Form von Tieren an und sind uralte Überreste unserer ursprünglichen Tiernatur. Baba ging vor kurzem in einer Rede auf diesen Punkt ein. Er verglich verschiedene Neigungen von Menschen mit bestimmten Tieren und wies darauf hin, daß diese Eigenschaften immer noch in den Menschen aktiv sind. Der Büffel z. B. sei bekannt für seine Eigenwilligkeit, seinen Stolz und seine Eitelkeit. Das Hauptmerkmal des Schafes sei Dummheit, die es daran hindert, sich logischen Argumenten oder Beweisführungen zu öffnen. Die Katze sei für ihre Dieberein und Verschlagenheit bekannt und dafür, sich Dinge anzueignen, die sie auf direktem Wege nicht bekommen kann. Der Affe ist launisch und unruhig und springt ständig von einem Baum zum anderen. Die Aufzählung könnte noch um viele andere erweitert werden: so symbolisiert beispielsweise das Schwein die Gier, und das Rhinozeros den Angriff aus dem Hinterhalt. Jeder Mensch sollte darum bitten, seine eigenen Symbole und ihre Interpretationen gezeigt zu bekommen. Diese kann man oft im Verhalten eines Menschen erkennen, und sobald sie ein-

mal erkannt und eingestanden sind, gibt es verschiedene Arten, sie zu beseitigen. Die häufigste Methode besteht darin, sie ans Tageslicht herauszulocken und sie freizulassen, damit sie in ihre natürliche Umgebung zurückkehren können, und sie mit einem Segen zu verabschieden.
Manche Menschen haben auch die ganz deutliche Wahrnehmung eines schweren oder nagenden Gefühls in einer bestimmten Körperregion und verbinden dies oft mit einer spezifischen Emotion, wie z.B. Angst, Wut oder Schuld. In solchen Fällen ist es nicht immer möglich, daß der Betreffende ein solches Phänomen selbst entfernt, da es zu einem Teil seiner selbst geworden sein kann. Ein solches Gefühl muß dann operiert werden, so wie ein Tumor oder eine Geschwulst aus dem physischen Körper herausoperiert wird.
Es gibt zwei Arten, dies zu tun. Wenn derjenige, der mit dem Hilfesuchenden arbeitet, genügend Erfahrung hat und wenn ihm vom Höheren Bewußtsein gezeigt wird, daß er diese Aufgabe lösen soll, kann er die Operation ausführen, indem er die innere Führung des Höheren Bewußtseins befolgt. Bei der anderen Methode führen zwei Personen, die in der Arbeit für andere Erfahrung haben, die Operation durch und befreien den Betreffenden von dem schmerzverursachenden Objekt.
Als meine Tochter und ich einmal eine Sitzung für eine ihrer Klientinnen durchführten, die unter Angst litt, wurde uns eröffnet, daß der tote Embryo eines früheren Traumes oder einer kreativen Anstrengung entfernt werden mußte. Als wir die Operation durchführten, berichtete sie, daß sie tatsächlich an einem Punkt unterhalb des Solarplexus und etwas oberhalb des Nabels einen Druck spürte.
In einem anderen Fall berichtete ein kleiner Junge, daß er ständig etwas in seinem Magen spüren konnte, das er «Herr Magen» nannte. Er konnte eine Zeichnung von ihm anfertigen, die ein äußerst seltsames Wesen zum Vorschein brachte, das wir auf seine Bitte hin aus seinem Magen entfernten.
Manche Krankheiten können auf ähnliche Weise beseitigt

werden, indem man den Kranken anleitet, darum zu bitten, in einem Traum oder einer Sitzung ein Symbol für die Krankheit gezeigt zu bekommen. Es ist faszinierend, die ungeheure Vielfalt solcher Symbole und der Methoden zu sehen, die Menschen benutzen, um sie – in der Regel mit sehr positiven Ergebnissen – zu zerstören.

Neben den Problemen, die durch negative Symbole im Inneren des Menschen entstehen, gibt es aber auch noch eine ganz andere Art von Problemen. Manche Menschen beherbergen nicht irgendwelche unwillkommene «Gäste», sondern sind selber von negativen Gedankenformen oder Archetypen überschattet und dadurch in ähnlicher Weise behindert und unfähig, ihr wahres Selbst zum Ausdruck zu bringen. «Jonas und der Wal» ist ein Beispiel für diesen Zustand. Er kommt meistens dadurch zustande, daß ein Mensch mit einer Situation konfrontiert wird, von der er sich zurückzuziehen versucht und die Flucht ergreifen will, und dann von negativen Gefühlen wie Angst oder Feigheit gefangengenommen wird.

Ein Beispiel hierfür ist der Fall eines Mannes, der auf das sehr vereinnahmende Verhalten seiner Mutter reagierte, indem er sich ins Reich der Bücher flüchtete und sich so erfolgreich vor ihr schützte. Auf diese Weise schloß er sich in seine eigene Welt ein, die in einem Traum durch ein Seeungeheuer symbolisiert wurde. Er träumte, er befinde sich im Inneren dieses Wesens, während es im Ozean schwamm. Er war unfähig, sich zu befreien oder sein Gefängnis zu zerstören. Dies war ein typisches Beispiel für einen Fall, in dem die Befreiung von der Person bewirkt werden mußte, die die Sitzung leitete, in diesem Fall ich selbst. Mir wurde bedeutet, daß das Wesen an Land gebracht werden mußte, da erst hier die Sicherheit gegeben war, die für die Rettung des Mannes erforderlich war: Wäre dies nicht geschehen, wäre er Gefahr gelaufen, im Meer des Unbewußten ausgesetzt zu sein. Ich mußte eine Harpune benutzen, und gemäß den Anweisungen aus dem Buch «Zen in der Kunst des Bogenschießens» von

Herrigel bat ich darum, sie möge im richtigen Augenblick abgeschossen werden und einen verletzbaren Punkt am Körper des Wesens treffen, so daß der Mann in seinem Inneren nicht verletzt würde. Als dies geschehen war, mußte das sterbende Seeungeheuer an den Meeresstrand gezogen werden; dort konnte dann ein Schnitt in seinen Körper vorgenommen werden, durch den der Mann nach außen gelangen konnte. Sobald er befreit war, half er mit, das sterbende Seemonster zurück ins Meer zu befördern. Er war nun frei, stand auf festem Boden und war in der Lage, die nötigen Schritte zu unternehmen, um zu vollem Bewußtsein zu gelangen.

Wir haben gelernt, daß man sich dem Leben stellen muß, da es keine Fluchtmöglichkeit gibt, die von Dauer wäre, und weil es auf lange Sicht befriedigender ist, sich mit einer Situation zu konfrontieren, als beständig zu versuchen, ihr aus dem Weg zu gehen. Ebenso wurde uns klar, daß Alkohol, Drogen, Zigaretten, sogar Meditation, buchstäblich alles, was als Ausweg benutzt wird, die Wirkung hat, denjenigen, der sie benützt, entweder für negative Gedankenformen zu öffnen oder ihn vom Leben abzutrennen und ihn in seiner unwirklichen eigenen Welt einzuschließen. In beiden Fällen hat der Betreffende den Kontakt zum Leben und zu anderen Menschen verloren. All diese Zustände sind Produkte des Ego, des Aspekts des Menschen also, der am schwersten in den Griff zu bekommen ist. Das Ego ist wie die Schlange; es schlängelt sich völlig unerwartet und oft unerkannt in den Vordergrund und versucht, einen dazu zu bringen, seinen Befehlen zu gehorchen und nicht denen des Höheren Bewußtseins. Seine Herrschaft kann nur allmählich beseitigt werden in dem Maße, in dem der Mensch bereit ist, immer mehr von sich der Führung des Höheren Bewußtseins zu übergeben. Er kann sein eigenes Ego nicht umbringen, er kann es jedoch aushungern, bis es sich schließlich ergibt, wenn er aufhört, dessen unersättlichen Hunger nach Herrschaft über ihn zu stillen.

Das innere Haus

Nach der Trennung von den Eltern und Erziehern kommt es oft vor, daß man von einem Haus träumt. In Träumen und Wachtraumzuständen symbolisiert das Haus oft die Struktur, die ein Mensch um sich herum errichtet hat, um das Territorium oder den Raum abzugrenzen, den er in seiner Welt einnimmt, in der er lebt oder sich bewegt.[13]
Ein Traum kann Einblick in den Zustand des inneren Hauses eines Menschen gewähren und die nächsten Schritte andeuten, die er machen sollte, um das Haus mehr nach seinem Geschmack zu gestalten. Es wäre besser, zuerst das eigene Haus in Ordnung zu bringen, bevor man anderen sagt, was sie tun sollen.
Es kommt oft vor, daß jemand träumt, wieder in dem Haus zu sein, in dem er als Kind gelebt hat. Dies ist ein Zeichen dafür, daß der Betreffende immer noch in dieser alten Kindheits-Szenerie lebt und daß ein Teil seiner selbst immer noch so alt ist, wie er zu der Zeit war, als er dort lebte. Um jemandem dabei zu helfen, diese Situation zu korrigieren und sie an seinen gegenwärtigen Entwicklungsstand anzugleichen, führen wir den Betreffenden in den Traum zurück, als sei er ein Wachtraum. Dann weisen wir ihn an, zuerst ein Haus zu finden, das sein heutiges Leben als Erwachsener besser repräsentiert, um dann sein inneres Kind aus der alten Umgebung heraus und in die neue einzuführen, wo er es dann beim Erwachsenwerden unterstützt.
Auch wenn kein Traum erscheint, der darauf hinweist, ist es empfehlenswert, das innere Haus zu untersuchen. An einem geeigneten Punkt der Arbeit bitten wir das Höhere Bewußt-

sein, den Betreffenden zu einem Haus zu führen, das seine gegenwärtige Situation darstellt. Die Vielfalt an Häusern, die sich auf diese Weise gezeigt hat, ist ungeheuer groß und faszinierend, denn jedes einzelne offenbart den Zustand des Betreffenden und zeigt ihm, an welchen Stellen Änderungen von Vorteil wären.

Sobald er sein Haus vor seinem inneren Auge sieht, führen wir ihn zuerst außen um das Haus herum und dann durch sein Inneres hindurch und ermutigen ihn, über das, was er sieht, und seine Reaktionen darauf zu sprechen. Manchmal beschließt jemand aus freien Stücken, daß Änderungen vorzunehmen sind, und in diesem Fall ermutigen wir den Betreffenden dazu, diese auszuführen, wo er sie für nötig hält.

Wenn jemand beispielsweise berichtet, daß sein Haus keine Fenster hat, oder daß die Jalousien herabgelassen sind und das ganze Haus oder einzelne Räume dunkel sind, ist es offensichtlich, daß dieser Mensch in sich verschlossen ist und nicht aus sich herausschauen oder jemand anderem Einblick in sein Inneres gewähren möchte. In solchen Fällen wird der Betreffende ermutigt, die Jalousien hochzuziehen, um Licht hereinzulassen und dann alle Räume seines Hauses zu lüften, zu reinigen und zu renovieren, die es seiner Meinung nach nötig haben.

Manchmal ist ein Raum verschlossen, meistens der Keller, der das Unbewußte symbolisiert. Wenn dies der Fall ist, kann es eine ganze Sitzung in Anspruch nehmen, den Betreffenden sanft aber bestimmt dazu zu bewegen, die Tür zu dem verschlossenen Bereich in seinem Haus zu öffnen und sich mit dem zu konfrontieren, was sich seinem Bewußtsein entzogen hatte. Viele alte, vergessene Traumata, Schuldgefühle und negative Erinnerungen kommen auf diese Weise zum Vorschein. Wenn bei dem Gedanken an das Öffnen der Tür große Ängste aufwallen, bitten wir darum, daß eine Personifizierung des Höheren Bewußtseins erscheinen möge, um den Betreffenden zu begleiten und ihm dabei zu helfen, sich dem, was er im Inneren des Raumes findet, zu stellen und damit fertigzuwerden.

Wenn jemand sein Haus geöffnet und gereinigt hat, schlagen wir ihm vor, es so zu gestalten, wie es ihm gefällt, indem er strukturelle Veränderungen vornimmt, die er nötig findet, und alte, zerfallene Teile auslöscht und durch neue ersetzt. Wir betonen immer, daß es vielleicht lange dauern kann, bis es ihm ganz zufriedenstellend erscheint, daß er jedoch sämtliche Veränderungen vornehmen darf und soll, und zwar sooft er will, bis es ihm gefällt und seine Bedürfnisse befriedigt. Oft möchte jemand einen Raum nach dem anderen bearbeiten. Er könnte z. B. mit der Küche beginnen, dem Ort, an dem Nahrung zubereitet wird. Andere Räume, die oft Aufmerksamkeit benötigen, sind das Bad, wo Ausscheidung von Abfall oder unbrauchbarer Materie und Reinigung stattfinden; der Keller, in dem Erinnerungen an die Vergangenheit aufbewahrt werden, die möglicherweise herausgenommen und betrachtet werden müssen; und das Schlafzimmer, wo man während des Schlafes seinem Unbewußten am nächsten ist.

Wir schlagen auch vor, daß jeder entweder in einem Zimmer oder in einer Zimmerecke einen Platz einrichtet, ganz gleich, wie klein dieser sein mag, an dem er meditieren und die verschiedenen geistigen Übungen ausführen kann, die er hin und wieder zu tun hat. Dieser Bereich sollte sehr sorgfältig geplant werden. Er sollte ruhig und mit einem Minimum an Möbeln ausgestattet sein, so daß jegliche Ablenkung vermieden wird. Manche Menschen entscheiden sich für einen Altar, andere benutzen lieber inspirierende Bilder oder Figuren, eine Kerze oder irgendeinen anderen symbolischen Gegenstand. Sobald er diesen Platz fertig eingerichtet hat, empfehlen wir dem Betreffenden, daß er vor der Meditation oder den Visualisierungsübungen in seiner Vorstellung an diesen Ort geht, damit seine geistige Atmosphäre einen Zustand des Friedens und der Bewußtheit herbeiführt.

Es ist interessant, die Veränderungen zu beobachten, die in

Menschen geschehen, wenn sie an ihrem inneren Haus arbeiten. Eine der häufigsten Reaktionen ist große Freude über die Freiheit, das Haus genau so gestalten zu können, wie es ihnen gefällt. Die meisten Menschen sind gezwungen, den Geschmack jener mitzuberücksichtigen, mit denen sie zusammenleben, und manche stehen immer noch unter dem Einfluß der geschmacklichen Vorstellungen ihrer Eltern oder sogar der Großeltern.

Hier fällt mir die Arbeit mit einem jungen Mädchen Ende zwanzig ein, das von einem altmodischen viktorianischen Haus träumte, das mit sehr schweren, dunklen Möbeln und schweren Vorhängen ausgestattet war, von denen die Fenster beinahe verdeckt wurden. Es herrschte perfekte Ordnung, doch als sie sich umsah, verkrampfte sie sich mehr und mehr und bekam Angst. Ich begann, ihr Fragen zu stellen, um den Grund herauszufinden, aus dem sie von einem solchen altmodischen Haus träumte, und entdeckte, daß sie im Alter von 3–5 Jahren bei ihren Großeltern mütterlicherseits gelebt hatte. Auf die Bitte hin, diese zu beschreiben, erzählte die junge Frau, daß besonders ihre Großmutter sehr viktorianische Geschmacksvorstellungen, Ideen, Sitten und Haltungen besaß, welche sie an ihre Enkelin weitergegeben hatte. Der jungen Frau wurde bewußt, daß sie immer noch unter dem Einfluß dieser frühen Konditionierung stand, und daß diese sie auf viele unliebsame Arten behinderte und es ihr sehr schwer machte, mit Gleichaltrigen zusammenzusein, von denen sie oft wegen ihrer altmodischen Ansichten ausgeschlossen wurde. Als ihr klar wurde, was geschehen war, stürzte sie sich förmlich darauf, ihr eigenes Haus vom Fundament an aufzubauen. Dies half ihr, einige der altmodischen Haltungen loszuwerden, die sie so schwer belastet hatten, und sie setzte diese Art der Arbeit an sich noch in ihrem täglichen Leben fort.

Manchmal bringt ein Traum oder ein Wachtraum ein Haus zum Vorschein, das von außen betrachtet sehr anziehend aussieht, im Inneren aber das reinste Durcheinander darstellt.

Ein solches Bild ist für den Betreffenden sehr schockierend, weil es deutlich macht, daß er ein freundliches Gesicht aufsetzt, aber unter der Oberfläche nicht immer so attraktiv ist. Es gibt so viele unterschiedliche Häuser, wie es Menschen gibt, die bereit sind, sie zu finden, mit ihnen zu arbeiten und sich zu verändern.

Für manche Menschen eignet sich ein Garten in ähnlicher Weise als Möglichkeit, an sich zu arbeiten; sie benutzen dabei die verschiedenen Blumen und Bäume als Sinnbilder für ihre nützlichen und positiven Eigenschaften oder Fähigkeiten und das Unkraut als Symbol für negative oder destruktive Züge. Eine ausgezeichnete Visualisierungsübung besteht darin, jeden Tag eine Blume zu pflanzen, die eine Eigenschaft oder Fähigkeit darstellt, die man anstrebt, und ein Unkraut mit der Wurzel auszureißen, das einen Fehler oder eine schlechte Eigenschaft symbolisiert.

Ein junges Mädchen, dem ich diese Übung einmal empfahl, war so begeistert von ihr, daß sie sich dieser inneren Gartenarbeit sehr intensiv widmete, und sie erzählte mir von Zeit zu Zeit, wie sie ihre neuen Pflanzen täglich goß und pflegte. Eines Tages erschien zu ihrer Überraschung die Gestalt Christi in ihrem inneren Garten und sprach zu ihr. Er erschien ihr mehrere Wochen lang jeden Tag, um ihr vieles über sie mitzuteilen, was ihr unschätzbare Einsichten vermittelte. Jeder Mensch benutzt diese Übung auf seine Art, und da es ja auf die Wirkung der Übungen auf jeden einzelnen ankommt, empfehlen wir immer, die Übungen so zu benutzen, wie sie einem am meisten helfen.

Das Mandala – Die vier Funktionen

Es ist für jeden Menschen wichtig, die vier Funktionen Intuition, Empfinden oder Wahrnehmen, Fühlen oder Emotion und Denken oder Intellekt ins Gleichgewicht zu bringen.[14] Im folgenden beschreibe ich eine der Übungen, die uns geschenkt wurden, um dieses Gleichgewicht herzustellen. Wir nennen sie das Mandala, und sie wurde uns ursprünglich für den Gebrauch meiner Familie gegeben, die aus meinem Mann, mir selbst und unseren beiden Töchtern bestand.

Als unsere beiden Töchter einmal für die Weihnachtsferien von der Schule nach Hause gekommen waren, fragte mich die älteste, die vor kurzer Zeit mit mir zu arbeiten begonnen hatte, ob ich nicht nach innen gehen und fragen könne, ob es für uns vier Rat und Hilfe gebe, mit denen wir eine harmonischere Familienbeziehung entwickeln könnten. Wir alle waren sehr unterschiedliche, starke Persönlichkeiten, und wenn wir alle eine gewisse Zeit gemeinsam verbrachten, waren Zusammenstöße unvermeidbar. In diesen Ferien war es besonders schwierig, weil die Mädchen mehrere Jahre in ihrer Schule gelebt und ihre Unabhängigkeit genossen hatten.

Dies war die erste einer Reihe von Sitzungen, die uns allen geholfen haben, viele Krisen als Familie zu bestehen, und die uns Mut gemacht haben, weiterhin nach Lösungen für uns als Gruppe zu suchen und nicht mehr in Strukturen zu leben, in denen einer die anderen dominiert oder in denen alle vier auf ihren eigenen Vorstellungen beharren. Diese Vorgehensweise ist jedoch eine der schwierigsten, und oft dauert es einige Zeit, bis alle Beteiligten wirklich bereit sind, gemeinsame Lösungen zu suchen, anstatt auf den eigenen zu bestehen. Später fanden wir heraus, daß jeder das Mandala benutzen kann, um seine vier Funktionen ins Gleichgewicht zu bringen – ein nötiger Schritt, um Ganzheit oder Integration zu erlangen.

Sobald ich ruhig geworden und in den Wachtraumzustand geglitten war, sah ich in Augenhöhe vor mir eine große Kugel, die aussah wie der Mond, hinter dem die Sonne leuchtete. Sie war in acht kuchenförmige Segmente unterteilt, von denen allmählich jedes zweite sich mit einer anderen Farbe füllte. In der Mitte erschien ein kleiner Diamant, der alle Farben reflektierte. Die farbigen Abschnitte formten ein Kreuz. Der obere war gelb, der untere grün, der Abschnitt rechts war blau und der linke tief rosa.

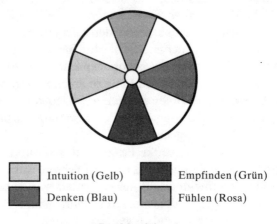

Intuition (Gelb) Empfinden (Grün)
Denken (Blau) Fühlen (Rosa)

Das Mandala

Darauf wurde mir gezeigt, daß dieses Symbol einen ausgeglichenen oder ganzen Menschen darstellte, ein Ziel, auf das wir uns alle zubewegen. Ich sah, daß wir so wie der Mond das Licht der Sonne durch diese vierfarbigen Linsen reflektieren können, welche die vier Hauptfunktionen Intuition, Empfinden, Denken und Fühlen darstellen, durch die wir mit unserer Umwelt in Kontakt treten. Ich bemerkte, daß die farbigen

Teile die Grundstruktur des menschlichen Körpers darstellten: das Gelb oben stellte den Kopf dar, das Grün unten die Füße, das Blau den rechten und das Rosa den linken Arm. Dann wurde mir weiterhin klar, daß das Gelb – der Kopf – die Intuition repräsentierte, das Grün – die Füße – das Empfinden, das Blau – der rechte Arm – das Denken und das Rosa – der linke Arm – das Fühlen. In dem Bild, das ich zuerst sah, waren alle vier Farben gleich intensiv, ein Hinweis darauf, daß die vier Funktionen gleich stark ausgebildet waren. Dieser Zustand stellt jedoch eine seltene Ausnahme dar, die man nur bei einem Meister vorfindet, der einen der Yoga-Wege oder andere Disziplinen praktiziert und ein vollständiges Gleichgewicht erreicht hat.

Dann traten die schwachen und starken Funktionen jedes Mitgliedes meiner Familie ins Bewußtsein. Als nächstes wurde ich angewiesen, mir vorzustellen, daß ich hinter jeder Farbe einen Lichtregler anbringe, der ihre Intensität verstärkt, wenn er nach rechts gedreht wird, und sie mit der Drehung nach links verringert. Meist ist eine Funktion auf Kosten der drei anderen überentwickelt worden. Um diese Unausgewogenheit zu beheben, muß der Regler hinter der überentwickelten Funktion ein wenig heruntergedreht werden, während die schwächste ein wenig höher eingestellt wird und die anderen beiden entsprechend intensiviert oder abgeschwächt werden.

Bei den meisten Menschen dominiert eine Funktion, eine andere fehlt fast vollständig, oder sie ist so tief im Unbewußten vergraben, daß sie von geringem Nutzen ist, und die anderen beiden liegen irgendwo dazwischen. Um dieses Ungleichgewicht veranschaulicht zu sehen, wurde ich angewiesen, mich aufrecht hinzustellen und die Arme nach beiden Seiten auszustrecken, so daß mein Körper das Schaubild darstellte.

Zuerst wurde ich gewahr, was passieren würde, wenn das Denken die stärkste der vier Funktionen wäre. Ich beugte meinen Körper nach rechts, so daß ein Arm zum Boden und der andere in die Luft zeigte. Ich sah und fühlte, wie mein ganzer Körper nach rechts gebeugt und aus dem Gleichgewicht gekommen war. Stellte nun das Fühlen die stärkste Funktion dar, würde mein Körper nach links gebeugt und in die andere Richtung aus der Balance gezogen werden. Wäre die Intuition am stärksten, wäre wahrscheinlich das Empfinden oder Wahrnehmen sehr schwach; dann wäre ich nicht genügend geerdet und würde über dem Boden schweben, anstatt auf ihm zu stehen. Wenn hingegen das Empfinden am stärksten wäre, würde ich durch die fünf Sinne – das Sehen, das Hören, den Tastsinn, das Schmecken und das Riechen – voll und ganz in der äußeren Welt der greifbaren Dinge aufgehen, und die Intuition wäre mir wahrscheinlich verschlossen, oder ich hätte regelrecht Angst vor ihr.

Wenn eine Funktion dominiert, benutzt man sie gewöhnlich häufiger als die anderen, ganz einfach, weil sie so gut funktioniert und einem durch den Eindruck, mit der Welt zurechtzukommen, eine gewisse Sicherheit vermittelt. Eines der deutlichsten Beispiele hierfür ist der Mann mit einem überentwickelten Intellekt, der diesen in allen Angelegenheiten einsetzt. Er ist ihm im Beruf und in Geschäftssituationen natürlich eine große Hilfe, aber sobald menschliche Beziehungen ins Spiel kommen, besonders natürlich enge Familienbeziehungen, kann die Überbetonung seines Intellekts geradezu zum Problem werden und anderen großes Leiden verursachen, besonders dann, wenn seine Fühlfunktion fehlt. In den meisten so gelagerten Fällen zwingen solche Männer ihre Frauen, ihre Fühlfunktion für sie zu übernehmen, anstatt ihre eigene innere Anima und somit ihre Fühlkraft auszubilden. Falls die Frau nun zufällig eine starke Gefühlsseite und eine schwächere Intellektfunktion hat, kann sich das Paar zusammenschließen, ohne daß jeder seinen ausgleichenden Faktor bzw. seine schwache Funktion ausbildet. Viele Paare leben lange in einer so verzerrten Beziehung zusammen, indem der eine sich auf den anderen stützt wie auf eine Krücke. Wenn einer der Partner eine starke Intuition hat und beim anderen die Sinneswahrnehmung stärker ausgeprägt ist, überläßt der erstere oft seinem praktischer veranlagten Partner all die weltlichen Details des Lebens und zieht es vor, in einer Traumwelt zu leben, anstatt zu lernen, mit diesen irdischen Aufgaben umzugehen; währendessen kümmert sich der andere um den praktischen Aspekt des Lebens, versäumt dabei aber, seine intuitive Seite zu entwickeln.

Als Hilfe für diejenigen, die sich ehrlich darum bemühen, alle vier Funktionen gleichermaßen zu entwickeln, schlagen wir vor, täglich das Mandala zu visualisieren. Dabei stellt man sich zuerst das völlig ausgewogene Mandala vor, bei dem alle vier Farben gleich stark sind und von hinten von der Sonne angestrahlt werden. Dieses Bild sollte eine kurze Zeit, ungefähr zwei Minuten lang, festgehalten werden. Als nächstes visualisiert man das Symbol so, daß die dominierende Funktion eine sehr starke Farbe aufweist, die schwächste Funktion ganz blaß ist und die anderen beiden irgendwo dazwischen liegen. Es ist erstaunlich, wie leicht es den meisten Menschen fällt, ihr eigenes Muster zu sehen. Für Partner ist es sogar noch leichter, es gegenseitig beim anderen zu erkennen. Nun sollte der Regler hinter der schwächsten Funktion höher- und der hinter der stärksten heruntergedreht werden. Auf dieses neue Bild sollte man sich ein bis zwei Minuten lang konzentrieren.

Am besten beginnt man damit, mit der stärksten und der schwächsten Funktion zu arbeiten, und nimmt die anderen beiden nach einiger Zeit dazu, wenn sich im Leben des Betreffenden eine Veränderung vollziehen konnte. Die Übung wird abgeschlossen, indem man sich einige Sekunden lang auf das Ausgangsbild konzentriert, bei dem alle Farben dieselbe Stärke haben. Das völlig ausgewogene Symbol, das eigentliche Ziel, wird als Muster, auf das es hinzuarbeiten gilt, über das vorhergehende gehalten. Die ganze Übung sollte nicht länger als fünf Minuten dauern; diese Zeit genügt, um die Mitteilung an das Unbewußte zu «funken», daß eine Veränderung eingeleitet werden sollte. Diese Übung hat eine sehr starke Wirkung, wenn sie täglich und regelmäßig geübt wird. Wir haben von sehr erstaunlichen Veränderungen gehört, die sich in Menschen durch diszipliniertes und ernsthaftes Üben ereignet haben.

Wie bei allen anderen Übungen, die wir bekommen haben, ist auch die Wirkung dieses Symbols am größten, wenn es sobald wie möglich nach dem Erwachen und noch einmal kurz vor dem Einschlafen visualisiert wird. Zu diesen beiden Zeitpunkten ist der bewußte Verstand weniger aktiv als sonst, und die Bilder können die Zensur, die er ausübt, umgehen und so in das Unbewußte hinuntersinken, wo die eigentliche Arbeit geschehen muß, damit eine bleibende Veränderung herbeigeführt werden kann.

Wenn die beiden Partner einer Ehe bereit sind, mit dem Mandala zu arbeiten, kommt ihre Beziehung mehr ins Fließen und wird zu einer ausgeglicheneren und aktiveren Partnerschaft. Es wird ihnen auch dabei behilflich sein, sich gegenseitig zu helfen, die schwachen Funktionen zu entwickeln, anstatt sich nur auf die eigenen starken Funktionen und die Stärken des Partners zu verlassen. Das Mandala kann helfen, die allgemeine Situation zu korrigieren, in der ein Partner die Stütze eines anderen ist, so daß eine ungesunde gegenseitige Abhängigkeit entstanden ist. Es ist interessant, ein Paar zu beobachten, das auf diese Weise arbeitet, denn jedem sind die starken und schwachen Funktionen des anderen weitaus bewußter als die eigenen. Wenn sie die Beobachtung des Partners akzeptieren können, kann die Partnerschaft sehr viel bedeutsamer, hilfreicher und dynamischer wirken. Wir sind uns selbst gewöhnlich zu nahe, um uns deutlich so sehen zu können, wie wir anderen erscheinen, aber die Menschen, mit denen wir intim zusammenleben, kennen uns in der Regel sehr gut und können uns unschätzbare Hilfen geben. Dies ist jedoch nur möglich, wenn beide in liebevoller Weise am

Wachstum des anderen interessiert sind und nicht die Gelegenheit beim Schopf ergreifen, sich gegenseitig zu kritisieren, miteinander wettzueifern oder es dem anderen «heimzuzahlen». Wenn sie dazu noch bereit sind, gemeinsam das Dreieck zu visualisieren und um die Führung des Höheren Bewußtseins zu bitten, wird die ganze Beziehung auf eine höhere Ebene gehoben, was wiederum die Evolution jedes der beiden beschleunigt.

Während man mit dieser Übung arbeitet, ist es hilfreich, etwas Greifbares zu haben, das als Gedächtnisstütze dient. Der Gebrauch der Farben, welche die verschiedenen Funktionen symbolisieren, ist für diesen Zweck hervorragend geeignet. Es ist interessant zu sehen, daß die Lieblingsfarbe eines Menschen oft das Symbol seiner dominanten Funktion ist. So wählt ein sehr intellektueller Mensch in vielen Fällen blau, während gefühlsbetontere Typen oft pink, rosa oder rot wählen.

Da es heutzutage Mode und gleichzeitig gesellschaftlich akzeptabel ist, daß Männer helle Farben tragen, könnte ein rosafarbenes Hemd einen Mann mit überentwickeltem Intellekt daran erinnern, daß er auch seine Gefühlsseite entwickeln sollte, um ein ausgeglichenerer Mensch zu werden. Einer sehr stark animus-regierten Karrierefrau, deren Denkfunktion sehr entwickelt ist, könnte es ebenfalls sehr nützen, Rosa zu tragen. Andererseits könnten überemotionale Männer und Frauen Blau tragen, um daran erinnert zu werden, daß sie ihre Gefühle mit ihrem Intellekt ausgleichen können. Die gleiche Technik kann auf Gelb und Grün angewandt werden. Dem verträumten, abwesenden Menschentyp kann es sehr dienlich sein, mehr Grün zu tragen, um besser in der alltäglichen Welt der Realität geerdet zu sein, während materialistischere Menschen gut daran täten, mehr Gelb zu tragen, um daran erinnert zu werden, daß sie ihrer Intuition mehr Raum zugestehen sollten, so daß sie ihre starke Sinnesebene ausgleichen könnten.

Allein lebende Menschen ohne Partner, mit dem sie sich austauschen oder üben könnten, können einen guten Freund um Hilfe bitten, der ehrlich und liebevoll mit ihnen umgeht. Man rutscht sehr leicht in einen einseitigen Zustand hinein, ohne sich dessen bewußt zu sein, und dies gilt ganz besonders für Karrierefrauen, die oft überaggressiv werden und sich zu reinen Denkmaschinen entwickeln. In dem harten Wettkampf mit Männern neigen sie dazu, sich hauptsächlich auf ihren Intellekt zu verlassen, und unterdrücken ihre weiblicheren Aspekte, die sonst als ausgleichende Faktoren wirken könnten.

Ein Mensch, der sehr in seinen Sinneswahrnehmungen aufgeht und alles nach den Informationen seiner fünf Sinne beurteilt, sollte zu einem imaginären Vogelflug angeregt werden. Zuerst schlagen wir dem Betreffenden vor, sich irgendeinen Vogel vorzustellen, wobei meistens die Möwe gewählt wird, was wahrscheinlich auf den Erfolg von Richard Bachs entzückendem Buch «Die Möwe Jonathan» zurückzuführen ist. Er wird dann angewiesen, in seiner Erinnerung oder vor seinem geistigen Auge diesem Vogel dabei zuzusehen, wie er fliegt und dann im Sturzflug ins Wasser eintaucht oder eine Windströmung findet und sich gemütlich auf ihr niederläßt und vom Wind getragen wird. Dann geben wir dem Betreffenden den Impuls, sich mit dem Vogel zu identifizieren und sich vorzustellen, wie er selbst sich in die Luft erhebt und jede Bewegung des Vogels nachahmt. Er sollte ermutigt werden, alles, was sich abspielt, zu beschreiben, wie es sich jeweils anfühlt und was er sieht, um ihm dazu zu verhelfen, die Freiheit des Fliegens voll zu erleben. Für viele Menschen ist dies ein so neues Erlebnis, daß es ihnen schwerfällt, die Sicherheit des Bodenkontaktes loszulassen. Oft treten aber Begeisterung und Verwunderung an die Stelle von Bedenken und Unsicherheiten, wenn man sich tiefer in die Erfahrung eingelassen hat, und in den allermeisten Fällen kann man die Übung nach einiger Zeit durchaus genießen.

Diese Flugübung ist nicht geeignet für Menschen, die den anderen Pol, nämlich die Intuition, stark entwickelt haben, da dieser Menschentyp meist schon von sich aus zu sehr zum Fliegen neigt. Solche Menschen werden zu einer ganz anderen Phantasiereise angeregt: Zuerst weisen wir den Betreffenden an, sich vorzustellen, er ziehe schwere grüne Stiefel an, die vielleicht sogar noch mit Gewichten beschwert werden müssen, um ihn fest auf dem Boden zu halten. Dann wird er gebeten, einen Weg entlang zu spazieren, der sich in seiner Vorstellung vor ihm auftut. Ganz gleich, ob es eine Landstraße ist, eine belebte Straße in einer Stadt, ein Pfad, der zu einem Strand führt, oder irgendein anderer Weg; worauf es ankommt, ist, daß der Betreffende mit beiden Füßen fest auf dem Boden bleibt und der Versuchung, diesen Weg entlangzuschweben, widersteht. In extremen Fällen kann sich dies als äußerst schwierig erweisen. Es ist keine einfache Aufgabe, ein Muster zu verändern, das viele Jahre lang bestanden hat. Manche Menschen geben das wunderbar freie Gefühl des Fliegens und kaum Kontakt zur Erde zu haben nur sehr ungern auf, und sie beklagen sich darüber, daß der andere Weg der Sinneswahrnehmung zu langsam und schwerfällig sei. Dieser Gegensatz ist eines der Hauptprobleme, mit denen sich Menschen konfrontiert sehen, die längere Zeit halluzinogene Drogen genommen haben, und dies ist der Grund, warum so viele nicht von ihnen loskommen. Auf Menschen, deren Intuition stark ausgeprägt ist, können Drogen eine verheerende Wirkung haben, da sie zum Tod führen können, indem sie den Betreffenden glauben machen, er könne tatsächlich fliegen. Drogen können bewirken, daß sie von der sogenannten Realität abgeschnitten sind. Dadurch bleiben solche Menschen dauernd in einer unnatürlichen Beußtseinsdimension, ohne die anderen Funktionen zu benutzen, die einen Ausgleich schaffen würden. Psychiatrische Kliniken sind voll von ihnen.

Menschen mit starker Intuition empfehlen wir auch, jeden

Tag bewußt zu versuchen, ihre fünf Sinne zu benutzen, um sich so einer volleren Bewußtheit über all das zu öffnen, was in der Welt um sie herum geschieht. Irgendeine körperliche Tätigkeit ist auch sehr hilfreich, um sich den physischen Körper bewußt zu machen, in dem wir leben, denn nur mit diesem Körper können wir mit der Welt und den Menschen in Kontakt treten und unser Karma abarbeiten.

Variationen

Ein weiteres Symbol, eine Stufen-Pyramide, wurde uns als zusätzliche Hilfe angeboten, mit der die vier Funktionen ausgeglichen werden können. Jede der vier Seiten dieser Figur stellt eine Funktion dar und hat die entsprechende Farbe. Als sie zum erstenmal in einer Sitzung erschien, wurde mir gezeigt, daß jeder Mensch auf jeder der vier Seiten auf einer anderen Stufe steht, die verschieden weit vom Boden entfernt sind. Jemand könnte z. B. auf der blauen Seite, die den Intellekt symbolisiert, zwanzig Stufen nach oben geklettert sein, zwölf Stufen auf der grünen Sinneswahrnehmungs-Seite, fünf auf der gelben Intuitions-Seite und vielleicht nur eine Stufe auf der rosafarbenen Gefühls-Seite. Diese Figur zeigt einem sehr klar, wo man in bezug auf die vier Funktionen steht, und sie kann als Variation des Mandalas benutzt werden. Um diese Übung in seiner Vorstellung auszuführen, wird der Übende angewiesen, in das Innere der Pyramide zu gehen und in ihrem Zentrum, genau unterhalb der Spitze, mit dem Gesicht zu der Seite zu stehen, die die schwächste Funktion repräsentiert. Dann wird er angewiesen, sich so weitgehend wie möglich zu öffnen, um die Farbe aufzunehmen, indem er sie in seiner Vorstellung betrachtet, sich an sie erinnert, oder indem er tatsächlich ein Stück Papier oder Stoff in dieser Farbe ansieht. Dann wird ihm gesagt, er möge tief einatmen und dabei fühlen, wie er sprichwörtlich all das mit dem Atem aufnimmt, was die Farbe symbolisiert. Ein junges Mädchen fragte einmal, ob sie sich wie Alice im Wunderland ein Stück davon abbrechen und es essen könne. Ich bat sie, alles zu tun, was ihr einfällt und was ihr dabei behilflich sein könnte, der Übung mehr Realität zu verleihen und damit sicherzugehen, daß die Mitteilung ihr Unbewußtes erreicht.

Als nächstes wird der Betreffende gebeten, sich umzudrehen, so daß er die nächstschwache Funktion vor sich hat usw., bis alle vier Seiten der Pyramide betrachtet worden sind. Der schwächsten Funktion sollte man sich ungefähr fünfzehn Atemzüge lang zuwenden, der nächststarken zehn, der nächsten fünf, und vor der stärksten Funktion sollte man einmal tief einatmen.

Der Maibaum, der in dem Kapitel über Symbole beschrieben wird, kann auf ähnliche Weise benutzt werden. Man bittet die betreffende Person, sich vorzustellen, sie halte ein Band in der Farbe ihrer schwächsten Funktion in der Hand. Sie wird nun angewiesen, sich so weit wie möglich zu öffnen und von der Spitze des Maibaums, die das Höhere Bewußtsein darstellt, die Eigenschaften zu empfangen, aus denen die Funktionen bestehen, die er benötigt. Dabei wechselt er die Bänder und arbeitet nacheinander mit allen Funktionen.

Kristalle

Bergkristalle sind eine weitere Hilfe, die wir oft benutzen, um einem Menschen zu einem besseren Gleichgewicht zu verhelfen. Der Quarzkristall ist von Natur aus polarisiert, das heißt, er beinhaltet positive und negative Pole und kann so als Empfänger dienen wie die ersten Radios oder Kristall-Empfänger. Bergkristalle werden schon seit Jahrhunderten als Schutzsteine, zum Wahrsagen, in der Meditation und beim Heilen eingesetzt, und man sagt ihnen nach, daß sie in sensitiven Menschen latente, intuitive Fähigkeiten stimulieren.

Kristalle können als Schutz um den Hals getragen oder als Meditationssteine in der linken Hand gehalten werden, die von der rechten bedeckt wird, so daß der Kreislauf zwischen den Händen geschlossen ist. Die meisten Menschen wählen einen Kristall, den sie als Schmuck tragen und gleichzeitig als Meditations-Talisman benutzen können.

Nachdem man sich einen Kristall ausgesucht hat, bitten wir darum, er möge gereinigt und mit einer geeigneten Meditation für den neuen Besitzer zurückgegeben werden. Außerdem bitten wir um Hinweise, an welcher Körperstelle er getragen werden soll.

In einer Meditation wird jeder Kristall der ägyptischen Himmelsgöttin Nut dargebracht, deren Aufgabe es ist, die Seelen, welche die Erde verlassen, über die Trennungslinie zwischen dieser Welt und der nächsten zu begleiten. Der Kristall wird ihr drei Tage lang überlassen. Wenn man ihn nach Ablauf dieser drei Tage zurückerhält, ist er mit den Eigenschaften des Höheren Bewußtseins des Besitzers versehen worden, und dieser erhält mit dem Stein eine Meditation, die für ihn geeignet ist. Diese Meditationen sind ausnahmslos äußerst passend und haben sich als sehr hilfreich erwiesen, wenn sie täglich mit dem Kristall zusammen praktiziert wurden.

Träume

Ich habe verschiedentlich auf die Rolle von Träumen in dieser Arbeit hingewiesen und möchte nun im einzelnen erklären, wie wir sie einsetzen.[15] Wenn jemand den ersten Termin mit uns vereinbart, nachdem er von jemandem auf uns aufmerksam gemacht wurde, der die Arbeit bereits erlebt hat, braucht er in der Regel Hilfe bei einem bestimmten Problem, oder er möchte an seiner Ausgeglichenheit und Integration arbeiten. Nachdem wir einen Zeitpunkt für unser Treffen festgelegt haben, bitte ich ihn, von dieser Nacht an bis zu unserem ersten Termin nach Träumen Ausschau zu halten und diese so detailliert wie möglich aufzuschreiben, da sie uns zeigen können, wo wir mit der Arbeit beginnen sollten.
Es kommt sehr häufig vor, daß jemand kurz vor unserem Treffen einen sehr lebhaften Traum hat. Oft ist es so, als ob das Unbewußte zu einem Zeitpunkt eine Mitteilung an das Bewußtsein schicken würde, zu dem es ahnt, daß nun Hilfen zu ihrer Entzifferung bereitstehen. Manche behaupten, sie träumten nie, worauf ich ihnen erkläre, daß jeder Mensch träumt, auch diejenigen, die keine bewußte Erinnerung daran haben. Den meisten Menschen gelingt es, das Erinnern ihrer Träume zu lernen und sie aufzuschreiben oder auf Band zu sprechen. Es ist sehr wichtig, die Träume sofort festzuhalten, denn es kommt oft vor, daß man nachts aufwacht und gerade einen Traum erlebt hat, den man dann vielleicht in der Erinnerung betrachtet oder sogar interpretiert. Man ist sich so sicher, den Traum auf keinen Fall vergessen zu können, daß man wieder einschläft, ohne ihn aufgeschrieben zu haben, und beim Wiederaufwachen stellt man mit großem Bedauern

fest, daß man sich noch nicht einmal an das kleinste Detail des Traumes erinnern kann.
Es ist sehr hilfreich, einen kleinen Schreibblock, einen Kugelschreiber oder Bleistift und eine kleine Taschenlampe neben dem Bett zu haben, so daß es eine einfache Angelegenheit ist, Träume festzuhalten, die klar genug sind, um den Träumer aufzuwecken. Manche Menschen benutzen lieber einen Kassettenrekorder. Wenn sie aus einem Traum aufwachen, schalten sie das Gerät ein, sprechen auf Band, schalten es wieder aus und schlafen wieder ein. Träume, die man aufgenommen hat, müssen allerdings später abgeschrieben werden, damit sie interpretiert werden können.
Da die Träume aus dem Unbewußten kommen, kennt der Träumende auf einer bestimmten Ebene die Bedeutung seiner Träume und kann ihre allgemeine Symbolsprache verstehen lernen, und man kann ihm helfen, die Mitteilungen dieses verborgenen Teiles der eigenen Psyche zu begreifen. In Fällen, in denen Träume sich der Interpretation durch das bewußte Denken zu entziehen scheinen, bitten wir mit Hilfe der Wachtraumtechnik darum, ihre Bedeutung gezeigt zu bekommen. Wenn die betreffende Person entspannt ist und wir das Höhere Bewußtsein um Hilfe beim Entschlüsseln gebeten haben, bringe ich den Betreffenden oft in den Traum zurück, so daß er ihn noch einmal durchleben und seine Bedeutung erfragen kann, während sich der Traum entwickelt. Mit dieser Methode können Mitteilungen oft entschlüsselt werden, und darüber hinaus kann ein Traum verändert werden, während man ihn erlebt. Wenn jemand im Traum beispielsweise einem Angreifer davonläuft, kann er sich, anstatt weiterzulaufen, umdrehen und sich mit seinem Verfolger konfrontieren. Dabei kann das Erkennen eines solchen Verfolgers manchmal regelrechte Schocks auslösen.
Eine junge Frau schnappte während einer Sitzung plötzlich nach Luft, als sie sich umdrehte, um ihren Verfolger zu stellen, und platzte heraus: «Ich bin es! Ich verfolge mich

selbst!» Sie sah, wie genau dies ihren Alltag beschrieb, da sie sich ständig atemlos von einem Ort zum andern hetzte, als würde sie ihr Ziel nie rechtzeitig erreichen.

Eine andere Frau, die sich umdrehte, um sich mit ihrem Verfolger zu konfrontieren, war aufs äußerste erstaunt, nicht eine, sondern drei Personen, die sie jagten, zu sehen: ihren Mann und ihre Eltern. Sie schluchzte auf, als sie die Bedeutung dieses Bildes verstand, denn sie wußte sofort, wie präzise es ihr Leben darstellte. Von klein auf war sie bei allem, was sie tat, von ihren Eltern zur Eile angetrieben worden und hatte immer das Gefühl, zu klein zu sein, um mit ihnen Schritt halten zu können. Sie hatte einen Mann geheiratet, der ihr genau dasselbe Gefühl vermittelte, da sie unbewußt – wie Menschen dies so oft tun – ein Muster gewählt hatte, das zwar schmerzhaft, aber vertraut war. Ich wies sie an, sich den dreien zu stellen und ruhig mit ihnen zu sprechen, um ihnen mitzuteilen, daß sie ihre eigene innere Uhr und ihren eigenen Rhythmus habe, denen sie von diesem Moment an gehorchen werde und nicht mehr ihnen. Ich schlug ihr vor, die «Acht» um jeden ihrer Verfolger herum zu visualisieren, um sie am Eindringen in ihr Territorium zu hindern. Sie ging bereitwillig darauf ein, versicherte mir aber gleichzeitig, daß schon das bloße Verstehen dessen, was der Traum ihr sagen wollte, und zu sehen, wie sie beständig auf ihre Familie reagierte, sie bereits von sehr viel Druck befreit hatten.

Oft kommt es auch vor, daß jemand vor dem Ende eines Traumes aufwacht, was ihn sehr beunruhigen oder sogar in Panik bringen kann. Wie oft habe ich schon jemanden sagen hören: «Und genau in dem Moment bin ich aufgewacht. Und jetzt weiß ich nicht, was dann passiert ist, und fühle mich schrecklich, weil ich den Traum nicht aus dem Kopf kriege.» Dieses Gefühl kann sich in große Erleichterung auflösen, wenn der Betreffende in den Traum zurückgeführt und ermutigt wird, ihn zu Ende zu träumen.

Für unsere Arbeit ist es jedoch sehr wichtig, daß Träume auf den Punkt hinweisen können, an dem eine Person mit der Arbeit beginnen sollte, und oft führen sie einen geradewegs zum zentralen Problem. Eine Frau brachte z. B. einmal ein Traumfragment mit, das nur aus einem einzigen Satz bestand, und sie war mehr als verärgert darüber, daß sie nicht *mehr* erinnern konnte. Ihr Vater hatte ihr einen Strauß roter Rosen gegeben, die mehr Dornen hatten als üblich. Als sie voller Ungeduld nach den Rosen griff, zerstach sie sich die Hände. Ich äußerte die Vermutung, daß ihr Hauptproblem mit ihrem Vater zusammenhinge und daß wir ihre Arbeit damit beginnen sollten, ihre Bindungen zu ihm zu lösen. Sie war erstaunt, daß ich recht hatte, und fügte hinzu, daß ihr zweites Hauptproblem ihre Beziehung zu Männern sei. Sie bekommt Liebe immer mit vielen Dornen.

Es wurde uns bewußt, daß wir den Traum als kurzes Schauspiel oder Szenen aus einem Stück betrachten sollen, das vom Unbewußten inszeniert wird, um den Träumenden über sich selbst zu belehren. Es gibt Träume, die Ängste und Wünsche ans Tageslicht bringen. Andere kompensieren Teile, die aus dem Gleichgewicht geraten sind, und wiederum andere zeigen dem Träumenden die Zukunft. Es ist, als ob jeder der Darsteller in diesen inneren Szenen eine Facette der Persönlichkeit des Träumenden darstellte. Jeder Mensch verfügt über eine komplette Schauspieltruppe, wobei manche Darsteller zusammenarbeiten, während andere darauf bestehen, ihren eigenen Weg zu gehen und die anderen aus dem Gleichgewicht bringen. Diese unterschiedlichen Facetten werden in Träumen sowohl durch Menschen personifiziert, die wir aus unserem täglichen Leben kennen, als auch durch fremde Personen, die wir nicht wiedererkennen.

Um die Rollen analysieren zu können, die von den Darstellern in einem solchen Traumschauspiel gespielt werden, bitte ich den Träumenden, die Personen zu beschreiben, die er kennt, und festzustellen, was sie symbolisieren. Dann kann er die Rolle verstehen, die von dieser Facette seiner selbst gespielt wird, ebenso wie die Rollen, welche die wirklichen Personen spielten. Die Träume an sich spielen eine unschätzbare Rolle dabei, dem Träumer zu zeigen, daß andere Menschen in Träumen wie auch im täglichen Leben als Spiegel betrachtet werden können, in denen ihre eigenen Aspekte sich reflektieren. Diese Projektionen können ihn dazu herausfordern, die Facetten von sich, mit denen er einverstanden ist, von denen zu unterscheiden, die er verändern oder auslöschen möchte. Wenn man auf diese Weise eigene Facetten in anderen gesehen hat, kann man allmählich die Verantwortung für seine eigenen Fehler übernehmen, anstatt sie an anderen zu kritisieren.

Die unerkannten Schauspieler eines Traumes stellen verborgene oder unbewußte Facetten der Psyche eines Menschen dar. Ihr Verhalten im Traum gibt Hinweise auf verborgene Charakterzüge des Träumers.

Bei einem Mann personifizieren die männlichen Darsteller – bekannte wie unbekannte – die verschiedenen Teile seines maskulinen oder denkenden Selbst, und die Frauen stellen die verschiedenen Eigenschaften seiner femininen oder Gefühlsseite, d. h. seiner Anima, dar. Bei der Frau stellen die weiblichen Traumfiguren Aspekte ihres weiblichen Selbst dar, und die männlichen Akteure die Aspekte des Männlichen in ihr bzw. ihres Animus.

Als nächsten Schritt betrachtet der Träumende diese innere Gruppe von Spielern und beobachtet eventuelle Anzeichen von ihnen in seinem täglichen Leben. Nach und nach muß er sie alle unter bewußte Kontrolle bringen, so daß alle Schauspielerinnen eine vereinte weibliche Seite seiner selbst bilden und die Männer sich zu einer männlichen Seite zusammenschließen. Wenn alle einzelnen ungleichen Teile, die sich manchmal sogar bekämpfen, zusammengebracht und in zwei Hauptfiguren vereint worden sind, werden diese beiden eine Zeitlang häufig in Träumen auftauchen. Schließlich erscheint ein Traum von einer inneren Heirat der beiden. Wenn der innere Ehemann bzw. die innere Ehefrau gefunden wurde, ist ein Mensch eher in der Lage, seine eigenen inneren Eigenschaften nicht mehr auf den Ehe- oder Liebespartner zu projizieren.

Das Kind dieser inneren Vereinigung oder mystischen Heirat repräsentiert das neue, ganze, ausgeglichene Selbst. Bis zu seiner Geburt, die oft in einem Traum stattfindet, taucht dieses neue Selbst nur gelegentlich als Möglichkeit auf. Indem es reift und sich entwickelt, ist das innere Kind irgendwann in der Lage, an die Stelle der zerspaltenen Person zu treten, die aus vielen einzelnen Facetten bestanden hatte, von denen sie in alle möglichen Richtungen gezogen worden war.

Das Kind, das aus der inneren Ehe hervorgeht, wird in Träumen als heiliges, innerlich reifes oder ganz besonderes Kind gesehen, während gewöhnliche Babys und Kinder in der Entwicklung begriffene oder neu erworbene Facetten der Persönlichkeit darstellen. Manchmal bedeutet ein Kind jedoch auch einen Aspekt der Persönlichkeit, der in jungen Jahren steckengeblieben ist bzw. fixiert wurde. Ein solcher Hinweis würde bedeuten, daß der Träumer daran arbeiten muß, diesen Teil seiner selbst zur Reife zu bringen.

Manchmal haben die Personen, die in Träumen erscheinen, eine besondere Aura, oder sie sind überlebensgroß oder in irgendeiner anderen Weise außergewöhnlich. Dabei handelt es sich oft um Darstellungen von Archetypen, wie z. B. den alten Weisen oder kosmischen Vater, die weise Alte oder kosmische Mutter, den inneren Feind und andere Symbole, die bereits beschrieben wurden. Träume können den Träumer auf die Gefahr des Besetzt- oder Verletztwerdens durch negative Einflüsse aufmerksam machen, die von Menschen oder Kräften außerhalb ihrer selbst ausgehen. Oft sind Alpträume Warnungen dieser Art oder Hinweise auf den inneren Feind.

Es ist sehr wichtig, Träume zu beobachten, um die Wirkung der Arbeit und der Visualisierungen auf den Träumer festzustellen. Das Unbewußte kommentiert den Fortschritt der Arbeit durch Träume und weist immer darauf hin, welche Schritte an einem bestimmten Punkt als nächstes getan werden müssen.

Ich glaube, daß die folgenden Träume, ein Ausschnitt aus der großen Vielzahl von Träumen, mit denen ich gearbeitet habe, die Art unserer Traumarbeit illustrieren. Den Traum eines Homosexuellen, mit dem ich mehrere Male gearbeitet hatte, möchte ich als Ganzes wiedergeben und mit ihm die Arbeit, mit der wir diesen Traum zu entschlüsseln versuchten:

«Ich ging einen Gehweg entlang und hatte die Hände und Arme voller Pakete. Ich kam zu einer Gruppe von Frauen und einem Mann, die Volleyball spielten, aber ohne Netz. Der Ball ging aus dem Spielfeld und hüpfte mir entgegen. Sie warteten darauf, daß ich ihn zurückwarf. Ich versuchte es ein paarmal, hatte aber keinen Erfolg, da meine Hände und Arme die Pakete festhielten. Schließlich gelang es mir, den Ball mit dem Knie zurückzuspielen. Ich dachte, es ganz gut gemacht zu haben, da ich ihnen unter diesen Umständen den Ball zurückgegeben hatte. Sie spielten weiter, schienen sich aber ein wenig über mich lustig zu machen. Als ich etwas näher kam, warf der Mann mir einen viel kleineren, schmutzigroten Gummiball zu, nicht hellrot wie der andere. Ich war erstaunt und wütend, weil er mir überhaupt kein Zeichen gegeben hatte und auch keine Chance, den Ball zu fangen. Ich stellte meine Pakete ab und warf ihm den Ball zurück. Er fing ihn und spielte ihn an die Frauen weiter. Dann ahmte er nach, wie ich den Ball mit steifem Handgelenk geworfen hatte. Ich war verletzt und bloßgestellt und sehr wütend bei dem Gedanken, daß meine Homosexualität so augenfällig und memmenhaft sein sollte, daß er mir das antat.»

Als ich ihn fragte, ob er irgendeine Ahnung hätte, was in den Paketen war, die ihn davon abhielten, mit anderen Teilen seiner selbst – der Gruppe von Frauen und dem Mann – Ball zu spielen, sagte er, er habe keine Ahnung, würde dies aber sehr gerne herausfinden.

Also entspannte ich ihn in den Wachtraumzustand und schlug ihm vor, sein Höheres Bewußtsein zu bitten, es möge ihm zeigen, was er da mit sich herumträgt, das ihn davon abhält, sich in das Spiel des Lebens einzulassen, und was er damit tun solle.

Er entdeckte, daß es sieben Pakete waren, die er eines nach dem anderen auszupacken begann. Er beschrieb die Inhalte und bat darum, sie erklärt zu bekommen.

Das erste enthielt eine ausgestopfte Puppe, die hauptsächlich aus Kopf und sehr wenig Körper bestand. Er sagte, mit dem Schnurrbart erinnere sie ihn an seinen Großvater, und es sei eine Schmusepuppe. Als er sie ansah, verstand er, daß er bestimmte Züge seines Großvaters imitiert hatte, die er, wie er nun beschloß, nicht mehr brauchte. Er platzte heraus: «Ich mag diesen Teil von mir nicht mehr. Deshalb werde ich ihn in einen Laden zurückbringen und dort in ein Regalfach legen.»

Als er das zweite Paket öffnete, kam eine Kasperlefigur zum Vorschein. Er sprach wieder mit viel Emotion, als er sagte: «Sie ist aus schwarzen Flicken und sehr, sehr häßlich, wie eine Karikatur. Ich mag sie nicht. Es ist ein Teil von mir, der alles und jedes von jedem angenommen hat. Ich muß sie zerstören. Ich habe sie zerschnitten und mit einem großen Holzhammer an einem Felsen zerschlagen; den Rest habe ich verbrannt und die Asche weggeblasen.»

Das nächste Paket hatte einen Wasserball zum Inhalt mit roten, weißen und blauen Streifen und grünen Abschnitten, die mit Goldfäden verbunden waren. «Das stellt die Versprechungen anderer Menschen dar, die ich aufbewahrt habe, um mit ihnen zu spielen. Zuerst muß ich die Luft aus dem Ball rauslassen. Er fällt zusammen wie ein Luftballon, und es ist nicht mehr viel von ihm übrig. Jetzt sieht er aus wie ein schlappriges altes Ding. Ich schneide es mit der Schere in Stücke, grabe ein Loch in die Erde und vergrabe ihn, damit er vollends verfaulen kann.»

Als nächstes kam ein Dampfbügeleisen, das sehr schwer war.

«Es symbolisiert meine Versuche, immer alles zuerst auszubügeln, bevor ich etwas unternehme. Keine steife Stärke und keine Bügeleisen mehr! Ich werfe es in den Ozean. Und es ist so schwer, daß es mit einem großen Platscher bis auf den Meeresgrund gesunken ist.» In dem fünften Paket war eine transparente Plastikschachtel, die eine Karte zum Valentinstag enthielt. Sie war aus gewachstem Reispapier gemacht und in Rot und Weiß gehalten; auf ihrer Vorderseite war ein Liebesgruß aufgedruckt. «Sie ist Symbol für vergangene Liebesgeschichten und Hoffnungen. Ich verbrenne sie. Sie ist sehr fein und fängt deshalb sofort Feuer. Ich werfe auch die Schachtel ins Feuer.»
Im nächsten Päckchen fand er einen goldenen Brotkorb, der mit rotem Samt ausgelegt war. In ihm befand sich ein Fernglas, auf dessen Linsen weibliche Augen gemalt waren. «Ich betrachtete die Dinge von einem weiblichen Standpunkt aus, aber es ist nur Oberfläche, ohne Tiefe oder Gefühl. Ich will nicht mehr durch dieses Fernglas sehen, deshalb werfe ich es in einen Vulkan und schaue zu, wie die Lava es schmilzt. Ich finde ein neues Fernglas ohne Bemalung. Ich kann es auf weibliches oder männliches Sehen einstellen. Ich trage es um den Hals, damit es leicht greifbar ist, wenn ich es brauche. Den Brotkorb behalte ich, das fühlt sich gut an.»
Das letzte Paket enthielt eine sehr kleine Schachtel, in der sich eine Parfumflasche befand. «Sie ist sehr hübsch und funkelt wie ein Kristall, aber der Geruch gefällt mir nicht, und ich kann sie nicht behalten, weil der Duft den Kristall durchtränkt hat. Er symbolisiert alte, kristallisierte Gefühle. Sie sind zu süß und klebrig. Ich werfe die Flasche in den Vulkan.»
Ein anderer junger Mann, ein Anhänger von Sai Baba, hatte einen Traum in dem Sai Baba sein Höheres Selbst verkörperte und ihn beriet:
«Ich stehe auf einer Straße, die aussieht, als führe sie durch eine Stadt, wie es sie um 1800 im Westen gab, mit Holzhäu-

sern und Läden und einer ungepflasterten Straße. Vor einem der Gebäude sitzen Sai-Baba-Anhänger und warten auf Baba. Ich bin gerade dazugekommen und habe das Gefühl, wir sollten an einem anderen Platz sitzen. Während ich noch dastehe und überlege, ob ich mich an die Stelle setzen sollte, die ich für angebracht hielt, oder zu den anderen, oder ob ich ihnen meine Gedanken mitteilen sollte, erscheint Baba und geht an mir vorbei. Ich frage ihn, wo ich mich hinsetzen soll, und er deutet auf die Stelle, die ich für richtig gehalten hatte. Dann stelle ich ihm eine Frage bezüglich meines persönlichen Lebens und meiner Schwierigkeiten, Entscheidungen zu treffen: «Baba, kümmerst Du Dich wirklich um jede Kleinigkeit oder nur um die wirklich wichtigen Entscheidungen?» Er antwortete: «Um die Kleinigkeiten kümmere ich mich nicht. Du hast zwei Hände bekommen, mit denen Du Dein materielles Leben schaffen kannst. Du bekommst, was Du verdienst. Dasselbe gilt auch für die spirituellen Ebenen.» Dieser Traum war so klar und beantwortete seine Frage so präzise, daß er keiner weiteren Interpretation mehr bedurfte.

Einer jungen Frau, die große Schwierigkeiten mit der Selbstbeherrschung hatte, wurde im folgenden Traum eine weitere, sehr klare Mitteilung gemacht. Sie träumte, daß sie mit ihrer Mutter und einem unbekannten Mann am oberen Ende einer langen Treppe stand, die sie gleich hinuntergehen wollten. Als sie nach unten schaute, war sie sehr erstaunt zu sehen, daß der Weg mit Kuchenstückchen bepflastert war, die einen Teppich bildeten. Sie fragte sich, ob sie auf ihnen gehen sollte, und kam zu dem Schluß, dies sei keine gute Idee, aber ihre Mutter versicherte ihr, dies sei in Ordnung, und so ließ sie sich überreden, und sie begannen hinunterzugehen. An diesem Punkt erwachte sie mit einem sehr seltsamen Gefühl.

Da Süßigkeiten für die meisten Menschen eine Form der Maßlosigkeit symbolisieren, sagte der Traum ihr offenbar, daß sie, falls sie diesen Weg gehen würde, den Weg nach unten und in die Maßlosigkeit wählen würde. Ihr bewußtes Selbst wußte dies und war bereit, sich gegen diesen Weg zu entscheiden. Das Muster, das ihre Mutter in ihrer Kindheit geprägt hatte, war jedoch auf einer tiefen, unbewußten Ebene immer noch aktiv und lockte sie in dieses alte Muster hinein. Um ihr bei der Arbeit mit diesem Problem zu helfen, mußten wir ihre frühe Erziehung untersuchen, damit sie sehen konnte, wo es herrührte, um dann zu entscheiden, wie sie das negative Muster durch ein positiveres ersetzen könnte.

Als Beispiel dafür, wie jemand, der mit dieser Technik vertraut ist, durch Träume Mitteilungen vom Unbewußten erhalten kann, werde ich im folgenden eine Reihe von sehr hilfreichen Träumen wiedergeben, die ich einmal während einer Japanreise mit meinem Mann hatte. Zu jenem Zeitpunkt hatte ich verschiedene körperliche Leiden.

Im ersten Traum telefonierte ich mit meiner Schwiegermutter und fragte sie, ob ich ihr noch mehr Medikamente von einem Heilpraktiker besorgen sollte, zu dem wir sie kurz zuvor gebracht hatten. Sie lehnte das Angebot ab und sagte, sie habe ihren eigenen Arzt, den sie jeden Tag rufen könne, ja sogar sooft an einem Tag, wie sie nur wolle.

Meine Schwiegermutter hatte tatsächlich die Gewohnheit, den ganzen Tag lang zu telefonieren, und so interpretierte ich den Traum so, daß ich in ständiger Kommunikation mit meinem eigenen inneren, persönlichen Heiler sein und die Kräutermedikamente absetzen solle, die ich in letzter Zeit genommen hatte. Von da an sprach ich mit diesem inneren Arzt so, als würde ich mit ihm telefonieren, und bat ihn, meine Heilung zu übernehmen und mich von der Lebensmittelvergiftung zu befreien, an der ich gerade litt, da ich nicht wisse, wie ich mich selbst heilen könne. Es war ein regelrechter Kampf. Jedesmal, wenn ich mich krank zu fühlen begann, fing ich an, zu zweifeln und mir Sorgen zu machen, aber ich hielt diese Praxis für den Rest der Reise mit verschiedenen Variationen aufrecht, denn ich hatte noch weitere Träume.

Im nächsten Traum besuchte ich unseren Familienarzt, einen Internisten. Ich ging zu ihm, um eine Routine-Untersuchung machen zu lassen. Er untersuchte mich und sagte mir, es gäbe eine neue Therapie, die er ausführlich erklärte, an die ich mich nach dem Aufwachen jedoch nicht mehr erinnern konnte; ich wußte nur noch, daß sie etwas mit meinen Augen zu tun hatte. Er sagte, er würde sofort mit den Behandlungen beginnen. Ich weiß noch, daß ich im Traum dachte, wie seltsam es sei, daß er diese Therapie nicht schon erwähnt hatte, als ich ihn vor kurzem aufsuchte, dachte dann aber, daß das Heilverfahren so neu sein könnte, daß er es damals noch nicht gekannt hatte. – Wir verließen seine Praxis gemeinsam und hielten uns vertrauensvoll an der Hand, als wir zu dem Platz gingen, an dem ich mein Auto abgestellt hatte. Er hatte vor, die Behandlungen bei mir zu Hause vorzunehmen. Ich fand meinen Wagen nicht, und wir suchten gemeinsam alles ab und entdeckten schließlich, daß er umgestellt worden war und nun in einem tiefen Graben steckte. In dem Moment, in dem wir den Wagen erreichten, gingen drei Männer mit sehr rauhem Äußeren vor uns her, die hämisch lachten und offensichtlich vorhatten, das Auto zu zertrümmern. Der Arzt jagte sie fort und stieg selbst ein, um zu fahren. Ich schlug vor, ich könne fahren, da ich mit dem Auto vertrauter sei, aber er sagte nein, er wolle selbst fahren, da er den Wagen aus dem Graben herausbewegen müsse, und dies ginge über meine Kraft.

Dieser Traum schien daher zu rühren, daß ich den ersten Traum einige Tage lang bekämpft hatte. Hier wurde der innere Arzt von unserem Internisten personifiziert, einem äußerst gewissenhaften und engagierten Arzt, der tatsächlich rund um die Uhr erreichbar war. Er verkörperte deshalb einen der zuverlässigsten Menschen, die ich kannte. Nun wollte er mich nicht nur mit einer neuen Methode behandeln und auch mein Auto (meinen Weg durchs Leben) aus dem Graben ziehen, sondern verscheuchte noch die drei groben Eindringlinge, die dabei waren, es zu zerstören. Sie stellten offenbar Teile von mir dar, die versuchten, mich von meinem Weg abzubringen. In dem Traum versuchte ich immer noch, die Kontrolle zu übernehmen, aber er bestand darauf zu fahren, was mir klarmachte, daß ich ihm die gesamte Behandlung überlassen mußte und nicht versuchen sollte, sie selbst in die Hand zu nehmen oder mit meinem eigenen bewußten Verstand zu versuchen, aus dem Graben zu kommen. Nach diesem Traum sprach ich jeden Tag mit diesem spezifischeren Arzt.

In der darauffolgenden Nacht träumte ich von einem Arzt, mit dem wir befreundet sind und der nicht nur ein ausgezeichneter Arzt ist, sondern sich auch noch mit Parapsychologie und unorthodoxen Heilmethoden befaßt. In dem Traum wurde er als zusätzlicher Spezialist hinzugezogen, der mit dem Internisten zusammenarbeiten sollte. Sie schienen sehr gut zusammenzupassen, und ich freute mich über die Partnerschaft, von der ich instinktiv fühlte, sie würde sehr positiv sein. Von da an telefonierte ich bei meinen täglichen Hilferufen auch mit ihm.

In der folgenden Nacht träumte ich, daß ein englischer Psychiater, den wir kennengelernt hatten, von weit her angereist kam, um mich aufzusuchen. Er war sehr herzlich, was mich erstaunte, denn er war ein sehr ehrfurchtgebietender Spezialist mit viel Würde. Er sagte mir, er könne jederzeit kommen, wann immer ich ihn brauche, was er mir später auch noch in einem Brief bestätigte. Ich war sehr beeindruckt von der Tatsache, daß er eine so große Entfernung zurücklegen würde, um mich aufzusuchen.

Er repräsentierte den traditionellen Arzt, der sich auf Psychiatrie spezialisiert hat, gleichzeitig aber auch starkes Interesse an mystischer und geistiger Heilung hatte und in England eine Studiengruppe leitete, die sich mit den verschiedensten Heilmethoden befaßte. Eines seiner Bücher heißt «Kurieren oder Heilen?». In dem Traum wußte ich, daß er mich heilen und nicht nur meine Symptome kurieren würde. Und so wurde auch er der Liste innerer Ärzte hinzugefügt, mit denen ich jeden Tag sprach.

Darauf folgte ein Traum, in dem ich mit einer Familie zusammen war, die aus den beiden Eltern und mehreren Kindern verschiedener Altersstufen bestand. Mir fiel sofort ein kleines Mädchen auf, das etwa acht bis neun Jahre alt war und das schreckliche Angst vor Krankheit hatte. Ich erkannte, daß ihre Eltern für ihre extreme Angst verantwortlich waren, und so nahm ich sie an der Hand und sagte ihr, daß viele Ärzte für sie zur Verfügung ständen, die nicht nur alles, was mit ihr eventuell nicht in Ordnung sei, heilen könnten, sondern auch jederzeit für sie da seien, um ihr bei irgendwelchen Krankheiten zu helfen, die sich noch entwickeln könnten. Ich sagte ihr, wenn sie mit mir käme, würde ich sie zu diesen Ärzten führen. Ich wußte, daß ihre Eltern ihre Angst verursacht hatten und daß ich dafür verantwortlich war, sie zu trösten und ihr zu versichern, daß Hilfe zur Verfügung stand, und sie nie wieder Angst zu haben brauche.

Dieser Traum kam, nachdem ich einige Zeit lang mit den inneren Ärzten gesprochen hatte, die ich namentlich anrief und bat, die nötige Heilung zu übernehmen. Dennoch machte ich immer noch Phasen des Zweifels und der Angst durch, genau dieselbe Art Besorgnis, die meine Mutter immer gezeigt hatte, und an die ich mich nur zu gut erinnerte. So wie sie hatte ich immer noch Angst davor, wieder krank zu werden, ein Umstand, mit dem ich jetzt nur schwer fertig werden konnte, zumal wir auch noch auf Reisen waren. Deshalb sprach ich zusätzlich noch jeden Tag mit dem kleinen Mädchen, dem ich versicherte, sie sei nun vor dem negativen Einfluß ihrer Eltern geschützt. Als ich diesen Traum interpretierte, sah ich, daß ein Teil von mir, den dieses kleine Mädchen symbolisierte, immer noch unter großer Angst litt und die vorhergehenden Träume nicht geglaubt hatte und so in die entgegengesetzte Richtung zog, während ich mit den verschiedenen Ärzten in mir arbeitete. Sie mußte bewußt von mir beruhigt werden, so daß auch sie allmählich an diese Ärzte glauben und ihre Angst verlieren konnte. Nach diesem Traum begann sich mein Zustand schließlich zu bessern.

Kurz darauf träumte ich, daß ich ein äußerst bemerkenswertes Baby hätte, von dem ich anscheinend nichts wußte, da es bis zu diesem Zeitpunkt von einer Pflegerin versorgt worden war. Als ich ihr dabei zusah, wie sie das Kind pflegte, stellte ich fest, daß sie zwar sehr tüchtig war, aber trotzdem nicht wußte, was für das Kind das beste war. Nur ich wußte, wie das Kind am besten zu pflegen sei, und mir wurde klar, daß ich nun seine gesamte Pflege in die Hand nehmen mußte, da ich genau wußte, wie man es zu füttern hatte und wie mit ihm umzugehen war. Ich nahm es der Pflegerin auf der Stelle weg und versorgte es auf die Art und Weise, von der ich wußte, daß das Kind sie brauchte, um groß und stark zu werden.

Ich legte diesen Traum dahingehend aus, daß das Baby ein ganz neues Wachstum in meinem Inneren personifizierte, das mit meiner Arbeit mit den inneren Ärzten entstanden war, daß ich mich nun jedoch bewußt um seine Pflege zu kümmern hatte, anstatt es der Pflegerin, d.h. einem unbewußten Teil von mir, zu überlassen.

Der Korridor

Manchmal berichtet jemand in einer Wachtraumsitzung, er gehe einen endlosen Korridor mit Türen auf beiden Seiten entlang und wisse nicht, welche er öffnen soll. Es wurde uns gezeigt, wie man dieses Bild einsetzen kann, um alte Traumata, Ängste, Zurückweisung, Frustration, Einsamkeit und viele weitere Probleme unbekannter Herkunft auszugraben. Es kann auch zur Selbsterforschung benutzt werden.
Nach der Entspannungsübung geben wir dem Klienten die Anweisung, sich einen langen Korridor vorzustellen, wie es sie in großen Bürogebäuden gibt, mit Türen auf beiden Seiten. Wir erklären, daß jede Tür mit einem Schild versehen ist, auf dem eine Emotion steht, wie z. B. Angst oder Schuld, Eifersucht, Liebe, Einsamkeit usw. Wenn Angst das Problem des Betreffenden ist, bitten wir ihn, den Korridor entlangzugehen und die verschiedenen Türen anzusehen, bis er zu der mit der Aufschrift «Angst» kommt. An diesem Punkt fragen wir oft, ob er eine Autoritätsperson rufen möchte, die ihn begleitet, wenn er durch die Tür geht, so daß er sehen kann, was sich hinter ihr verbirgt. Dann wird er angewiesen, ganz genau hinzusehen und zu sagen, womit die Tür geschlossen und geöffnet wird, ob sie einen Knopf, einen Riegel, einen Schlüssel oder ein anderes Verschlußsystem hat. Den meisten Menschen fällt dies sehr leicht, da es das tatsächliche Öffnen der Tür hinauszögert, wovor sie sich unbewußt fürchten. Auch wenn eine helfende Gestalt die Person begleitet, die im Begriff ist, die Tür zu öffnen, muß sie selbst willens sein, die eigentlichen Schritte zu tun und die Anweisungen auszuführen, da seine eigenen geistigen und emotionalen Muskeln gestärkt

werden sollen, und die einzige Art, dies zu erreichen, besteht darin, die Anstrengung selbst zu machen. Wenn die Tür einmal geöffnet ist und die Person bereit ist, über die Schwelle zu gehen, gibt es eine große Vielzahl von Szenen, die ihn erwarten können. Der Raum, der sich hinter der Tür auftut, muß nicht unbedingt ein Zimmer sein, er kann vielmehr zu den verschiedensten, seltsamsten und oft weit entfernten Orten führen.

Die Aufgabe des Helfers oder Partners in dieser Visualisierung besteht darin, den Betreffenden mit Fragen zu überhäufen, um ihm eine genaue Beschreibung dessen, was er sieht und fühlt, zu entlocken. Man muß ihm versichern, daß er irgendwo hinter dieser Tür die Grundursache für seine Angst finden kann oder die Antwort auf eine Frage, die er stellen möchte. Es ist ganz und gar nicht ungewöhnlich, daß der Suchende an irgendeiner Stelle blockiert, obwohl er die Antwort auf seine Frage unbedingt wissen möchte. Wenn dies eintritt, muß er abgelenkt und auf irgendeine Art um die Blockierung herumgeführt werden. Manchmal hilft es, ihn aufzufordern, den Block als steinerne Mauer oder als Berg zu visualisieren und ihm dann vorzuschlagen, einen Weg durch das Hindernis hindurch, über es hinweg, um es herum oder unter ihm hindurch zu suchen. Manchmal findet sich die Ursache in einem Vorfall aus der Kindheit, der längst vergessen oder unterdrückt wurde.

An dieser Stelle fällt mir ein Mann ein, der eine völlig unverständliche Angst vor Dunkelheit und geschlossenen Räumen hatte und in einer Sitzung entdeckte, daß die Ursache dafür in einem Vorfall lag, der sich ereignete, als er vier Jahre alt war und von einem Hausmädchen in den Besenschrank geschlossen wurde. In der Sitzung hörte er noch einmal, wie sich der Schlüssel im Schloß drehte und wie das Hausmädchen wegging und ihn zurückließ, damit er seine Sünden büße. Dieser erwachsene Mann begann so herzzerreißend zu weinen, daß er große Mühe hatte, zu erzählen, was er sah.

Schließlich schilderte er mir durch seine Tränen hindurch die Szene, die er gerade gesehen hatte. Ich bat ihn, eine Personifizierung seines Höheren Selbst zu bitten, sie möge kommen und ihm helfen. Er war eine Weile still und flüsterte dann, er sehe eine sehr schöne Frauengestalt, die ihn anlächele und ihm die Hand entgegenhalte. Nun gingen sie gemeinsam in die Szene zurück, die ihm solche Angst eingejagt hatte. Sie schlossen den Besenschrank auf und bargen das Kind, und die Frau tröstete es und verzieh ihm, was es getan hatte und was zu dieser Bestrafung geführt hatte. Er sagte, er könne spüren, wie die alte Angst allmählich freigesetzt wurde, als er diese innere Szene betrachtete und die Freiheit und Absolution von seiner Schuld entgegennahm, die seine liebevolle Begleiterin ihm so großzügig zuteil werden ließ.[16]
Ein ähnliches Vorgehen wird bei Problemen mit Unsicherheit, Zurückweisung, Wut, Haß, Eifersucht und vielen anderen negativen Gefühlen benutzt. In manchen Fällen ist ein Problem nicht mit einer spezifischen Ursache verbunden wie im eben genannten Fall, sondern ist ein persönlicher Charakterzug. In diesem Fall kann es sein, daß ein sogenanntes Lehrbild gesehen wird. Es hat Ähnlichkeit mit dem Traum, und seine Interpretation gibt Hinweise darauf, wie man mit dem entsprechenden Problem umgehen kann!
Als eine junge Frau, die Schwierigkeiten in Beziehungen mit Männern hatte, einmal durch eine Tür ging, auf der «Liebesbeziehungen» stand, sah sie eine Szene, in der eine sehr zänkische Frau einen Mann ausschalt und ihm ein Metermaß auf den Kopf schlug. Sie war verwirrt über dieses Bild, und so machte ich ihr den Vorschlag zu versuchen, es wie einen Traum zu interpretieren, um zu sehen, ob es ihr etwas zeigen könne, was sie über sich wissen sollte. Sie war lange Zeit sehr still und fragte dann schließlich, ob ich meine, es wolle ihr sagen, daß sie Männern geistig mit ihrem schnellen Intellekt, auf den sie sehr stolz war, auf den Kopf schlug. Ich fragte sie, was ein Lineal oder Zollstock für sie bedeute, und sie antwor-

tete, daß er Dinge messe. Darauf schnappte sie nach Luft, als ihr klar wurde, daß sie einen Mann beschimpfte, wenn er ihren Erwartungen nicht entsprach. Sie hatte an ihrer emotionalen Funktion zu arbeiten, so daß diese als Ausgleich für ihren sehr starken Intellekt dienen konnte und sie Männern als Frau und nicht als Mann begegnen konnte.

Ein Mann war einmal sehr erstaunt, als er eine Treppe sah, die unmittelbar vor ihm nach unten führte, nachdem er eine Tür mit der Aufschrift «Wut» geöffnet hatte. Ich überredete ihn sanft, aber bestimmt dazu, eine Stufe nach der anderen hinunterzusteigen, bis er unten angekommen war. Er folgte meinen Anweisungen und fand sich in einem dunklen Verlies. Er sagte mir, seine Wut gerate außer Kontrolle, und bat mich, ihn aus dem Wachtraum zurückzuholen, ehe sie ihn überwältigt habe. Ich erinnerte ihn daran, daß er durch diese Tür gegangen war, weil er die Ursache seiner Wut zu finden hoffte, die sehr wahrscheinlich hier zu finden sei, und ich schlug ihm vor zu fragen, worin diese bestehe. Alles in ihm stimmte diesem Vorschlag zu, aber es war ihm verhaßt, an diesem Ort zu bleiben, und er hatte große Angst vor dem, was er womöglich gezeigt bekommen würde.

Ich lenkte ihn ab, indem ich ihn bat, an sich hinunterzuschauen und seine Füße und Hände und seinen Körper anzusehen und ihn mir zu beschreiben. Er schnappte erstaunt nach Luft und erzählte in einem etwas ungläubigen Ton, er sei barfuß und trage zerlumpte, aber elegante Kleidung, die ihn an die Festkleidung erinnerte, die Männer früherer Zeiten trugen. Ich stellte ihm immer weitere Fragen, und es gelang ihm, eine Geschichte zusammenzusetzen, nach der er als Edelmann zur Zeit der Französischen Revolution gelebt hatte, der aus dem einzigen Grund ins Gefängnis geworfen wurde, daß er wohlhabend war. Seine Wut rührte von der Entrüstung her, die er darüber empfunden hatte, daß ihn, der seinen Bauern einer der wenigen gerechten Herren gewesen war, dasselbe Schicksal ereilen sollte wie diejenigen, die der Unterdrückung schuldig waren. «Wo ist hier die Gerechtigkeit?» hatte er gebrüllt, als er im Kerker schmachtete. Er erzählte weiter, daß er zur Guillotine gebracht wurde, als er von diesen starken negativen Emotionen erfüllt war. Als er seine heutige Situation betrachtete, wurde ihm klar, daß er immer noch diese alte Wut in sich trug und daß diese beim geringsten Verdacht, ungerecht behandelt zu werden, aufflammte.

Ich bat ihn, in die Vergangenheit zurückzuschauen und zu versuchen, die Mentalität der meisten Bauern zu verstehen, die ausgenutzt wurden und hungerten und die von Männern zur Rebellion aufgehetzt worden waren, die genau wußten, wie man eine Menschenmenge zur Massenhysterie treibt, in der alle anderen Gedanken oder Gefühle untergingen, die jeder als einzelner gehabt haben mag. Er sah, daß genau das geschehen war und daß seine eigenen Bauern die Tatsache aus den Augen verloren hatten, daß er gut zu ihnen gewesen war, nun da sie sich um neue Führer scharten, die ihnen Nahrung und Freiheit versprachen. Ich fragte ihn, ob er ihnen aus dieser Einsicht heraus vergeben könne, was sie ihm angetan hatten. Er stimmte mir zu, und während er dies tat, sagte er, er könne spüren, wie die alte Wut ihn verlasse und verschwinde.

Als nächstes mußte er diese Einsicht in sein tägliches Leben umsetzen, und so schlug ich ihm vor, jedesmal, wenn er die Wut in sich hochsteigen fühle, leise «Bauer» zu flüstern. Er versuchte es damit und rief mich einige Tage später an, um mir zu sagen, es sei ihm etwas Besseres eingefallen, und zwar sagte er: «Du bist tot, Jean-Claude.» Diesen Namen hatte er dem Franzosen aus der Vergangenheit gegeben.

Es hat sich gezeigt, daß es keine Faustregel gibt, die man auf alle Situationen anwenden kann. Es kommt vielmehr darauf an, jeden einzelnen Schritt für Schritt weiterzuführen und dabei das Höhere Bewußtsein um seine Führung zu bitten, indem *es* die Fragen bestimmt, die gestellt werden müssen, um die inneren Bilder zur Entfaltung zu bringen.

Tod und Todesrituale

So wie wir den größten Teil der Pubertätsriten verloren haben, haben wir auch den wichtigsten Teil der Todesriten in Vergessenheit geraten lassen. Diese Todesriten sollten vor dem Tod und während des Sterbens vollzogen werden, um eine Seele, die im Weggehen begriffen ist, darauf vorzubereiten, ohne Verzögerung in die neue Bewußtseinsebene übergehen zu können. In unserer westlichen Kultur haben die meisten Menschen immer noch so große Angst vor dem Tod, daß sie es vorziehen, ihn zu ignorieren, anstatt sich allmählich einem Verstehen und Annehmen dieses Phänomens zu öffnen, das einen unvermeidbaren Teil des Zyklus darstellt, der diese materielle Welt regiert, in der wir leben.
In alten Zeiten gab es detaillierte Niederschriften, in denen die Todesriten ausführlich beschrieben waren; zwei von ihnen sind immer noch vorhanden: das *Tibetanische Totenbuch* und das *Ägyptische Totenbuch*.[17] Einige Spuren der alten Rituale sind auch noch in den Beerdigungszeremonien verschiedener Kirchen und Tempel enthalten, aber allzuoft sind diese nur noch Hüllen der früher tief symbolischen und bedeutsamen Zeremonien und haben eine nur sehr geringe Wirkung auf den Verstorbenen und auf die hinterbliebenen Freunde und Verwandten. In den vergangenen Jahren wurde jedoch der gesamte Themenbereich Sterben und Tod offengelegt und von vielen Menschen, die auf diesem Gebiet arbeiten, sorgfältig untersucht.
Wenn der Tod nicht so plötzlich und unerwartet eintritt wie etwa bei einem Unfall, einem Herzanfall, einem schweren Schlaganfall oder im Krieg, gibt es bestimmte Zeichen, die

diejenigen, die einen Sterbenden pflegen, auf das Herannahen des Todes mindestens zwei Wochen vor seinem eigentlichen Eintreten aufmerksam machen können. Ein alter indischer Guru hat mir diese Zeichen einmal beschrieben, und ich möchte sie hier wiedergeben, da sie sehr leicht zu erkennen sind. Ungefähr zwei Wochen vor dem Tod beginnt der Patient, mehrmals am Tag die Hände gegeneinander zu reiben. Etwa eine Woche später beginnt er, lange zur Zimmerdecke hinaufzuschauen. Ungefähr vier Tage vor dem Tod fängt er an, mit den Händen über sein Gesicht zu wischen und sein Empfinden zu äußern, es fühle sich an, als ob Ameisen auf seinem Gesicht herumkrabbeln oder als ob Spinnweben an ihm kleben. Wenn man drei Tage vorher sein Gesicht mit Wasser wäscht, trocknet es beinahe sofort, als ob die Haut das Wasser wie Löschpapier aufsauge. Einen Tag vor dem Ende rutscht er immer wieder zum Fußende seines Bettes, auch wenn der Betreffende von seinem Pfleger wieder nach oben gezogen wird. Sechs Stunden vor dem Tod wird er schockiert feststellen, daß die Bedachung nicht mehr zu sehen zu sein scheint, und etwa 45 Minuten vor dem Ende wird sein Atem sehr schwer und mühsam, bis der rasselnde Todesatem einsetzt und ankündigt, daß der Tod unmittelbar bevorsteht.

Für die Familienangehörigen ist es ebenso wichtig, rechtzeitig auf dieses Ereignis vorbereitet zu werden, wie für den Menschen, der dabei ist, seinen physischen Körper zu verlassen. Ihre innere Haltung kann ihn so beeinflussen, daß sein Hinübergehen leicht und friedlich oder aber tränenreich und sorgenvoll sein kann. Oft ist es sogar so, daß diejenigen, die die körperliche Gegenwart eines geliebten Menschen verlieren, mehr Rat und Hilfe brauchen als der Sterbende selbst. Dieser kommt oft an den Punkt, an dem er sich nach einer raschen Befreiung von seinen Schmerzen und Leiden sehnt, besonders wenn er lange krank war. Er mag dann bereit sein, seinen physischen Körper loszulassen, wird aber von den

Sorgen und dem Widerstand der Lebenden zurückgehalten, die zu sehr mit ihrem eigenen Kummer beschäftigt sind, um seinen Wunsch zu sterben zu verstehen und zu akzeptieren. Im Idealfall sollten sowohl der Sterbende als auch seine nahen Verwandten bereits durch das Ritual geführt worden sein, in dem sie die Bindungen zwischen sich lösen. Jedes Familienmitglied hat dann die Freiheit, diesen irdischen Schauplatz zu verlassen, ohne entweder von seinen Verwandten oder von seinen eigenen Bindungen an das Leben zurückgehalten zu werden. Es ist dennoch nie zu spät, dieses Ritual anzuwenden, wenn jemand dies wünscht, und einen nahen Verwandten oder Freund des Sterbenden anzuleiten, die «Acht» um sich selbst und den Sterbenden herum zu visualisieren, um die Trennung für beide zu erleichtern. Darauf können die Bindungen durchtrennt werden, damit eine schnelle Befreiung ermöglicht wird. Wenn die sterbende Person in genügendem Maße bei Bewußtsein ist und den Wunsch hat, eine ähnliche Zeremonie zu vollziehen, kann dies ihren Austritt aus diesem Körper sehr erleichtern, da er mit weitaus weniger Angst verbunden ist.

Es wurde uns deutlich, wie wichtig es ist, daß der Sterbende im Augenblick des Sterbens voll bewußt ist, um das helle Licht sehen zu können, das wie ein Leuchtfeuer aussieht und die Seele von der Erde weg in eine neue Dimension führt. Während der Lösungsphase vom Körper ist es äußerst hilfreich, wenn jemand anwesend ist, der die weggehende Seele daran erinnert, nach diesem Licht Ausschau zu halten und sich nach jemandem umzusehen, der schon früher verstorben ist und der nun vielleicht darauf wartet, ihr zu ihm hinüberzuhelfen.

Für Menschen, die noch nicht über den Tod belehrt worden sind, ist es hilfreich, täglich von jemandem besucht und gepflegt zu werden, der sie darauf vorbereitet, das herannahende Ableben akzeptieren zu können. So wie die Menschen dem Leben auf viele verschiedene Arten begegnen, gehen sie auch auf den Tod mit sehr unterschiedlichen Auffassungen zu, die von den Glaubenshaltungen während ihres Lebens abhängen, von ihrer körperlichen Verfassung und von den verschiedenen Bindungen an den irdischen Schauplatz. Jemand, der einen Sterbenden pflegt, sollte sehr fest daran glauben, daß das Leben mit dem Tod des physischen Körpers nicht endet und daß die Seele, wenn sie aus ihren Begrenzungen befreit wird, in einer anderen Dimension in einem feineren Körper weiterexistiert. Eine tiefe Überzeugung wie diese kann auf denjenigen, der dabei ist, in die andere Dimension hinüberzugehen, einen sehr starken Einfluß ausüben. Dieser Dienst stellt für den Helfer manchmal eine regelrechte Prüfung dar, in der seine Geduld und die Festigkeit seines Glaubens auf die Probe gestellt werden. Das ist besonders dann der Fall, wenn der Sterbende an irgendeinen Aspekt des Erdenlebens stark gebunden ist oder wenn er nicht an ein Leben nach dem Tod glaubt und bis zum Schluß um sein Leben kämpft.

Einen solchen Fall erlebte ich einmal, als ein krebskranker Mann sich dem Sterben näherte. Er glaubte an nichts als an die materielle Welt und an das, was seine fünf Sinne ihm über diese stoffliche Welt sagten. Zu Beginn seiner Krankheit hatte sein Arzt ihm prophezeit, er werde noch drei Jahre leben, von denen nun noch zwei übrig waren, und er war entschlossen, von der ihm zugemessenen Zeit vollen Gebrauch zu machen. Sein Wille war so stark, daß er sich – so schwach und ausgezehrt er auch war – an die Metallstäbe seines Krankenhausbettes klammerte, als ob ihm das dabei helfen könnte, in seinem Körper zu bleiben. Für die, die seinen Zustand sahen, war es schwer zu glauben, daß er sich wünschen konnte, in diesem gequälten Körper zu bleiben. Seine Angst vor dem Ausgelöschtwerden war jedoch größer als sein Leiden, und so hielt er weiter verzweifelt an seiner Hoffnung fest und an dem Wunsch, um jeden Preis am Leben zu bleiben.

Ich mußte mehrere Tage lang auf ihn einreden, seine Hände immer wieder von den Bettstäben lösen und ihm von meiner eigenen Sicherheit erzählen, daß ein Mensch mit dem Tod nicht ausgelöscht ist, bevor er sich auch nur ansatzweise einer solchen Möglichkeit öffnete. Er kämpfte um jeden Millimeter dieses Weges, und doch konnte ich spüren, daß er von Zeit zu Zeit seinen Körper verließ. Einen weiteren Hinweis hierauf erhielten wir, als seine Frau durch das Ritual geführt wurde, indem sie die Bindungen zwischen ihnen beiden durchschnitt, damit sie ihn besser freigeben konnte. Sie berichtete, daß sie ihn außerhalb seines Körpers sehe und daß er wohlauf und glücklich aussehe. Dies half ihr, seine Lage weitaus entspannter betrachten zu können und sich auf seinen körperlichen Tod vorzubereiten. Ich gab ihm weiterhin immer wieder Anweisungen wie «Entspannen Sie sich», «Lassen Sie los», «Schweben Sie frei von Ihrem Körper, und Sie werden weniger Schmerzen haben». Allmählich begann ich ihm vorzuschlagen, er möge sich nach Verwandten umsehen, die bereits verstorben waren und die vielleicht da seien, um ihn zu begrüßen und ihm in die Dimension hinüberzuhelfen, in der sie jetzt lebten.

Ich selbst nahm sehr deutlich die Gegenwart meines Vaters wahr, der vor einigen Jahren verstorben war. Wenn sich aus irgendeinem Grund keine Familienangehörigen oder engen Freunde finden, erscheint häufig mein Vater, um denen zu helfen, die jemanden brauchen, der sie über die Linie begleitet, welche die Lebenden von den sogenannten Toten trennt. Ich teilte dem sterbenden Mann mit, daß ich das Gefühl hätte, mein Vater sei da, und fragte ihn, ob er mir den Gefallen tun könnte, meinem Vater eine Mitteilung zu überbringen, wenn er ihn auf der anderen Seite treffe würde. Zuerst wehrte er sich heftig gegen eine solche Idee, aber ich wiederholte meine Bitte immer wieder. Ganz plötzlich sagte er mit einer sehr starken Stimme: «In Ordnung, ich bin bereit. Bitte helfen Sie mir zu gehen.» Von da an war meine Aufgabe um vieles leichter, da ich nun seine Mitarbeit hatte und er sich nicht mehr an den Gitterstäben seines Bettes festhielt, sondern ganz ruhig dalag und alles Kämpfen allmählich von ihm abfiel. Kurze Zeit später fiel er in ein tiefes Koma und begann, schwer zu atmen, was darauf hinwies, daß er kaum mehr mit seinem Körper verbunden war, der nun die automatischen Reaktionen aufwies, die sich kurz vor der endgültigen Befreiung einstellen. Ich gab ihm immer wieder die Anweisung, meinem Vater zu folgen, der ihn aus dieser Körperhülle heraus in das Licht der jenseitigen Welt führe.

Eine Fortsetzung dieser Geschichte ereignete sich ungefähr drei Jahre nach seinem Tod. Meine Tochter und ich waren dabei, eine unserer gewohnten Sitzungen für andere Menschen abzuhalten. Auf unserer Liste befand sich die Bitte eines Mannes, wir mögen nachprüfen, ob seine Mutter die physische Ebene wirklich ganz verlassen hatte. Er hatte einen sehr beunruhigenden Traum gehabt, in dem sie fürchterlich krank aussah, so wie er sie einige Monate vorher kurz vor ihrem Tod gesehen hatte. Er berichtete, sie habe verloren ausgesehen und fügte hinzu, daß sie ganz im Gegensatz zu ihm selbst keinen Glauben an ein Leben nach dem Tod gehabt hatte.

Ich war erstaunt, als ich, kurz nachdem wir das Höhere Bewußtsein um seine Führung gebeten hatten, diesen Mann vor mir sah, dessen Tod ich eben beschrieben habe. Er sah fröhlich aus, und mit einem verschmitzten Grinsen sagte er: «Ich bin gekommen, um Ihnen zu sagen, daß Sie recht hatten. Ich lebe immer noch. Ich habe es Ihnen damals nicht geglaubt, als Sie versucht haben, es mir zu sagen. Wissen Sie noch, wie ich mich gegen Sie gewehrt habe? Ich war ein richtiger Schuft. Sie haben sich so angestrengt, und ich war so unhöflich. Nun bin ich gekommen, um mich zu entschuldigen.» Dann bat er mich, seiner Witwe auszurichten, er liebe sie wirklich, und es tue ihm leid, daß er so ein Schuft gewesen sei. Dies geschah einige Tage vor dem Geburtstag seiner Frau, und so konnte ich ihr mit dieser Nachricht ein schönes Geschenk übermitteln. Später bemerkte ich, daß er und die

Frau, für die wir gerade arbeiten wollten, eine Gemeinsamkeit hatten. Weder er noch sie hatten zu ihren Lebzeiten an ein Leben nach dem Tod geglaubt.

In einem weiteren Fall, den ich schildern möchte, befand sich eine krebskranke Frau in den letzten Stadien ihrer Krankheit. Sie besaß jedoch im Gegensatz zu den beiden vorher genannten Personen einen tiefen Glauben an Gott. Auch sie hatte einen sehr starken Willen und war nicht nur an ihre Kinder und Enkel außergewöhnlich stark gebunden, sondern auch an ihr Geld und ihren Besitz. Ihre Tochter und ich hatten bereits die Bindungen durchtrennt, die sie mit jedem Familienmitglied verbanden, und so war sie frei, zur rechten Zeit zu gehen. Auch sie bewegte sich zwischen Bewußtsein und Bewußtlosigkeit hin und her, und wenn sie bei sich war, konnte sie sprechen, wobei sie uns oft anvertraute, daß sie nicht sterben wolle und daß ihr die Aussicht, alles was ihr vertraut war, hinter sich lassen zu müssen, große Angst mache. Ihr Wille war so stark, daß sie sich an das Leben klammerte, obwohl es offensichtlich war, daß ihre physische Energie zu Ende ging. Sie klagte immer wieder darüber, entsetzliche Angst bei dem Gedanken zu haben, daß sie nun alles, was sie liebte, hinter sich lassen müsse, besonders ihre Familie, und daß sie vor dem Alleinsein Angst habe. Sie hatte ihr Leben lang Angst vor der Einsamkeit gehabt, und dies war auch der Grund dafür, daß sie sich so verzweifelt an ihre Kinder geklammert hatte.

Ich sprach mit ihr über Befreiung und schlug ihr vor, über die materielle Welt hinwegzuschauen und zu sehen, ob sie bereits Verstorbene, Verwandte oder Freunde erkennen könne, die sie vielleicht erwarteten. Dies schien sie abzulenken, und sie begann sofort, «Mama, Mama» zu rufen, was sie immer wieder mit der Stimme und dem Lächeln eines Kindes wiederholte. Sie beschrieb eine große mütterliche Frau, die ihr beide Arme entgegenstreckte. Ich ermunterte sie dazu, in diese Arme hineinzulaufen, die sie willkommen hießen, so wie sie es als kleines Kind getan hatte, und sich in den großen Schoß dieser Frau hineinzukuscheln und ihre Arme um sich herum zu spüren, von denen Trost und Beruhigung ausgingen und zu hören, wie die Frau ihr versicherte, daß sie nie wieder allein sein werde. Ich war davon ausgegangen, daß die Frau, die sie beschrieben hatte, ihre Mutter war, erfuhr aber später von ihrer Tochter, daß sie eine sehr enge Beziehung zu ihrer Großmutter gehabt hatte, die wie eine Mutter zu ihr gewesen war und die sie immer Mama genannt hatte. Ihre Tochter sagte mir auch, daß die Großmutter eine sehr große und mütterliche Frau gewesen war, während die Mutter der Verstorbenen viel schlanker war und eine ziemlich kühle Ausstrahlung hatte.

Von da an wechselte die Frau zwischen zwei Bewußtseinszuständen hin und her, so daß sie abwechselnd an ihrem Widerstand gegen das Sterben festhielt und dann wieder ihre Großmutter rief. Es fiel ihr sehr schwer, ihren außergewöhnlich starken Willen loszulassen, auch noch im Angesicht des Todes. Schießlich gab sie den Kampf auf, als ihre körperlichen Funktionen schwächer und langsamer wurden. Sie fiel in ein Koma, und wenige Stunden später starb sie sehr friedlich.

Diese beiden Fälle waren außergewöhnlich schwierig, weil beide Personen nur mit großem Widerwillen loslassen konnten. Sie gehörten beide zu den Menschen, die im Sterben sehr leicht dem irdischen Bewußtsein zu nahe geblieben wären und dadurch ihrer Familie Schwierigkeiten gemacht hätten. Die meisten Menschen, denen der Tod bevorsteht, leisten nur wenig Widerstand und brauchen nur wenig Hilfe, um bereitwillig und friedlich loszulassen, und oft bleibt ein Lächeln auf ihrem Gesicht zurück. Fast jeder Sterbende kann diejenigen sehen, die gekommen sind, um ihn zu begrüßen, und oft ist es sehr rührend, die Freude zu sehen, die sie beim Wiedersehen mit diesen geliebten Menschen zeigen. In manchen Fällen, in denen keine nahen Verwandten oder Freunde erscheinen, um den Sterbenden zu begrüßen, können Figuren

auftreten, die wir «Helfer» genannt haben und die dann erscheinen, wenn der Tod naht, um dem Sterbenden über die unsichtbare Linie hinüberzuhelfen, welche die beiden Welten trennt. Wie schon erwähnt, ist mein Vater ein solcher Helfer, und er erscheint oft, um Menschen hinüberzubegleiten. Solche Helfer, die diesen Dienst ausführen, stehen immer zur Verfügung. Doch leider wissen diejenigen, die dabei sind, dieses Leben zu verlassen, nicht immer von ihnen und sind deswegen nicht in der Lage, Schritte zu unternehmen, um ihnen entgegenzugehen, die jedoch notwendig sind, da die Helfer sich nur bis zur Trennungslinie dieser irdischen Dimension annähern können. Die Sterbenden müssen die Freiheit haben, sich auf diese Linie zuzubewegen, indem sie einem sehr hellen Licht nachfolgen, das erscheint, um sie zu führen, so daß sie schließlich die Hände ausstrecken und man ihnen in das neue Element hinüberhelfen kann.
Wenn der Tod völlig unerwartet eintritt und deshalb keine Vorbereitung auf ihn möglich war, wie etwa durch Unfälle, Mord oder im Krieg, begegnen die Sterbenden oft großen Schwierigkeiten. Diese Menschen bleiben nach ihrem Tod oft an die Erde gebunden. Solche körperlosen Geister können Spuk oder andere Erscheinungen der Toten verursachen. Ein Teil unserer Arbeit wurde auf die Befreiung dieser Seelen gerichtet, von denen manche offenbar nicht zu wissen scheinen, daß sie keinen physischen Körper mehr haben, und die oft sehr frustriert sind, wenn es ihnen nicht gelingt, die Aufmerksamkeit der hinterbliebenen Familienangehörigen und Freunde auf sich zu ziehen. Um dies zu tun, errichten zwei Freiwillige das Dreieck und bitten das Höhere Bewußtsein, die Leitung zu übernehmen und sie zu führen. Diese Arbeit sollte jedoch nur von denjenigen unternommen werden, die mit der Wachtraumtechnik Erfahrung haben und die gelernt haben, den Anweisungen von innen Gehorsam zu leisten. Sie werden deswegen schon lange Zeit auf diese Art und Weise gearbeitet haben und in der Lage sein, sehr schnell und ohne

die Vorbereitung der Entspannung in den Wachtraumzustand zu gelangen.

Die beiden bemühen sich gemeinsam, mit dem Verstorbenen Kontakt aufzunehmen, indem sie ihn beim Namen rufen. Wenn die Verbindung hergestellt ist, erklären sie ihm, daß er gestorben ist, und bieten ihm Hilfe dabei an, in andere Regionen weiterzugehen, um mit denen zusammenzusein, die auch gestorben sind. Die Erleichterung darüber, endlich jemanden zu finden, der mit ihnen spricht und ihnen zuhört, ist oft so groß, daß jede Anregung bereitwillige Aufnahme findet. Dies ist jedoch nicht immer der Fall. Manche kämpfen regelrecht darum, auf dieser Ebene bleiben zu können, in vielen Fällen, weil sie mit einem bestimmten Familienangehörigen verbunden bleiben wollen, dessen Energie sie benutzen und mit der sie dieser materiellen Welt nahebleiben können. Sobald wir ihnen klargemacht haben, daß sie in einem Zwischenstadium gefangen sind und weder in dieser dinglichen Welt leben noch in irgendeiner anderen inkarniert sind, führen wir sie in Richtung der Trennungslinie und fordern sie auf, geradeaus zu schauen und über die Linie hinweg dahin, wo es sehr hell ist. Sie sind meist erstaunt darüber, Bekannte zu entdecken, unter denen sie oft Verwandte oder Freunde wiedererkennen, die den irdischen Schauplatz bereits verlassen haben. Manche wehren sich immer noch gegen das, was sie zu sehen scheinen. In diesem Fall weisen wir darauf hin, daß es einen Versuch wert wäre herauszufinden, ob das, was sie sehen, eine Realität ist. Wir sagen ihnen, die beste Art, dies zu tun, sei, sich auf diese Personen zuzubewegen und beim Näherkommen festzustellen, ob es sich um eine Erscheinung handle oder nicht. Währenddessen versuchen die Freunde und Helfer auf jede erdenkliche Weise, die Aufmerksamkeit der verwirrten Seele auf sich zu ziehen. Einige Menschen haben berichtet, daß sie sahen, wie diese ihnen zuwinkten, sie bei einem Spitznamen riefen und auf die verschiedensten Arten versuchten, sich zu erkennen zu geben.

Wir können Geister, die im Weggehen begriffen sind, bis zu der Trennungslinie bringen, aber nicht weiter. Sie müssen selbst bereit sein, den restlichen Weg zurückzulegen, bis sie auf die wartenden Helfer stoßen, die bereitstehen, um ihre Hände zu ergreifen und sie in eine neue Lebensweise hinüberzuziehen. Wenn wir sehen, daß sie sicher in den Händen der Helfer angekommen sind, ist unsere Arbeit beendet. Ihre neuen Erfahrungen haben uns nicht zu interessieren.

In manchen Fällen stellt sich heraus, daß der Todesschock so stark war und daß eine Seele noch so sehr mit dem Körper verbunden ist, daß ein ausführlicherer Prozeß erforderlich ist, damit sie diesen physischen Körper loslassen können. Sie müssen vielleicht geheilt oder in einem See oder Fluß gebadet werden, damit die beängstigenden Erinnerungen abgewaschen werden können, und manchmal benötigen sie Hilfen, um ihren alten, kranken Körper loszulassen, den sie immer noch um sich fühlen. Ich glaube, unsere Arbeit mit meiner Schwiegermutter macht diese Situation sehr deutlich.

Mein Mann und ich waren auf Reisen, als wir ein Telegramm erhielten, in dem uns der Tod seiner Mutter mitgeteilt wurde. An diesem Morgen sah ich sie in meiner Meditation in sich zusammengesunken am Boden liegen und wußte, daß sie nicht weit genug gegangen war, um Hilfe zu bekommen. Ich erzählte meinem Mann, was ich gesehen hatte, und daß wir ihr helfen mußten. Wir visualisierten beide, wie jeder von uns einen ihrer Arme ergriff, so daß wir unseren freien Arm um ihren Rücken legen und ihr auf die Beine helfen konnten. Dies erinnerte mich daran, wie sie in dem Pflegeheim, in dem sie lebte, nach einem Schlaganfall beim Gehen unterstützt wurde, indem sie sich an einem Geländer an der Wand festhielt. Ich begann, mit ihr zu sprechen und sagte ihr, daß wir ihr dabei helfen würden, bis zu den Helfern zu gelangen, die sie auf der anderen Seite erwarteten. Ich konnte deutlich meinen eigenen Vater erkennen und hinter ihm eine Gruppe von Personen, unter denen sich ihr verstorbener Mann befand sowie ihr Vater und ihre Mutter und andere. Sie war sehr teilnahmslos und zeigte wenig Interesse, und so sprach ich immer weiter auf sie ein, doch als wir versuchten, ihr vorwärtszuhelfen, sank sie immer wieder in sich zusammen. Doch wir halfen ihr jedesmal wieder auf, und ich wurde angewiesen, ihr zu sagen, daß sie wieder jung und schön werden würde, sobald sie die andere Seite erreicht hätte. Dabei deutete ich auf eine dünne Wolke, die uns von der wartenden Gruppe trennte. Sobald sie hörte, daß sie wieder jung und schön werden würde, erhob sie sich und schaute in die Richtung, in die ich zeigte. Dann richtete sie sich auf, und als sie dies tat, schüttelte sie ihren alten, hilflosen Körper ab, wie eine Schlange ihre beengende Haut abschüttelt, und bewegte sich auf die wartende Gruppe zu. Wir konnten sie zu meinem Vater führen, der sie bei der Hand nahm und sie zu den anderen brachte, unter denen sie nun mit großer Freude Bekannte entdeckte. Sie drehte sich noch einmal um und winkte uns zu, als wolle sie uns danken, und verschwand dann mit einem strahlenden Lächeln.

Mein Mann bemerkte, daß sie seit ihrem Schlaganfall vor vier Jahren, seit dem sie nie mehr ohne fremde Hilfe gehen konnte, wahrscheinlich an diesem alten Muster von Hilflosigkeit festgehalten hatte, und daß sie sich nun so verhielt, als sei sie immer noch an ihren behinderten Körper gebunden. Sie war immer eine äußerst eitle Frau gewesen, die sehr stolz auf ihre jugendliche Erscheinung, ihre Schönheit und ihre Kleider gewesen war, und so war nun das Versprechen, diese würden zu ihr zurückkehren, das einzige, was ihre Teilnahmslosigkeit durchdringen konnte und was sie schließlich auch von dem Irrtum überzeugte, sie sei immer noch an ihren physischen Körper gebunden.

Manchmal zeigt es sich, daß eine Seele Angst davor hat, in die andere Ebene hinüberzugehen, weil sie sich für etwas, was sie in diesem Leben getan hat, schuldig fühlt. In einem solchen Fall ging es um eine Frau, die an Kehlkopfkrebs gestor-

ben war. Einige Monate nach ihrem Tod bat uns eine gute Freundin von ihr um Hilfe. Sie erzählte eine Reihe von sehr seltsamen Erfahrungen, die sie gehabt hatte. Sie hatte wiederholt das Gefühl gehabt, die Anwesenheit der verstorbenen Frau zu spüren, hatte diese Gefühle aber beiseite gewischt, weil sie dachte, dies sei reiner Aberglaube. Aber eines Tages sah sie schließlich das Gesicht ihrer Freundin und hörte, wie diese sagte: «Du bist die einzige, die mir helfen kann. Ich habe Schwierigkeiten, hinüberzukommen. Es scheint, als ob ich immer noch in dieser Welt festhänge.»
Ihre arme Freundin war sehr erschrocken, da sie so etwas noch nie erlebt hatte, und dachte, sie würde verrückt werden. Wir versprachen ihr, zu helfen, wenn wir könnten, und ihr das Ergebnis unserer Versuche mitzuteilen. Als wir mit der Sitzung begannen, sahen wir die Frau, die in sich zusammengesunken dasaß und einen verlorenen und hoffnungslosen Eindruck machte. Wir stellten uns als Bekannte ihrer Freundin vor, die sie um Hilfe gebeten hatte, und sagten ihr, wir seien gekommen, um ihr zu helfen. Sie schien uns sofort zu bemerken, fiel auf die Knie und bat uns mit erhobenen Händen um Hilfe. Wir baten sie, nicht vor uns niederzuknien, führten sie in das Dreieck hinein, das wir gemeinsam errichtet hatten und zeigten ihr, wie sie sich an ihr eigenes Höheres Selbst an der Spitze des Dreiecks wenden sollte, um Hilfe zu erbitten.
Darauf sah ich ein schönes, blasses, ovales Gesicht, das an der Spitze des Dreiecks erschien. Die Augen waren außergewöhnlich: mitfühlend und doch durchdringend. Zuerst schreckte die Frau vor ihm zurück, und ich fühlte, daß sie Angst davor hatte, dieses Wesen anzuschauen. Sie hatte in ihrer Jugend eine Abtreibung machen lassen, wegen der sie später keine Kinder bekommen konnte. Ihre Entscheidung von damals hatte ihr ganzes Leben mit einem schweren Schuldgefühl überschattet und verursachte ihr nun immer noch Angst, die sie davon abhielt, ihren rechtmäßigen Platz im Jenseits

einzunehmen. Ich schien mit dem Gesicht in Verbindung zu stehen und hatte das Gefühl, ich solle der Frau sagen, daß ihre Jugendsünden vergeben worden waren und daß sie sie wiedergutgemacht hatte, indem sie ihr Leben dem Wohlergehen vieler Waisenkinder gewidmet hatte. Anscheinend wurden ihre Ängste schließlich von ihrer gegenwärtigen Notsituation überwogen, im *Bardo* steckengeblieben zu sein, wie diese Zwischenregion im *Tibetanischen Totenbuch* genannt wird. Wie es schien, war sie bereit, dieses Verzeihen entgegenzunehmen, und wieder kniete sie nieder, erhob ihre Hände zu dem Gesicht und bat um Vergebung und Befreiung.

Mir wurde erklärt, daß nicht die gesamte Last dieser Schuld aus diesem Leben stammte, sondern daß sie einen Teil davon aus einem früheren Leben in Italien mitgebracht hatte. Es war jedoch nicht notwendig, irgendwelche Einzelheiten über dieses Leben zu erforschen. Darauf wurde uns eine weiße Marmortreppe gezeigt, die nach oben führte, und wir bekamen die Anweisung, sie auf diese Treppe zuzuführen und sie dazu zu bringen, eine Stufe nach der anderen nach oben zu steigen und dabei auf jeder Stufe einige Sekunden lang stehenzubleiben. Dies würde ihre Erinnerung an eine ähnliche Treppe erwecken, die sie einmal viele Male hinaufgestiegen war, um zu einem Ort zu gelangen, an dem sie sehr glücklich gewesen war. Es gelang uns, sie dazu zu überreden, eine Stufe nach der anderen langsam hochzusteigen, und als sie am oberen Ende der Treppe angekommen war, sah ich, wie ihr eine Hand entgegengestreckt wurde, um ihr zu helfen. Ich konnte eine Spitzenrüsche an einem dunkelgrünen Samtärmel erkennen und erfuhr, daß dies die Hand eines Menschen war, den sie damals in Italien gekannt hatte, und dessen Führung sie sich anvertrauen konnte. Offensichtlich erkannte sie diese Hand mit der Spitzenrüsche und die Person, zu der sie gehörte, sofort, und sie eilte ihr die letzten Stufen hinauf entgegen. Am Ende der Treppe angekommen, drehte sie sich um und dankte uns für unsere Hilfe, bevor sie verschwand.

Ihrer Freundin, die uns um Hilfe gebeten hatte, berichteten wir von unserer Sitzung. Seither haben wir einige Male mit ihr gesprochen, und sie sagte uns, daß die seltsamen Erscheinungen, wegen denen sie uns konsultiert hatte, nie wieder aufgetreten sind. Wir sind sicher, daß die Frau diese Ebene verlassen hat und sich nun an dem Ort befindet, an dem sie sein muß, um weiterzulernen.

Angehörige der verschiedenen Glaubensrichtungen sehen bei ihrem Tod immer den Begründer des von ihnen gewählten Glaubenssystems, dem sie freudig folgen, indem sie sich bereitwillig von ihrem irdischen Leben trennen. Zu diesen Figuren gehören Jesus, die Madonna, Mohammed, Buddha, die Heiligen oder einer der Aspekte Gottes aus dem indischen Pantheon. Wenn uns gezeigt wird, daß wir nach dem Tod eines Menschen die letzten Rituale für eine Seele vollziehen sollen, erscheint immer die entsprechende Figur, um zu helfen.

In einem interessanten Fall, in dem es sich um den Tod eines Pfarrerssohnes handelte, wurden wir gebeten, nachzuprüfen, ob dieser den Übergang erfolgreich vollzogen hatte. In unserer Sitzung entdeckten wir, daß er immer noch unter der Wirkung des Schocks stand, den er durch seinen plötzlichen Tod in einem Unfall erlitten hatte. Da der Tote der christlichen Religion angehört hatte, baten wir Christus um sein Erscheinen, und zu meiner großen Überraschung sah ich die riesige Christus-Statue, die Corcovado genannt wird und in Brasilien auf einem Gipfel über Rio de Janeiro steht. In meiner Verwirrung bat ich darum, den Grund für dieses Bild erfahren zu dürfen, und erhielt den Eindruck, daß diese Statue für den Jungen den Aspekt von Christus symbolisierte, dem er in jungen Jahren ausgesetzt war: Christus war hier eine riesige und überwältigende Gestalt, die jeden von ihrem erhöhten Standpunkt aus beobachtete und wie eine Statue hart, gefühllos und unnahbar war.

Wir riefen sofort die völlig andere Gestalt des Christus an, die uns gewöhnlich erscheint. Er ist auch ganz anders als die traditionellen Abbildungen in Gemälden und Skulpturen. Seine Kraft ist so groß, daß sein Kommen schon lange vor seinem eigentlichen Erscheinen gespürt werden kann. Er ist sehr groß und stark und hat ein grobgehauenes Gesicht, das gütig und sehr schön ist, jedoch nicht im konventionellen Sinn. Nun wiesen wir den Jungen auf diese Gestalt hin, und er war verwirrt von dem Licht, das sie umgab, sowie von ihrer Erscheinung. Dieser Figur zu folgen fiel dem Jungen sehr leicht, und als sie gemeinsam verschwanden, strahlte er vor Freude.

Symbole

Im Lauf der Jahre wurden uns verschiedene Symbole zuteil, die als tägliche Übungen für bestimmte Zwecke eingesetzt werden können. Um eine neue Gewohnheit einzuführen, muß man den unbewußten Teil des Gehirns erreichen und programmieren. Wenn Lernschritte nur den bewußten Teil erreichen, ist das Wissen nur im Kopf und bald vergessen. Um das Unbewußte zu erreichen, muß eine neue Information täglich viele Male wiederholt werden, am besten in bildhafter Form, da dieser Teil der Psyche nicht rational ist und Argumente oder Worte nicht versteht. Diese Wahrheit war den alten Lehrern schon immer bekannt, und aus ihr leitet sich das chinesische Sprichwort ab, daß ein Bild weitaus nützlicher ist als tausend Worte. Wenn wir also täglich ein Symbol oder Bild an unser Unbewußtes schicken, verhält es sich gemäß den Befehlen, die es auf diese Weise bekommt, und arbeitet mit dem bewußten Teil der Psyche zusammen, um die gewünschte Wirkung zu erzielen. Wenn ein Symbol einige Male benutzt worden ist, sammelt es Energie, und diese ist wiederum für die Intensität verantwortlich, mit der die Mitteilung eingeprägt wird.
Einige der Symbole, die wir gebrauchten, sind bereits in ihrem entsprechenden Zusammenhang erwähnt worden. Zu ihnen gehört das Dreieck, die Acht, der Baum, das Mandala und der Maibaum. Andere wurden jedoch für spezifische Probleme wie Schuld, Angst, Wut usw. eingesetzt, während wiederum andere als Schutzvorkehrungen benutzt werden können.
Ich werde im folgenden alle Symbole im einzelnen beschrei-

ben und die entsprechenden Anweisungen für ihren Gebrauch hinzufügen, so daß das passendste Bild für eine bestimmte Situation leichter gefunden werden kann. Einige dieser Symbole sollten ihren zukünftigen Benutzern vorgestellt werden, nachdem diese in der gewohnten Weise entspannt worden sind, während andere sogar per Telefon weitergegeben werden können, was besonders in Krisensituationen und Notfällen sehr hilfreich ist.

Nach einiger Zeit wird es einem sehr leichtfallen, das richtige Symbol für ein bestimmtes Problem zu finden und seinen Gebrauch auf andere Situationen auszuweiten.

Schutzsymbole

Oft ist es notwendig, jemandem ein bestimmtes Symbol zu geben, das ihn vor einer Person oder Situation schützt, die zu stark ist und zuviel Macht auf ihn auswirkt, als daß er mit ihr umgehen könnte. Ein solches Symbol hilft dem Betreffenden, bis er in der Lage ist, auf andere Art und Weise genügend Stärke und Sicherheit in sich selbst aufzubauen, um mit solchen Bedrohungen umgehen zu können. Zu diesem Zweck wurden uns viele Symbole gegeben, und so bitten wir entweder darum, gezeigt zu bekommen, welches das geeignetste ist, oder wir lassen den Betreffenden selbst das Symbol wählen, das er als richtig empfindet.

Ballon oder Blase
Dieses Bild sollte man sich wie eine Seifenblase vorstellen, auf deren Oberfläche sich alle Regenbogenfarben widerspiegeln. Diese Oberfläche ist jedoch weniger zerbrechlich und gleicht eher einem Gummiballon, der groß genug ist, um seinem Benutzer genügend Bewegungsfreiheit zu geben. Dieses Symbol ist besonders für hypersensitive Menschen sehr geeignet, die auf die geringste Kritik reagieren, sei sie real oder

eingebildet, da alle Stacheln auf der Oberfläche des Ballons abprallen und sie nicht berühren können. Die meisten Menschen nehmen dieses Bild mit wahrer Begeisterung auf und fühlen sich sofort sicherer, wenn sie sich vorstellen, daß die Blase in Armeslänge um sie herum ist und sie nach allen Richtungen hin schützt.

Da solche Bilder Gedankenformen sind, erklären wir, daß man sie in seiner Vorstellung überall aufrechterhalten kann, wo man gerade ist, sei es unter Menschen, beim Autofahren, mitten im Verkehr oder in einem Flugzeug. Es gibt deswegen auch keinen Grund dafür, sie nicht anzuwenden. Wir empfehlen, die Symbole sooft wie nötig zu visualisieren, bis die betreffende Person stark genug ist, mit den Situationen und Beziehungen umzugehen, von denen sie sich früher bedroht fühlte.

Die Plexiglasscheibe

Wenn jemand unsere Hilfe sucht, zeigt sich oft, daß eine bestimmte Beziehung, meist mit einem negativen Elternteil, so bedrohlich ist, daß es dem Betreffenden sogar schwerfällt, die «Acht» zu visualisieren, mit der das Ritual vorbereitet wird, durch das die Bindungen zu dieser Person gelöst werden sollen. Weitere Beziehungen, in denen diese Schwierigkeit oft auftritt, sind die zu Schwiegereltern, anderen Verwandten, einem Chef, Arbeitskollegen usw.

Bei so extremen Reaktionen benutzen wir eine imaginäre, sehr dicke, unzerbrechliche Glasscheibe, die der Betreffende zwischen sich selbst und der Person, mit der er Probleme hat, visualisiert. Nun kann die Acht geübt werden, wobei die Scheibe am Berührungspunkt der beiden Lichtkreise errichtet wird, so daß beide Personen sicher voneinander getrennt sind.

Dies ist eine meist vorübergehende Schutzmaßnahme, die jedoch äußerst wirksam ist, da der Betreffende sich mit ihrer Hilfe entspannen kann, bis er genügend Stärke entwickelt hat, um ohne diese Stütze mit dem Problem umgehen zu können, sobald weitere Einsichten dies möglich gemacht haben.

Der Lichtzylinder
Dieses Symbol wurde uns als Schutz für Menschen vermittelt, für die das Leben aus irgendeinem Grund sehr bedrohlich erscheint und die vorübergehend isoliert werden müssen, um an den Ursachen für diese Situation zu arbeiten.
Dazu visualisiert der Betreffende zuerst einen Kreis aus goldenem Licht, der auf dem Boden in Armeslänge um ihn herum führt. Sobald dieser Lichtkreis deutlich gesehen werden kann, weisen wir den Betreffenden an, das Licht nun von diesem Kreis aus nach oben zu ziehen, so daß ein Lichtzylinder um ihn herum entsteht, der von den Füßen bis über den Kopf hinausreicht oder soweit der Betreffende es wünscht und der ihm Schutz und Sicherheit bietet.
Wie die anderen Symbole, so sollte auch dieses am Morgen visualisiert und während des ganzen Tages aufrechterhalten werden, indem man sich immer wieder an sein Vorhandensein erinnert. Man sollte es noch einmal vor dem Zubettgehen visualisieren, um sicherzustellen, daß das Gefühl der Sicherheit die Nacht über bestehenbleibt, da man gerade dann am verletzbarsten ist.

Die Pyramide
Dieses Symbol diente uns ursprünglich als zusätzliche Hilfe, mit der die vier Funktionen ausgeglichen werden können, in vielen Fällen kann es jedoch auch als Schutzmaßnahme eingesetzt werden. In diesem Falle stellt sich die betreffende Person vor, im Inneren einer Pyramide genau unterhalb der Spitze zu stehen, und sieht nun, wie von diesem Punkt, der das Höhere Bewußtsein symbolisiert, Licht herunterstrahlt, das den gesamten Raum erfüllt. Mehrere Menschen, denen dieses Symbol half, berichteten, daß sie, nachdem sie dieses Bild visualisiert hatten, nicht nur Schutz, sondern auch einen Ener-

giezuwachs spüren konnten. Eine andere Art, die Pyramide zu benutzen, um die vier Funktionen auszugleichen, wurde ausführlich am Ende des Kapitels über das Mandala auf Seite 156f. beschrieben.

Der Regen- oder Sonnenschirm
Dieses Symbol wird oft Menschen vorgeschlagen, denen der Kopf schwirrt, weil andere sie mit ihren Überzeugungen, Anforderungen, Kritik und Zweifeln überhäufen, so daß sie gar nicht mehr wissen, was sie selbst eigentlich denken, und deshalb Entscheidungsschwierigkeiten haben.

Der Betreffende wird gebeten, sich vorzustellen, wie der Mittelstock des Schirmes seine Wirbelsäule entlang nach oben durch seinen Kopf hindurch und wie eine Antenne noch weiter nach oben führt und daß der Schirm die gleiche Größe hat wie der Kreis, mit dem das Territorium einer jeden Person abgegrenzt wird, er umfaßt also einen Kreis, der in Armeslänge um den Betreffenden herumführt. Wie bei den anderen Symbolen kommt es auch hier darauf an, sich seiner Anwesenheit möglichst immer bewußt zu sein und es immer an Ort und Stelle aufrechtzuerhalten. Es kann entfernt werden, sobald der Betreffende genügend Stärke entwickelt hat, um den Anforderungen und Befehlen anderer widerstehen zu können. Man kann sich vorstellen, daß der Mittelstock einen mit dem Höheren Bewußtsein verbindet und daß der Schirm Ablenkungen abhält, so daß der Betreffende allmählich die leisen Mitteilungen wahrnehmen kann, die von diesem Punkt beim Höheren Bewußtsein ausgehen und ihm dabei helfen zu entscheiden, was er zu tun hat und in welcher Richtung er sich bewegen soll.

Ich habe Sai Baba einmal gefragt, wie wir zwischen unserem eigenen Willen, dem starken Willen eines anderen Menschen, wie z.B. eines Elternteils oder Partners, und dem unseres Höheren Bewußtseins unterscheiden können. Er antwortete: «Wenn du Zweifel hast, tu gar nichts. Gehe an einen ruhigen

Ort und bitte darum, daß es dir gezeigt wird, und du wirst es wissen.» Der Regenschirm kann hierbei eine große Hilfe sein.

Die Waage
Dies ist ein Symbol, das uns als Hilfe bei Entscheidungsschwierigkeiten nützlich war. Die Visualisierung ist leichter mit der Hilfe einer anderen Person, in einer kurzen Wachtraumsitzung. Nach der Entspannung und nachdem das Dreieck visualisiert worden ist, wird der Hilfesuchende angewiesen, sich eine große Waage vorzustellen oder sich an sie zu erinnern, die einen großen Mittelmast mit zwei Armen hat und zwei Waagschalen, die an diesen Armen befestigt sind. Dann bitten wir ihn, ein Symbol für eine der beiden möglichen Lösungen in eine Waagschale zu legen und ein Symbol für die andere Lösung in die andere. Schließlich wird er gebeten, sich für kurze Zeit von dieser inneren Szene abzuwenden und sich dann rasch wieder umzudrehen und die Waage anzuschauen und ohne zu zögern zu sagen, welche Schale schwerer wiegt als die andere.

Manche Menschen berichten, daß die beiden Waagschalen sich auf und ab bewegen; in diesen Fällen bitten wir den Betreffenden, zu warten, bis sie zum Stillstand gekomen sind und bis er sehen kann, welche der beiden Schalen tiefer und welche höher steht. Andere dagegen sehen beinahe auf Anhieb, welche der beiden Schalen tiefer und welche höher steht, und kommen sehr schnell zu dem Schluß, daß die tiefere Waagschale für die günstigere Lösung steht bzw. daß diese Möglichkeit mehr Gewicht hat. In manchen Fällen sind die beiden Waagschalen im Gleichgewicht und deuten darauf hin, daß beide Entscheidungen akzeptabel sind.

Die Kreuzung
Ein weiteres Symbol, das wir oft als Entscheidungshilfe einsetzen, ist eine Straßenkreuzung mit mehreren Hinweisschildern, die in die verschiedenen Richtungen weisen. Die Per-

son, die in ihrem Leben eine Entscheidung zu treffen hat, wird gebeten, dieses Symbol zu visualisieren und die Aufschriften auf den verschiedenen Hinweisschildern zu lesen. Oft gibt es Schilder mit der Aufschrift «Sackgasse» oder «Umleitung», während auf anderen eine bestimmte Richtung angegeben wird, die der Betreffende verstehen kann, oder er sieht ein Symbol, das interpretiert werden kann. Manchmal ist es nötig, daß er sich bereit findet, einen oder mehrere mögliche Wege entlangzugehen, um herauszufinden, wo sie hinführen, bevor er eine Entscheidung treffen kann. Viele Menschen, die diese Methode benutzt haben, sind erstaunt darüber, daß eine so einfache Technik ihnen so sehr dabei helfen kann, die Antworten auf ihre Fragen zu finden.

Der fünfeckige Stern
Manchmal fragen uns Menschen, wie sie sich gegen die verschiedensten Möglichkeiten geistigen Eindringens schützen können. Zu diesem Zweck wurde uns der fünfeckige Stern bzw. das Pentagramm gegeben, ein altes Symbol, das im Lauf der Zeit auf viele verschiedene Arten eingesetzt worden ist. Es hat sich als besonders geeignet erwiesen, um Häuser gegen ungebetene Gäste, seien es Geister oder andere Phänomene, zu schützen, wo solche Erscheinungen zum Problem geworden waren. Um solche Eindringlinge fernzuhalten, sollte der Stern bei allen Türen und Fenstern des Hauses in die Luft gezeichnet und visualisiert werden, wobei darauf zu achten ist, daß die Spitze nach außen zeigt, so daß er für unerwünschte geistige Besucher ein Hindernis bildet.
Um diesen Stern zu zeichnen, beginnen Sie bitte mit der *rechten* Hand auf der *linken* Körperseite und zeichnen ein großes, umgekehrtes V, das auf der *rechten* Körperseite endet. Zeichnen Sie nun von diesem Punkt aus weiter, so daß Sie die erste Linie des umgekehrten V durchkreuzen, und dann eine horizontale Linie, welche auch den zweiten Schenkel des umgekehrten V schneidet, und kehren Sie von hier aus zum linken,

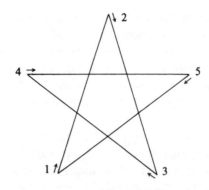

unteren Punkt des Sterns zurück, an dem Sie begonnen haben, so wie im dargestellten Diagramm. Als zusätzlichen Schutz kann man eine Kerze einige Tage lang ohne Unterbrechung brennen lassen und ein kleines Salzgefäß in alle vier Ecken eines Raumes stellen, wobei ein Fenster einen Spalt offengelassen wird. Weihrauch abzubrennen, trägt auch zur Reinigung eines Hauses bei. Wir haben die Erfahrung gemacht, daß diese Methoden ein Haus nachhaltig von geistigen Projektionen befreien.

Der Bienenstock für Energie
Viele Menschen klagen über einen Mangel an Energie, und wir wurden oft gefragt, ob wir geeignete Hilfen gefunden haben, die in solchen Fällen eingesetzt werden könnten. Die *Baummeditation,* die Seite 77 ff. des Buches ausführlich beschrieben wurde, ist hier besonders hilfreich, und viele Menschen haben die Erfahrung gemacht, daß sie sogar noch stärker wirkt, wenn sie sich während der Übung tatsächlich an einen Baum lehnen.

Ein weiteres Symbol, das uns zu diesem Zweck gegeben wurde, ist ein altmodischer, runder Bienenstock, der wie ein Eskimo-Iglu aussieht. Die Person, die Energie benötigt, stellt sich vor, daß sie im Inneren eines solchen Bienenstocks sitzt, so wie eine Bienenkönigin, die sich von ihrem Bienenstaat füttern und pflegen läßt, und dabei atmet sie mit jedem Atemzug die Energie ein, die sie braucht.

Die Pyramide kann auf ähnliche Weise eingesetzt werden, wobei hier die zusätzliche Energie durch das Sonnenlicht gespendet wird, das auf ihre Spitze scheint und auf die Person, die in ihrem Inneren sitzt, herunterstrahlt.

Die Welle für Entspannung
Bevor man dieses Symbol jemandem weitergibt, sollte man ihn fragen, ob er vor dem Meer Angst hat oder ob er sich in der Nähe der See nicht wohlfühlt. Wenn dies nicht der Fall ist, wird der Betreffende angewiesen, sich an einen imaginären Strand in die Nähe des Wasser zu legen, so daß seine Füße in Richtung des Meeres zeigen.
Er wird dann gebeten, sich vorzustellen, wie eine langsame Welle auf ihn zukommt und wie das Wasser über seinen ganzen Körper hinweggespült wird, so daß nur der Kopf trocken bleibt. Während sie sich wieder ins Meer zurückzieht, sollte er bewußt alle Spannungen loslassen, so daß die Welle sie aus ihm herauswaschen und in den riesigen Ozean mitnehmen kann, um sie dort aufzulösen. Viele verspannte und nervöse Menschen haben diese Übung als so entspannend empfunden, daß sie während des Visualisierens eingeschlafen sind.

Symbole zum Löschen von Fehlern

Wenn ein Mensch an seinen verschiedenen Schwächen oder negativen Gewohnheiten arbeitet, taucht zuweilen die Frage auf, ob es Möglichkeiten gibt, sich schneller von diesen negativen Zügen zu befreien. Wir fanden mehrere Arten, mit denen dies erreicht werden kann, und weitere kommen hinzu, indem immer mehr Menschen diese Methode benutzen und um entsprechende Hilfen bitten.

Die Autoritätsgestalt
Bei Menschen, die ein klares Bild von ihrem eigenen Höheren Bewußtsein oder anderen Autoritätsgestalten, wie etwa den Kosmischen Eltern, haben, ist es leichter, die Schwächen dieser Gestalt zu übergeben und sie damit voll und ganz in ihre Hände zu legen. Dieses Übergeben führt oft die Befreiung von einer Schwäche herbei.

Die Fackel
Für all diejenigen Menschen, die nicht in der Lage sind, eine solche Gestalt zu visualisieren, oder sich dieser Möglichkeit nicht öffnen können, gibt es andere Symbole. Eines davon ist die Fackel, die meist als sehr groß wahrgenommen wird und oft an einem besonderen Ort, wie etwa einem Schrein, aufgestellt ist, den der Betreffende für diese Handlung aufsuchen kann. Ich schlage ihm vor, ein Symbol zu finden, das den unerwünschten Aspekt seiner Persönlichkeit darstellt, den er auslöschen möchte, wie z. B. eine Maske mit wütendem Ausdruck oder eine geballte Faust für Wut, und dies in die Flamme der Fackel zu halten, so daß es zerstört wird.

Die Flamme in einem Teller
Man kann auch einen großen, flachen Metallteller visualisieren, in dessen Mitte eine ewige Flamme brennt, in die man das Symbol, das die unerwünschte negative Eigenschaft repräsentiert, hineinwirft.

Andere Methoden
Manche Menschen stellen sich vor, daß sie die Symbole, die ihre negativen Gewohnheiten repräsentieren, in einen Schmelzofen stecken, daß sie sie weit hinaus ins Meer werfen oder sie von einem Felsen oder einem Flugzeug aus fallen lassen. Es gibt eine unendliche Vielzahl von Methoden, die auf diese Art und Weise zum Vorschein kommen, und jede ist für die Person wirksam, die sie auswählt.

Die Acht
Ich habe die Acht bereits als Vorbereitung für das Ritual beschrieben, in dem die Verbindungen zwischen Eltern und Kindern gelöst werden [S. 33 ff.]. Sie kann jedoch auch für viele andere Zwecke eingesetzt werden und ist zu einem unserer nützlichsten Symbole geworden. Sie kann dazu benutzt werden, einen Menschen von jeglichen Dingen oder Menschen zu befreien, die ihn dominieren, und so können die verschiedensten Dinge und Personen im gegenüberliegenden Kreis visualisiert werden: ein schwieriger Mensch, Gewohnheiten, Gelüste, alle Formen der Sucht, ein behinderndes Selbstverständnis, um nur einige Beispiele zu nennen. Alkoholiker können ein Symbol für Alkohol benutzen, wie z. B. eine Flasche; Drogenbenutzer eine für Drogen, wie z. B. eine Nadel oder eine Zigarette. Wenn jemand abnehmen will, kann er all die Lebensmittel in den anderen Kreis plazieren, die eine starke Versuchung für ihn darstellen, z. B. kalorienreiche Süßigkeiten wie Eiskrem, Kuchen, Bonbons oder andere gehaltvolle Lebensmittel. Die Acht kann auch benutzt werden, um einen Menschen von der Macht zu befreien, die durch Angst, Besorgnis, Zweifel, Wut, Neid, Eifersucht und viele andere negative Emotionen auf ihn ausgeübt wird. Darüber hinaus ist die Acht in der Lage, Menschen von den verschiedensten behindernden Bildern zu befreien, die sie von sich selbst haben und die sie davon abhalten, ihre Persönlichkeit voll zu entfalten, besonders wenn ihnen ihr negatives Selbstverständnis in der Kindheit von ihren Eltern aufgezwungen wurde, wenn es durch Vergleich und im Wettkampf mit den Geschwistern erworben wurde oder durch die Erinnerung an ein ehemaliges Versagen. Diese Aufzählung könnte ins Unendliche fortgeführt werden, und doch ist es sehr einfach, mit jedem einzelnen Punkt umzugehen: es gilt lediglich, ein Symbol zu finden, das erfolgreich und überzeugend die Person oder Sache darstellt, die Einfluß und Macht auf die Person ausüben kann.

Was man bei dieser Übung, wie auch bei allen anderen, nicht vergessen darf, ist, daß sie nur dann wirksam wird, wenn sie regelmäßig und lange genug praktiziert worden ist, um in das Unbewußte der Person, die frei zu werden wünscht, eingeprägt worden zu sein. Wenn man die Acht eine Zeitlang visualisiert hat, kommt manchmal ein Punkt, an dem sich die beiden Kreise trennen. Dies deutet darauf hin, daß die Mitteilung verstanden und angenommen worden ist und daß es nun an der Zeit ist, eine endgültige Trennung zu vollziehen. Es gibt viele verschiedene Arten, eine solche Trennung durchzuführen, da jede Person darum bittet, gezeigt zu bekommen, wie sie vorgehen sollte. Einige stoßen lediglich den zweiten Kreis, in dem sich der unerwünschte, dominierende Faktor befindet, weit von sich in das Meer, über eine Klippe oder in den Weltraum. Andere jedoch verbrennen den Kreis zusammen mit seinem Inhalt, vergraben ihn tief in der Erde oder zerstören ihn mit Säure oder Laserstrahlen. Es gibt unendlich viele Methoden.

Worauf es ankommt, ist, daß die Methode ihren Benutzer zufriedenstellt, da ja sein Unbewußtes beeindruckt werden soll, indem ihm die Notwendigkeit mitgeteilt wird, ihn aus der Herrschaft dessen, worunter er leidet, zu befreien. Mit dieser Methode können viele «Macken» auf einfache und wirksame Weise gelöscht werden.

Betrachten wir nun einmal negative Selbstbeurteilungen, wie z.B. «Ich bin schwach, unbeholfen, dumm, unzuverlässig», die einen Menschen in ein Verhaltensmuster einschließen und ihn bei all seinen täglichen Aktivitäten erheblich behindern können. Wenn sich jemand solcher Grundvorstellungen, die ihn daran hindern, er selbst zu sein, bewußt wird, ist es in der Regel sehr einfach, ein passendes Symbol zu finden, das seine angenommene negative Rolle darstellt, und den Ablösungsprozeß von dieser negativen Grundhaltung einzuleiten, indem er die Acht visualisiert. Jedesmal wenn jemand die Acht auf diese Weise benutzt und ein gewisses Maß an Freiheit erreicht hat, wächst sein Glaube an ihre Wirksamkeit, und mit jedem neuen Erfolg sammelt die Übung noch mehr Kraft an, durch die sie noch wirksamer werden kann. Sobald sie also erst einmal benutzt worden ist, sammelt sich immer mehr Kraft und Energie in ihr, so daß sie zu einem wirksamen Werkzeug wird, mit dem man sich von begrenzenden Bindungen lösen kann.

Wie alle anderen Symbole muß jedoch auch die Acht – besonders im Anfangsstadium – täglich regelmäßig geübt werden, und zwar von der Person, die frei zu werden wünscht, selber. Sie ist kein Zauberstab, mit dem man ein Problem nur zu berühren braucht, damit es sofort und für immer verschwindet. Dennoch kann das Üben Freude bereiten und gleichzeitig eine Herausforderung darstellen, wenn man in der richtigen Art und Weise an sie herangeht. Das Resultat hängt ganz und gar von der inneren Einstellung des Betreffenden ab.

Schwarze und weiße Vögel
Eines Tages hielt ich mit meiner Tochter zusammen eine Sitzung ab, und als ich in den Wachtraumzustand gelangte, bemerkte ich, daß ich auf einem Drahtseil ging und die Arme nach beiden Seiten ausgestreckt hatte, um das Gleichgewicht halten zu können. Als ich vorsichtig einen Schritt nach dem anderen auf dem Seil vorwärtsging, zog ein riesiger schwarzer Vogel links von mir meine Aufmerksamkeit auf sich. So wie er aussah, hatte ich Angst, er würde mich gleich angreifen, und so beugte ich mich nach links, um ihn wegzujagen, so daß ich natürlich mein Gleichgewicht verlor. Sobald ich wieder auf dem Seil war, bemerkte ich einen wunderschönen, strahlend weißen Vogel auf der rechten Seite, von dem ich mich sofort so stark angezogen fühlte, daß ich mich impulsiv zu ihm hinüberlehnte, um ihn zu fangen, und dabei wieder mein Gleichgewicht verlor.
Wie so oft, wenn ich in diesem Zustand bin, war ich zu sehr

an dieser inneren Szene beteiligt, um zu fragen, was sie bedeute, doch als ich dies schließlich tat, wurde mir bewußt, daß der schwarze Vogel all die Dinge symbolisierte, von denen ich hoffte, sie würden nicht passieren, oder vor denen ich Angst hatte, während der weiße Vogel all das repräsentierte, was ich mir wünschte und erhoffte, also meine Wünsche.
Ich geriet aus dem Gleichgewicht, indem ich auf einen der beiden reagierte. Ich sah, daß die einzige Art und Weise, in meiner Mitte und deshalb frei zu bleiben, darin bestand, der Versuchung zu widerstehen, einen der Vögel kontrollieren zu wollen. Und so begab ich mich noch einmal auf das Seil, indem ich wieder meine Arme ausstreckte, so daß die Handflächen nach oben zeigten, und ließ die Vögel sich auf meinen Händen niedersetzen, ganz wie es ihnen beliebte, und hieß den schwarzen ebenso bereitwillig willkommen wie den weißen.
Ich muß schnell hinzufügen, daß es bedeutend einfacher ist, über diese Visualisierung zu schreiben als sie auszuführen; wenn man dieses Bild aber einmal betrachtet hat, ist es eine sehr große Erinnerungshilfe, die uns dabei unterstützt, daran zu denken, daß man nicht mit starken negativen Emotionen reagieren sollte, wenn das Leben uns Erfahrungen bringt, die wir nicht wünschen, oder mit zuviel Freude, wenn unsere größten Wünsche in Erfüllung gehen. Beide zerstören die innere Stille, die wir zu erreichen versuchen, und bringen uns aus dem Gleichgewicht.
Baba hat einmal in einem Gruppeninterview, an dem ich teilnahm, eine seiner Lieblingsgeschichten erzählt, um diesen Punkt zu illustrieren. «Ihr alle geht auf einer so holprigen Straße. Wie könnt ihr Frieden erleben?» Darauf fuhr er fort: «Wenn ihr bekommt, was ihr euch wünscht, seid ihr so glücklich, und eure Stimmung geht weit nach oben (hier hielt er seine Hand weit über seinen Kopf). Doch schon bald kommt etwas des Weges, das euch nicht gefällt, und ihr geht ganz tief nach unten (hierbei führte er seine Hand bis zu seinen Füßen

hinunter). Seht ihr, auf was für einer holprigen Straße ihr alle geht? Seid glücklich, ganz gleich, was geschieht, und ihr werdet auf einer ebenen Straße gehen und Frieden finden.»

Der Maibaum
Ich bin oft gefragt worden, ob wir eine Übung erlangt haben, die sich als Gruppenmeditation eignet oder in der Familie benutzt werden kann. Das Dreieck, das ich bereits beschrieben habe [S. 11f.], ist für Familien und Gruppen hervorragend geeignet. Mir wurde auch klar, daß die übliche Methode, bei der alle Mitglieder einer Gruppe sich in einem Kreis an den Händen halten, sich so auswirkt, daß das Gruppenbewußtsein auf den schwächsten gemeinsamen Nenner der jeweiligen Gruppe heruntergebracht wird. Eine weitaus wirksamere Art, als Gruppe zu meditieren, besteht darin, daß sich jeder einzelne vorstellt, beide Hände zu einem zentralen Punkt hoch über der Mitte des Kreises zu erheben, der das Höhere Bewußtsein repräsentiert, in dem alle eins sind. Man kann leicht erkennen, daß hier jedes Mitglied einer Gruppe ein Dreieck mit jedem anderen Gruppenmitglied bildet, wodurch das Gruppenbewußtsein zum höchsten gemeinsamen Nenner angehoben wird, da es die Meditation unter die Führung des gemeinsamen Höheren Bewußtseins stellt. Auf diese Weise kann jeder einzelne das entgegennehmen, was er zu diesem bestimmten Zeitpunkt gerade braucht, sei es Heilung, Einsicht, Bewußtwerden verborgener Aspekte seiner selbst, Lösungen für bestimmte Probleme und vieles mehr.
Von den vielen Variationen zum ursprünglichen Thema und den unterschiedlichen Symbolen, durch die es benutzt werden kann, ist der Maibaum am wirksamsten und oft am beliebtesten. Die meisten Menschen haben entweder schon einmal einen Maibaum gesehen, durch Bücher von ihm erfahren oder sogar als Kinder an den traditionellen Maitagfesten teilgenommen, bei denen die Maikönigin und der Maibaumtanz eine wichtige Rolle spielen.

Wenn dieses Symbol als Gruppenmeditation eingesetzt wird, sollte jeder einzelne einen Maibaum visualisieren, der sicher in der Erde befestigt ist und an dessen Spitze viele verschiedenfarbige Bänder angebracht sind und nach unten hängen. Jeder stellt sich dann vor, wie er zu diesem Maibaum hingeht, sich ein Band aussucht und dieses in der Hand hält, während er in den Kreis zurückgeht und sich wieder hinsetzt. Es ist sehr interessant, die einzelnen zu fragen, welche Farbe sie sich ausgesucht haben, da diese oft Aufschluß über die starke und die schwache Funktion des Betreffenden gibt.

Wie in dem Kapitel über das Mandala bereits erwähnt, kann der Maibaum auch eingesetzt werden, um die vier Funktionen auszugleichen, wobei der Betreffende aufgefordert wird, zuerst die Farbe auszuwählen, die seine schwächste Funktion repräsentiert, und mit dem Band in der Hand darum zu bitten, daß von der Spitze des Maibaums all das durch das Band zu ihm herunterfließen möge, was er benötigt, um diese Funktion zu entwickeln. Darauf sollte er alle Gedanken und Bilder aufmerksam betrachten, die möglicherweise als Hilfen in ihm auftauchen. Um diese in Empfang zu nehmen, sollte er mit nach oben gerichteten Handflächen dasitzen und Bilder in sich aufsteigen lassen, die ihn darauf hinweisen können, wie er die Funktion allmählich entwickeln kann, anstatt sich an jemand anderen anzulehnen, bei dem diese Funktion stark ausgeprägt ist.

Menschen, die den Maibaum auf diese Art und Weise benutzt haben, berichten, daß sie Heilung erhalten, sich entspannter fühlen oder stärker oder fröhlicher; mit anderen Worten, sie erhalten genau das, was sie im Moment am meisten brauchen. Diese Visualisierung ermutigt Menschen dazu, sich auf den Kontakt mit ihrem eigenen Höheren Bewußtsein zu verlassen anstatt auf andere Menschen.

Wir haben beobachtet, daß durch eine solche Gruppenmeditation eine enorme Energiemenge erzeugt wird. Es ist so, als ob jeder einzelne eine Lampe hätte, die durch die «Elektrizität» zum Leuchten gebracht wird, die durch die vielen bunten Bänder vom Höheren Bewußtsein zu jedem einzelnen herunterfließt und alle Lampen im Raum erstrahlen läßt, so daß dieser von Licht und Energie durchflutet wird und alles Dunkle sich auflöst. Dieses gehobene Energieniveau ermöglicht den Anwesenden noch tiefere Einsichten, klarere Bewußtheit, Heilung, umfassendere Entspannung und wesentlich tiefere Meditation, als es ihnen allein möglich wäre.

Wenn die Gruppe auch anderen Heilung zukommen lassen möchte, kann jeder den Namen einer Person nennen, die Hilfe benötigt, und das Problem des Betreffenden kurz beschreiben, sei es physisch, geistig, finanziell oder emotional. Dann stellt sich die gesamte Gruppe vor, daß der jeweils genannte Hilfesuchende in der Mitte des Kreises sitzt und sich an den Maibaum anlehnt. Nun bitten alle Anwesenden darum, daß Heilung oder irgendeine andere Art der Hilfe von ihrem gemeinsamen Höheren Bewußtsein in diesen Kranken oder verwirrten Menschen hineinfließt. Dieser Vorgang wird reihum sooft wiederholt, bis jeder sein Anliegen vorbringen konnte.

Wie in der Meditation überhaupt, erhalten manche Menschen auch hier manchmal sehr detaillierte Bilder, Symbole oder Einsichten bezüglich der Person, für die gearbeitet wird, und diese erweisen sich oft als sehr hilfreich dabei, den Zustand des Betreffenden zu verstehen und notwendige Hilfen zu finden. Wir haben schon oft überraschende Ergebnisse solcher Heilmeditationen erlebt.

Solange jedes Mitglied der Gruppe bewußt mit dem gemeinsamen Höheren Bewußtsein in Verbindung bleibt, können keine körperlichen oder geistigen Symptome der Hilfesuchenden auf andere überspringen, wie dies oft bei Gruppen vorkommt, in denen diese Sicherheitsmaßnahme nicht getroffen wird.

Wenn ein Gruppenmitglied selbst Hilfe oder Heilung benötigt, sollte es sich wirklich mit nach oben gerichteten Handflächen in die Mitte des Kreises setzen, während die anderen um Heilung und Hilfe für es bitten. Nun sollte es sich so weit wie möglich der Heilkraft öffnen, so daß diese direkter und schneller wirksam werden kann.

Das Dreieck, weitere Anwendungsmöglichkeiten
Ich habe bereits an früherer Stelle das Dreieck beschrieben [siehe Einführung] und auf seine Funktion als Grundlage hingewiesen, von der aus wir zu Beginn jeder Sitzung Kontakt zum Höheren Bewußtsein herstellen, gleichgültig ob es sich um Arbeit auf der bewußten Ebene oder um eine Wachtraumsitzung handelt. Wie die Acht ist auch das Dreieck ein Symbol, das in anderen Zusammenhängen benutzt werden kann und das sich als sehr wirksam erwiesen hat.

Wenn mich jemand um Hilfe bittet, visualisiere ich zuallererst ein Dreieck, das uns mit dem Höheren Bewußtsein verbindet, und bitte durch die Verbindung auf meiner Seite das Höhere Selbst des anderen, es möge die nötige Heilung, Führung oder Hilfe schicken; und ich schlage der anderen Person vor, das gleiche zu tun. Es wurde uns mitgeteilt, daß dies das Äußerste ist, was wir für andere Menschen überhaupt tun können.

Ich werde immer wieder darum gebeten, aus irgendwelchen Gründen Dreiecke für Menschen zu errichten, was soviel bedeutet wie ein Gebet für sie zu sprechen oder ihnen positive Gedanken zu schicken. Wie uns gezeigt wurde, ist es akzeptabel, alle Linien des Dreiecks für diejenigen durchgehend zu visualisieren, die es kennen oder die den Kontakt zum Höheren Bewußtsein ernsthaft suchen, daß wir unseren Willen jedoch niemandem aufzwingen sollten, der sich dieser Quelle noch nicht geöffnet hat. In solchen Fällen visualisieren wir die gegenüberliegende Seite des Dreiecks als gestrichelte Linie, die der Betreffende selbst ausfüllen kann, sobald er bereit ist, die Hilfe des Höheren Bewußtseins zu suchen.

Manchmal genügt es voll und ganz, «ein Dreieck zu errichten», wie wir es manchmal nennen, wenn jemand eine Prüfung vor sich hat, an irgendeiner Krankheit leidet, eine Gefühlskrise oder eine Scheidung durchzustehen hat oder in irgendeiner der unzähligen Situationen steht, die einen Menschen dazu zwingen, Hilfe zu suchen. Das Dreieck kann jedoch nicht als Zauberstab benutzt werden, und der Hilfesuchende muß seinen Beitrag leisten, indem er es ebenfalls visualisiert – oder er wird abhängig von anderen, die es für ihn tun.

Wir bekommen oft auch die Anweisung, das Dreieck über der Acht zu errichten, so daß die Punkte A und B sich in den Mittelpunkten der beiden Kreise befinden. So entsteht ein äußerst wirksames Symbol, das beide Beteiligten davon abhält, den anderen zu dominieren oder auf ihn zu projizieren, während beide ihr gemeinsames Höheres Bewußtsein um Führung bitten.

Die Wirkung starker Emotionen auf die Atmosphäre
Die Wirkung starker Gefühle auf die Atmosphäre und somit auf die Menschen in unserer Umgebung wurde eines Tages ganz unerwartet und auf eine sehr schöne Art veranschaulicht, als ich mit einer Frau arbeitete, deren Mann vor kurzem verstorben war. Ihr Leiden über diesen Verlust war so groß, daß sie die Arbeit in unserer Sitzung nicht selbst übernehmen konnte, und so stimmte ich mich in unser gemeinsames Höheres Bewußtsein ein und bat darum, es möge mir etwas gegeben werden, das ihr Leiden lindern würde. Sofort darauf nahm ich einen Mann wahr, den ich für ihren verstorbenen Ehemann hielt. Er freute sich ganz offensichtlich sehr über diese Möglichkeit, ihr eine aufregende Entdeckung mitteilen zu können, die er in seiner neuen Seinsdimension gemacht hatte. Er sagte uns, er könne verschiedene Atmosphären sichtbar machen, die er mir zeigen wolle, so daß ich sie seiner Frau beschreiben konnte. Er bat mich, den Raum zu beobachten, der sich in dieser inneren Szene zwischen ihm und mir befand, und als ich dies tat, wurde ich einer riesigen Lein-

wand gewahr, auf die nun ein Strom von außergewöhnlich zusammengesetzten Farben und Formen projiziert wurde. Sie waren nicht flach oder statisch wie ein Gemälde oder ein Foto, sondern dreidimensional und fließend, so daß Farben und Formen sich in einem ständigen Wechsel befanden, während ich diese Leinwand betrachtete.

Er erklärte, daß er Emotionen projiziere und durch sie «mit den Farben der Palette jedes Malers diese dreidimensionalen Atmosphären malen» könne. Dann löschte er dieses Bild und bat mich, als nächstes seine Projektion von Wut zu betrachten. Nun wurde ein rundes Gebilde sichtbar, das in intensiven Dunkelrot-, Braun- und Schwarztönungen in der Luft herumwirbelte und sich wie ein riesiger Strudel in großen Spiralen drehte und alles in sich aufsog, was ihm in die Nähe kam. Er löschte dieses Bild schnell wieder aus und fragte mich, welche Emotion er als nächstes projizieren solle: «Liebe», war mein Wunsch. Darauf begann er, eine außergewöhnliche Rosafärbung in den Raum zu gießen, die sich ausdehnte und entfaltete wie eine riesige Blüte, von der lange, schwebende Ranken ausgingen wie von einer Seeanemone, die liebkosten, was sie berührten. Er sagte, wenn wir beide stillhielten, könne er diese Fühler in unsere Richtung bewegen, so daß sie uns mit Liebe umhüllten.

Als nächstes kam Freude, eine wahre Explosion der verschiedensten Gelb-, Orange- und Aprikosetönungen, die nicht beieinander blieben, sondern sich in alle Richtungen bewegten. Er wies darauf hin, daß Freude nicht bei dem bleibt, der sie empfindet, sondern jeden anderen Menschen in dessen Umgebung berührt. Nun wollte er uns Leid zeigen; es sah aus wie ein Krake, der Dunkelblau, Indigo und Dunkelrot in langen Tentakeln ausspuckte, die ebenfalls alles in ihrem Umkreis berührten.

Darauf sagte der Mann, er habe erkannt, daß er und alle anderen Schöpfer seien, daß Wut einem den Atem raube, während Freude streichelt, und daß wir alle sehr vorsichtig mit

den Emotionen umgehen sollten, die wir projizieren, da wir die Wahl haben, erhebende oder deprimierende Bilder zu malen.
Nun erschuf er noch eine letzte Atmosphäre, die er Wachstum nannte. Und als ich den Raum betrachtete, erschien eine sich bewegende Gruppe blaßgelber und hellgrüner Farben, die von unten her zu wachsen begann und sich allmählich wie ein Farbbaum ausbreitete, dessen Zweigenden hauchzarte, gelbe Spitzen trugen. Er hinterließ seiner Frau dieses Bild des Wachstums mit den Worten: «Mach lieber Wachstum zu deinem Thema; Ausdehnung und Wachstum, und verbreite Freude statt Leid.»

Symbole bei negativen Emotionen
Angst
Angst scheint eine der am meisten schädigenden Emotionen zu sein, und oft unternehmen Menschen alles nur Erdenkliche, um sie loszuwerden. Dabei kommen die meisten jedoch zu dem Ergebnis, daß es äußerst schwierig ist, Angst auszulöschen, was vielleicht daran liegt, daß gerade diese Emotion von so durchdringender Natur ist. Die Ursachen für Angst sind so zahlreich wie die Menschen, die ihr zum Opfer fallen, und so wurden uns mehrere verschiedene Methoden zuteil, mit denen der jeweilige Ursprung der Angst gefunden werden kann.
Meist ist Angst eine Folge von einem Kindheitstrauma; in solchen Fällen bitten wir darum, daß die Person, die an der Befreiung von ihrer Angst arbeitet, in der Erinnerung zu ihrer Grundursache oder den Ursachen zurückgeführt wird. Wie ich bereits erwähnt habe, kann der Betreffende eine *Autoritätsfigur* wie z.B. Christus, Baba oder eine Personifizierung des Höheren Bewußtseins rufen, die ihn in den traumatischen Vorfall hineinbegleitet, um das Kind zu heilen und zu trösten, das einmal in eine angsterzeugende Situation verwickelt

war, die in seinem Inneren immer noch lebendig ist. Manchmal liegt die Ursache eher in einem vergangenen Leben als im gegenwärtigen und wurde als unbewußte Erinnerung mitgebracht – wie dies z.B. bei meiner eigenen Höhenangst der Fall ist.

Oft klagen Menschen auch über diffuse Ängste, die oft sogar noch furchterregender sind, eben weil sie diffus sind, und die Angst vor dem Unbekannten ist eine der häufigsten Formen der Angst. In diesen Fällen benutzen wir oft den *Korridor* und führen den Betreffenden zu der Tür mit der Aufschrift «Angst», so daß er die Ursache auf diese Weise finden kann. Diese Methode wurde bereits in dem Kapitel «Der Korridor» erläutert.

Eine andere nützliche Methode besteht darin, dem Betreffenden den Gebrauch der *Acht* zu erklären, wobei er statt einer Person entweder eine bestimmte Angst oder ein Symbol für Angst in dem Kreis visualisiert, der seinem eigenen gegenüberliegt. Dies genügt oft, um dem Eindringen der Angst ein Ende zu bereiten, besonders in den Fällen, in denen sie wie eine Infektion von jemand anderem übernommen wird.

Eine weitere sehr hilfreiche Methode, durch welche die Angst vor einem bestimmten zukünftigen Ereignis oder einer Tätigkeit zerstreut werden kann, ist die *«Generalprobe»*. Wenn die Person, mit der wir arbeiten, vor einem bestimmten Ereignis oder einer Begegnung Angst hat, führen wir sie nach der Entspannung Schritt für Schritt durch eine Probe dieses zukünftigen Ereignisses, das ihm Schwierigkeiten bereitet. Wir schlagen dem Betreffenden vor, er möge darum bitten, alle möglichen Fallen oder Probleme gezeigt zu bekommen, die vielleicht auftauchen und ihn überraschen könnten, und daß ihm schon vorher gezeigt werden möge, wie er mit diesen fertig werden kann. Manchmal ergeben sich sehr erstaunliche Einsichten aus einer solchen Sitzung, und viele berichten, daß sie viel entspannter und selbstbewußter sind, wenn sie der tatsächlichen Konfrontation gegenüberstehen, die sie dann in allen Fällen angstfrei erleben können. Diese Methode ist sehr hilfreich, wenn jemand seinen Chef um eine Gehaltserhöhung bitten möchte, wenn die Entlassung eines Angestellten ansteht oder wenn man jemanden wegen eines Fehlers zur Rede stellen muß; sie kann auch als Vorbereitung auf eine Vorlesung oder Rede, auf mündliche Prüfungen oder Gerichtsverhandlungen genutzt werden. Sie ist ebenso eine äußerst hilfreiche Vorbereitung, wenn man eine Rolle in einem Theaterstück übernimmt oder einen Heiratsantrag machen möchte.

Sai Baba hat einmal eine wunderbare kleine Geschichte erzählt, die seine Lösung zum Thema Angst vor wilden Tieren oder gefährlichen Menschen veranschaulicht. Er empfiehlt, die Gotteskraft anzurufen oder zu erkennen, die der Person, dem Tier, Reptil oder irgendeinem anderen angreifenden Wesen innewohnt, da es ganz anders reagieren wird, wenn dieser Teil angesprochen oder aktiviert wird. Hier ist seine Geschichte: «Es lebte einmal ein Guru, der seinem Schüler sagte, Gott sei in allem lebendig. Der Schüler glaubte dies. Am selben Tag fand eine königliche Parade statt. Die Aufmerksamkeit aller Zuschauer richtete sich auf den König, der auf einem riesigen Elefanten ritt. Allen Sicherheitsvorschriften zum Trotz baute sich der Schüler vor dem königlichen Elefanten auf und hörte nicht auf die Warnungen, er würde zu Tode getrampelt werden. Der Elefant schritt auf den Schüler zu, hob ihn in die Höhe und setzte ihn behutsam auf der Seite wieder ab. Der Schüler ging zu seinem Lehrer und beklagte sich darüber, daß er – obwohl Gott sowohl in dem Elefanten als auch in ihm selbst wohne – nicht imstande gewesen sei, den Elefanten aus dem Weg zu schaffen, sondern daß dieser vielmehr ihn aus dem Weg geräumt hätte. Der Guru erklärte, dies liege lediglich daran, daß der Elefant über größere physische Kraft verfüge. Er sagte ihm, das Tier hätte ihn schlicht und einfach getötet, wenn er nicht Gott in dem Elefanten gesehen hätte. Da der Schüler dies jedoch getan

hatte, habe Gott ihn außer Gefahr gebracht. Kein Tier, nicht einmal eine Kobra, tut einem Menschen etwas zuleide, der Gott als die dem Tier oder der Schlange zugrunde liegende Wirklichkeit sieht. Dasselbe gilt in der Regel auch für gefährliche Menschen, wobei es hier einige Ausnahmen gibt, die auf karmischen Zusammenhängen beruhen.»
Manche Menschen fühlen sich immer noch von Angst bedrückt, obwohl sie eine oder mehrere der oben genannten Übungen angewendet haben, und oft sagen sie, sie hätten das Gefühl, die Angst liege tief in ihrem Inneren, und eigentlich hätten sie Angst vor der Angst. Für diesen Fall wurde uns eine Übung gegeben, die wir Lichtstern nennen.

Der Lichtstern für Angst
Eines Tages wurden wir gebeten, eine Sitzung für eine Frau abzuhalten, die so von Angst erfüllt war, daß sie ihren Alltag kaum mehr bewältigen konnte. Als ich mich in den Wachtraumzustand begab, sah ich diese Frau deutlich vor mir, obwohl sie keinem von uns persönlich bekannt war. Auch die Angst in ihr konnte ich deutlich als graue Spinnweben oder Rauchschwaden erkennen. Ich versuchte, etwas davon wegzunehmen, entdeckte aber, daß es schlüpfrig war, und sobald ich glaubte, einen Teil davon in der Hand zu haben, entglitt es mir auch schon und schwebte an eine andere Stelle in ihrem Inneren weiter. Als ich darauf noch einmal versuchte, es zu fassen zu bekommen, entglitt es mir wieder, und so bat ich das Höhere Bewußtsein um Hilfe. Ich bekam die Anweisung, über meinen Kopf zu greifen und herunterzuziehen, was ich dort vorfinden würde.
Ich tat dies in meiner Vorstellung und entdeckte, daß ich einen Lichtstern in der Hand hielt, der aus einem Lichtball in der Mitte bestand, von dem viele einzelnen Strahlen ausgingen. Ich wurde angewiesen, ihn so weit herunterzuziehen, daß er sich etwa 15 cm von meinem Körper entfernt und in Höhe meines Solarplexus befand. Dann sah ich, daß sein Zentrum

wie ein schwarzes Loch geartet war, das die Fähigkeit hatte, Angst magnetisch in seine Tiefen zu ziehen, wo sie augenblicklich vernichtet werden würde. Meine Aufgabe bestand darin, die Ängste in mein Bewußtsein treten zu lassen, sie zu verbalisieren und sie dann sprichwörtlich loszulassen, so daß der Stern sie heraus in sein Zentrum ziehen konnte. Es wurde uns mitgeteilt, daß diese Übung für all diejenigen sei, die sich von ihrer Angst befreien wollten, und der Frau, die um Hilfe gebeten hatte, wurde sie folgendermaßen beschrieben:

«1. Stellen Sie sich vor, daß Sie über Ihren Kopf fassen und einen großen Stern (ein dreidimensionales Kreuz) berühren, der aus goldenem Licht besteht.

2. Ziehen Sie ihn herunter, als wäre er an einer Art Lampenzug befestigt.

3. Bringen Sie ihn so weit herab, daß er sich in etwa 15 cm Entfernung vor Ihrem Körper in Höhe des Solarplexus oder Zwerchfells befindet.

4. Lassen Sie nun beim Ausatmen jegliche Ängste, die Ihnen bekannt sind, oder Angst allgemein bewußt gehen. Diese werden bzw. wird in die Mitte des Sterns gezogen, welcher die Angst wie ein schwarzes Loch auflösen wird.

5. Nehmen Sie mit dem Einatmen bewußt mehr von dem Licht auf, das von den Strahlen des Sterns ausgeht. Es ersetzt die Angst, die Sie ausgeatmet haben, und heilt das Trauma, das sie verursacht hat.

6. Wenn Sie die Übung beendet haben, schieben Sie den Stern in Ihrer Vorstellung an die Stelle über Ihrem Kopf zurück, von wo Sie ihn das nächstemal wieder holen können, falls Sie ihn noch einmal brauchen sollten. Während Sie ihn benutzen, können Sie sämtliche spezifischen Ängste loslassen, die Ihnen in den Sinn kommen.»

Diese Übung mag wie ein Kinderspiel erscheinen; dieser Eindruck resultiert aus der Tatsache, daß sie dazu bestimmt ist, den unbewußten Teil der Psyche zu beeindrucken, der kindhaft ist, und nicht den rationalen, bewußten Teil.

Die Frau berichtete uns am darauffolgenden Tag, daß sie eine sehr starke Reaktion erlebte, als sie den Stern zum erstenmal benutzte. Ihr ganzer Körper zitterte heftig, als sie begann, ihre Ängste loszulassen, was sie aber nicht erschreckte, da das Gefühl der Entspannung, das sich dabei einstellte, tiefer war, als sie es je erlebt hatte. In der folgenden Nacht konnte sie zum erstenmal seit Jahren ruhig schlafen. Sie benutzte den Stern weiterhin, wenn sie die Angst zurückkehren fühlte; dabei machte sie die Erfahrung, daß sie ihr leicht auf die Spur kommen und sie loslassen konnte, bevor sie überhand genommen hatte. Wir haben diese Übung an viele Menschen weitergegeben, die dieses Problem hatten. All diejenigen, die sie wirklich gewissenhaft benutzt haben, konnten von sehr positiven Ergebnissen berichten.

Schuld
Auch Schuldgefühle haben eine sehr lähmende Wirkung. Schuld tritt sehr häufig auf, und es ist sehr schwer, sich von ihr zu befreien, da der Mensch, der sie in sich trägt, sich ihrer Ursache oft nicht bewußt ist. Ähnlich wie bei der Angst reichen auch hier die Wurzeln oft sehr weit in die Tiefe und in die Kindheit zurück. Häufig werden Schuldgefühle durch zu strenge Eltern verursacht, die mit Strafen erzogen haben, welche für das jeweilige Vergehen zu hart waren. Manchmal genügt der Teil der Pubertätsriten-Meditation, in dem man den Eltern verzeiht und sie um Verzeihung bittet, um die Last der Schuld aufzulösen, die in irgendeiner Weise mit den Eltern in Zusammenhang steht.
Daneben besteht auch die Möglichkeit, daß die Schuld aus einem früheren Leben stammt und in dieses Leben mitgebracht wurde; in diesem Fall kann man sie zurückverfolgen, sich mit ihr konfrontieren und die entsprechende Autoritätsgestalt oder das Höhere Bewußtsein um Absolution bitten und diese entgegennehmen. Solche Entdeckungen können äußerst hilfreich dabei sein, alte karmische Schuld offenzule-

gen, die jemand sich aufgeladen hat; darauf kann die betreffende Person darum bitten, gezeigt zu bekommen, wie sie ihre Schuld in diesem Leben am besten begleichen kann.

Wenn die Schuld von einer bewußten Handlung herrührt, handelt es sich oft um die Art von Schuld, die den Betreffenden letzten Endes dazu treibt, sich selbst zum Positiven zu verändern. Er kann dann noch einen weiteren Schritt tun und den willentlichen Beschluß fassen, diesen Fehler nicht noch einmal zu machen, und das Höhere Bewußtsein um Hilfe dabei bitten. In solchen Fällen dient das Schuldgefühl einem Zweck, da der Betreffende sich ohne dessen Einwirkung seines negativen Verhaltens nicht in ausreichendem Maße bewußt geworden wäre, um sich um Heilung zu bemühen.

Manche Menschen fühlen sich schuldig, nicht weil sie selbst irgend etwas getan hätten, sondern weil andere dieses Gefühl aus irgendeinem Grund auf sie übertragen haben. Manche sagen, sie fühlen sich schon schuldig dafür, am Leben zu sein. Es hat sich gezeigt, daß dies oft mit den Eltern zusammenhängt und bis zur Geburt zurückgehen kann, besonders wenn die Mutter bei der Geburt gestorben ist oder schwere Verletzungen erlitten hat. Viele Eltern sind sich nicht darüber im klaren, daß auch ein kleines Kind schon negative Gefühle aufnehmen kann, besonders Ablehnung und Schuld. Diese beiden Emotionen greifen direkt das Sicherheitsgefühl an, das ein Kind so dringend braucht, wenn es nach der Geborgenheit, die es neun Monate lang im Mutterleib erlebt hatte, in diese irdische Ebene eintritt.

Eine weitere Ursache für Schuldgefühle ist die Enttäuschung der Eltern über das Geschlecht des Kindes, eine sehr häufige Reaktion, die oft noch jahrelang nach der Geburt zum Ausdruck gebracht wird. Dies hat zur Folge, daß das Kind das Gefühl hat, für seine Eltern ein Fehler oder eine Enttäuschung zu sein. In solchen Fällen kann die Schuld oft dadurch aufgelöst werden, daß der Betreffende angeleitet wird, sein Höheres Bewußtsein oder eine Autorität anzurufen, die

ihn zu den schuldverursachenden Erlebnissen zurückbegleiten. Nun kann er um Vergebung und Absolution für sich selbst oder für die Eltern bitten. Ein imaginäres, rituelles Bad, das dieser Visualisierung folgt, kann das Gefühl, gereinigt worden zu sein, sehr unterstützen.
Dennoch kann es, selbst nachdem die Ursache aufgespürt und die Vergebung empfangen wurde, noch schwer sein, eine Schicht der Schuld loszulassen, besonders wenn sie lange Zeit mitgetragen wurde und zur Gewohnheit geworden war. In solchen Fällen schlagen wir eine Übung vor, die wir «Taucheranzug» nennen.

Der Taucheranzug zum Auflösen von Schuld
Diese Übung erschien bei der Arbeit für jemanden, der von einem unbestimmten, aber sehr schweren Schuldgefühl verfolgt worden war, von dem er sich durch die verschiedensten Methoden, die er angewandt hatte, nicht hatte befreien können.
Als ich ihn auf der inneren Ebene betrachtete, schien er einen glänzenden, schwarzen Wasseranzug anzuhaben, wie z. B. Surfer sie tragen. Er paßte ihm wie eine zweite Haut und behinderte seine Bewegungen und seinen Atem.
Sobald er entspannt war, bat ich ihn, an sich hinunterzuschauen, um herauszufinden, ob er diese schwarze Schicht sehen könne, die seinen gesamten Körper bedeckte. Er wurde sehr aufgeregt und sagte, er könne ihn nicht nur sehen, sondern auch spüren, und daß er ganz genau ausdrücke, wie er sich immer fühle: behindert und eingeschlossen.
Ich fragte ihn, ob er gerne gezeigt bekommen würde, wie er diesen Anzug entfernen könnte, und er stürzte sich regelrecht auf diese Möglichkeit. So leitete ich ihn Schritt für Schritt an, sich von dieser unerwünschten Bedeckung zu befreien, und half ihm an den Stellen, die er nicht erreichen konnte. In diesem Fall konnte der Betreffende den Taucheranzug nicht als Ganzes ablegen; er mußte statt dessen ein kleines Stückchen

nach dem anderen abschneiden und dabei die Ursache für jeden Teil benennen. Als es ihm schließlich gelungen war, alles zu entfernen, lag ein ganzes Bündel schwarzer Schnipsel zu seinen Füßen.
Ich fragte ihn, wie er diese Schnipsel zerstören wolle, so daß er nie wieder in die Versuchung geraten würde, sie wieder anzulegen. Seine Antwort kam ohne Zögern: er wolle Säure über das Bündel gießen, und als er sich daranmachte, dies zu tun, bat ich ihn, sorgfältig darauf zu achten, daß auch wirklich jedes einzelne Stückchen von der Säure aufgelöst und keines in der Aufregung über diese Möglichkeit, sie loszuwerden, übersehen werde. Er arbeitete sehr konzentriert und verkündete schließlich, daß alle Schnipsel verschwunden seien, ohne auch nur die geringste Spur zu hinterlassen. Darauf fragte ich ihn, ob er vielleicht gerne duschen oder schwimmen wolle, um seinen ganzen Körper zu waschen, der so lange von dem Taucheranzug bedeckt gewesen war. Er beschloß, im Meer zu schwimmen, so daß sein Körper durch das Salzwasser nicht nur gewaschen, sondern auch erfrischt und stimuliert werden würde. Ich ermunterte ihn, nach Herzenslust zu schwimmen, zu spritzen und herumzuspringen, um seine neu gefundene Freiheit auszudrücken, und er schaffte es tatsächlich, loszulassen und im Wasser herumzuplanschen, und so schlug ich ihm vor, doch am Strand entlangzulaufen und seinen Körper Sonne und Luft aufnehmen zu lassen, um sich selbst noch stärker klarzumachen, daß er nun frei sei.
Zu guter Letzt sagte er, er sei jetzt müde und habe sich fallen lassen. Während er sich ausruhte, empfahl ich ihm, sich eine Woche lang täglich zu prüfen und danach einmal pro Woche, um sicherzugehen, daß sich nicht Teile seiner alten Gewohnheit wieder einschlichen. Ich erklärte ihm, daß er irgendwelche Spuren des Taucheranzugs, die vielleicht wieder auftauchen würden, sofort entfernen und mit Säure zerstören solle. Danach solle er seinen Körper so wie eben im Wachtraum waschen und sonnen. Ich machte ihm klar, daß der gesamte

Vorgang nun nur noch einige Minuten in Anspruch nehmen würde, da er den Anzug ja schon einmal als Ganzes entfernt habe.

Später berichtete er, er habe herausgefunden, daß er irgendwelche neu angesammelten Schichten von Schuld mühelos erkennen und sie sofort entfernen konnte, nachdem er untersucht hatte, aus welchem Grund er sie wieder angenommen hatte.

Wut
Wut ist eine der zerstörendsten Emotionen, nicht nur für den, der von ihr geschüttelt wird, sondern auch für denjenigen, der das Pech hat, zufällig als Zielscheibe zu dienen, und sogar für die unfreiwilligen Zeugen eines Wutausbruches.

Als wir um ein Symbol baten, das als Hilfe beim Loslassen der Wut dienen könnte, wurde uns das Bild eines Menschen gezeigt, der einen Drachen verschluckt hatte, der sich von Zeit zu Zeit in seinem inneren Gefängnis bewegte und aus Frustration Feuer spie.

Wut steht in direktem Zusammenhang mit einer Blockierung des persönlichen Willens oder der persönlichen Wünsche, und daher ist es nötig, zu untersuchen, bei welcher Art von Vorfällen die Wut gewöhnlich zum Vorschein kommt, damit der Betreffende die Auslöser seiner Wut besser versteht. Wenn sie als Gewohnheit von einem Elternteil übernommen wurde, kann sie in Zusammenhang mit den Pubertätsriten losgelassen werden. Wenn Wut die Waffe eines Menschen mit starkem Willen ist, muß dieses Verhalten ganz realistisch betrachtet werden, damit der Wille des Egos abgegeben und statt dessen der des Höheren Bewußtseins gesucht wird.

Noch zerstörerischer wirkt Wut, wenn sie unterdrückt wird. Sie ist in diesem Fall unbewußt und kann aus heiterem Himmel ausbrechen. Diese Situation ist oft das Egebnis sehr strenger elterlicher Kontrolle, die nie zuließ, daß ein Kind seine Wut zum Ausdruck brachte, so daß es sie buchstäblich

hinunterschlucken mußte. In solchen Fällen kann Wut die verschiedensten körperlichen Leiden hervorrufen.
Eine weitere Ursache resultiert aus der Situation, in der das andere Extrem vorherrscht: wenn die Eltern zu nachsichtig waren und fälschlicherweise ihre Liebe dadurch zum Ausdruck brachten, daß sie dem Kind erlaubten, seine Wut jedesmal zu zeigen, wenn seine Wünsche einmal nicht erfüllt wurden, und fürchteten, das Kind könne es als Mangel an Liebe auffassen, wenn sie ihm dies verwehrt hätten. Dieses wuterfüllte Kind ist in wütenden Menschen oft sehr lebendig. Es muß von dem Betreffenden selbst zu der angemessenen Disziplin erzogen werden, die den Ausgleich zu der Erziehung schafft, welche die Eltern fälschlicherweise praktiziert oder versäumt haben.
Wenn alle möglichen Schritte unternommen wurden, um die Wut auszulöschen, wie z. B. sich von den unerfüllten, persönlichen Wünschen zu lösen, geben wir dem Betreffenden zwei verschiedene Übungen, die ihm dabei helfen können, sich vom Kern der Wut zu befreien. In der einen wird die Wut als feuriger Drache beschrieben, den man sich vorstellen muß, als lebe er im Inneren des Betreffenden, von wo er jederzeit ausbrechen kann, wenn sein persönlicher Wille oder seine Wünsche in irgendeiner Weise durchkreuzt werden. Um dieses Feuerwesen loszuwerden, leiten wir den Betreffenden dazu an, es auszuspucken und es sofort mit einem Speer- oder Schwertstoß in sein Herz zu töten, ganz ähnlich wie bei dem Drachen, der den negativen Mutterarchetyp symbolisiert. Den Feuerdrachen der Wut zu töten ist einfacher, da er ein persönliches und deshalb kleineres Monster ist. Sobald er erlegt und sein Kadaver auf die angezeigte Art und Weise beseitigt wurde, muß der Betreffende einen kleinen himmlischen Cherub oder ein anderes persönliches Symbol wählen, das an die Stelle des Ungeheuers tritt. Dieser Engel bzw. das jeweils gewählte Symbol repräsentiert einen neuen Beginn.
Wie wir erlebt haben, gibt es immer einige Menschen, bei de-

nen diese Methode nicht wirkt. Als wir um ein weiteres Symbol für sie baten, fanden wir heraus, daß einige von ihnen die Wut auf seltsame Weise aus einem früheren Leben mitgebracht hatten. Hier wurde die Wut nicht durch Drachen repräsentiert, sondern meist durch Wesen aus der Familie der Katzen: Wildkatzen, wie z. B. Löwen, Tiger oder Leoparden. Sie symbolisierten nicht Wut, die von unterdrückten Wünschen stammte, wie der Drache, sie bezogen sich vielmehr auf das Weiterleben und standen mit Panik, Vergewaltigung, Tod, Gefahr und anderen Krisensituationen in Zusammenhang. Diese Wut bricht auf einer rein instinktiven Ebene aus, und ihre Opfer sind sich ihrer Ursache nicht bewußt, sondern sind ihr einfach hilflos ausgeliefert.

In manchen Fällen wurden die Betreffenden in einem früheren Leben von einem wilden Tier angegriffen und erschraken so sehr, daß ihre Angst sie für die Identifikation mit dem Tier öffnete, das sie anfiel. Einige von ihnen gehörten zu den Christen, die in den römischen Arenen zur Unterhaltung der Massen wilden Tieren geopfert wurden. Uns wurde gezeigt, daß diese Tiere nicht nur für einige Zeit vor einer solchen Veranstaltung nicht gefüttert wurden, sondern daß man sie auch noch reizte und verletzte, so daß sie in rasende Wut gerieten. Die Energie, die auf diese Weise hervorgerufen wurde, war gewalttätig, aggressiv und überwältigend, was bei den Zuschauern auch starke sexuelle Erregung bewirkte, indem sie sich mit der starken männlichen Energie identifizierten, welche die schwächeren Opfer bezwang. Die Massen zogen auch sadistisches Vergnügen aus diesen Vorstellungen, in denen hilflose Opfer in Stücke gerissen wurden. Tausende von Zuschauern öffneten sich für diese tierische Wut, und indem sie auf sie reagierten, brachten sie sie in spätere Leben mit, ebenso wie all diejenigen, deren Aufgabe es war, die Tiere zu quälen, um ihre Wut hervorzurufen.

Diese wuterfüllten Menschen haben also anstelle der Symbole für die häuslichen Instinkte, die durch Hund und Katze dargestellt werden, wilde, angriffslustige Tiere, mit denen sie irgendwann identifiziert waren. Wiederum andere Opfer öffneten sich – wie wir erkannten – auf andere Weise: Sie waren so sehr erschrocken und in so großer körperlicher und geistiger Not, daß sie versuchten, ihrem Körper und dem Schmerz, den man ihnen zufügte, zu entkommen und sich sehnlichst den schnellen Tod wünschten, um ihre gegenwärtige Qual nicht aushalten zu müssen. In dem Versuch, den Tod herbeizuführen und der Angst und dem Schmerz zu entkommen, entfernten sie sich soweit wie möglich vom Körper und schufen ein Vakuum, in das sich die rasende tierische Wut ergoß, wodurch eine seltsame Art der Tierbesessenheit zustande kam. Wenn sie statt dessen die Gotteskraft in den angreifenden Tieren angerufen hätten, wären sie vielleicht unversehrt geblieben, wie die beiden biblischen Gestalten Daniel und Abednego. Wenn sie Christus oder Jehova gerufen hätten, wäre ihnen geholfen worden, sich weit genug vom Körper zu entfernen, um Angst und Schmerzen nicht mehr zu fühlen, wären aber solange in ausreichender Verbindung mit dem Körper geblieben, bis der Tod auf natürliche Weise eingetreten wäre. Um diesen Menschen zu helfen, wurden wir angewiesen, das Wuttier aus ihnen herauszulocken, indem wir die Gotteskraft in ihm anriefen. Dies beruhigte das Tier und brachte es dazu, sich dem eigenen höheren Willen gehorsam aus dem Menschen herauszuschleichen.

Wir sind auch Fällen begegnet, in denen Menschen in der Kindheit ihres gegenwärtigen Lebens von einem Tier angefallen wurden – meist von einem Hund. Der Schock und die Furcht bei einem so plötzlichen Angriff riefen den Wunsch in ihnen hervor, dem Körper zu entkommen, was dem Hund Raum gab, in den er eindringen konnte. In solchen Fällen empfiehlt es sich, den Betreffenden zu dem ursprünglichen Ereignis zurückzuführen, mit seinem eigenen Höheren Bewußtsein als Helfer, Tröster und Heiler des alten Traumas, und ihn zu bitten, die Gotteskraft in dem Tier anzusprechen und es aufzufordern, aus seinem Opfer herauszutreten.

Wir bekamen auch mitgeteilt, daß Kinder, die zu früh in einen Zirkus oder Zoo mitgenommen werden und die Eindrükke, die sie wahrnehmen, nicht verarbeiten können, ebenfalls vom Anblick der wütenden, eingesperrten Tiere überwältigt und auf ähnliche Weise besetzt werden können.

Wenn uns eine neue Methode gezeigt wird, öffnen wir sie immer auch für andere Menschen, die dasselbe Problem haben und davon befreit werden wollen, und oft stellt sich heraus, daß in derselben Woche mehrere Menschen mit ähnlichen Problemen zu uns kommen.

Eifersucht und Neid

Diese beiden negativen Emotionen sind einander ähnlich und werden in der Auffassung vieler Menschen miteinander verwechselt, sie unterscheiden sich jedoch sehr deutlich voneinander. Beide stammen von Gier und Selbstsucht und stehen in Zusammenhang mit Wünschen und Bindungen. Eifersucht wird im Menschen lebendig, wenn er der Möglichkeit begegnet, daß jemand ihm eine Sache oder Person wegnehmen könnte, die er schätzt. Er versucht dann zu bewahren, was er für sein Eigentum hält, während er denjenigen haßt, der ihn zu berauben droht. Neid entsteht aus Lust und bringt den Menschen in Versuchung, irgend etwas in Besitz zu nehmen, das er begehrt und das jemand anderem gehört. Diese beiden emotionalen Reaktionen sind eng miteinander verbunden, wenn der eine seine Besitztümer eifrig bewacht und der andere ihn dafür beneidet, daß er sie hat. Die zugrundeliegende Gier, die beiden eigen ist, ist eine der am meisten behindernden Emotionen. Sie stört den natürlichen Fluß auf allen Ebenen: in Körper, Denken, Emotionen und Geist, und sie beeinflußt auch noch diejenigen, die sich in der Nähe der gierigen Person befinden. Gier bedeutet festhalten anstatt loszulassen und mit dem Grundrhythmus des Lebens mitzugehen.

Der erste Schritt bei der Arbeit mit diesen beiden negativen Emotionen besteht darin, herauszufinden, was sie in einem Menschen hervorrufen und ob sie aus grundlegenden Charakterschwächen, bestimmten Umständen oder Kindheitserlebnissen resultieren. Bei manchen Menschen erwachsen sie aus der Unsicherheit und dem verzweifelten Bedürfnis, sich an Menschen und Dinge zu klammern, in denen sie Sicherheit zu finden hoffen, anstatt diese beim Höheren Bewußtsein zu suchen.

Wenn dies der Fall ist, kann die Acht visualisiert werden, indem die betreffende Person sich selbst in einem Kreis und ein Symbol für das, woran sie sich so verzweifelt festzuhalten versucht und was sie zu verlieren fürchtet, im gegenüberliegenden Kreis sieht. Diese Übung wird die Herrschaft verringern, die von dem Sicherheitsobjekt ausgeht, und der Betreffende kann dann in eine Wachtraumsitzung geführt werden, in der er sich von seiner Krücke befreit und Kontakt mit dem Höheren Bewußtsein aufnimmt.

Symbole für Neid, Gier und Eifersucht können auch einer Personifizierung des Höheren Bewußtseins übergeben oder zerstört werden, indem man sie in der Fackel oder der ewigen Flamme verbrennt.

Der Wurm im Apfel

Da Neid und Eifersucht vielen Menschen so große Probleme bereiten, baten meine Tochter und ich in einer Sitzung darum, ein Symbol gezeigt zu bekommen, das ihnen bei der Befreiung von diesen Emotionen hilft.

Ich war erstaunt, das Bild eines schönen, roten, glänzenden Apfels zu sehen, der vollkommen entwickelt und ausgereift zu sein schien. Ich wurde angewiesen, sein Inneres zu betrachten und mich nicht von seiner äußeren Erscheinung täuschen zu lassen. Als ich dies tat, stellte ich mit Schrecken fest, daß ein Wurm sich tief in den Apfel hineingefressen hatte, bis zum Kern vorgedrungen war und von dem Apfel nichts als eine leere Hülle hinterlassen hatte. Da verstanden wir, daß Eifersucht und Neid wie der Wurm sich tief in das Herz eines Menschen hineinfressen, bis es leer und hohl ist wie der Apfel, den ich gesehen hatte.

Als nächstes sah ich ein großes, dickes Herz, wie sie manchmal auf Karten zum Valentinstag gedruckt werden. Mir wurde nahegelegt, daß jeder, der sich von diesen negativen Emotionen befreien wollte, dieses Herz als Symbol seines eigenen Herzens visualisieren sollte. Dann kann ihm geholfen werden, mit dem Instrument, das ihm gezeigt wird, hineinzuschneiden oder zu graben, bis der Wurm freigesetzt ist, herausgenommen und auf die Weise vernichtet werden kann, die dem Betreffenden zusagt.

Der Wurm muß dann durch etwas ersetzt werden, das der Betreffende als Symbol für Liebe und Großzügigkeit wählt. Diese Symbole variieren von Person zu Person und reichen von Maraschino-Kirschen und Erdbeeren bis zu Amor-Figuren, Engeln, Lotosblüten und Lichtern. Ein wichtiger Teil des ganzen Prozesses besteht darin, das bedeutungsvollste Symbol für sich selbst zu finden und nicht die anderer Menschen zu übernehmen. Wenn man sie gefunden hat, können diese Symbole als tägliche Visualisierungen benutzt werden, um dem Unbewußten Liebe als neue Mitteilung einzuprägen, die nun den alten Neid und die Eifersucht ersetzt.

Gier
Den meisten negativen Emotionen liegt Gier zugrunde, die Essenz der Bindung an die Wünsche des Egos, die in «ich» und «mein» zum Ausdruck kommen. Gier nimmt darüber hinaus den Platz des Höheren Bewußtseins ein, da sie einem die Illusion der Sicherheit durch materielle Dinge vorgaukelt. Da diese jedoch nicht von Dauer sind, befriedigen und erfüllen sie nie ganz, sondern bringen statt dessen Unsicherheit hervor, also genau den Umstand, von dem man glaubt, er werde durch sie beseitigt.

Da Gier die Grundlage der meisten negativen Emotionen ist und sowohl den einzelnen wie auch die Welt als Ganzes vor Probleme stellt, ist sie auch mit am schwersten auszulöschen. Wir bekamen viele verschiedene Methoden angeboten, mit denen ihr Zugriff abgeschwächt werden kann; da sie nämlich oft tief in die Struktur eines Menschen eingewoben ist, muß sie von allen Seiten bekämpft werden. Einige dieser Methoden wurden in den entsprechenden Zusammenhängen bereits erwähnt. Da wir ein umfassenderes Symbol brauchten, wie wir dies z. B. für Wut und Angst bekommen hatten, baten wir in einer Sitzung darum, eines gezeigt zu bekommen.

Wir bekamen das groteske Bild eines Kopfes mit einem riesigen, aufgesperrten Mund zu sehen und einem Ring ausgestreckter, greifender Hände, der wie ein Kragen oder Halsschmuck um den ganzen Hals herumgelegt war, so daß die Hände in alle Richtungen zeigten. Ein Körper schien nicht vorhanden zu sein – abgesehen von einem bandwurmartigen Gebilde, das am Kopf befestigt war und zu einem Lagerraum im Unbewußten hinunterführte.

Wir sahen, daß Gier wie ein Bandwurm im Inneren seines Wirtes lebt und alles verschlingt, was sie zu fassen bekommt, den Wirt aber unbefriedigt und ewig hungrig läßt. Auf diese Weise entsteht ein Teufelskreis, der durchbrochen werden muß, wenn der Wirt von einer solchen negativen Plage freiwerden will. Der Kopf muß mit dem Bandwurm und dem Lagerraum herausgeschnitten und durch Feuer oder andere geeignete Mittel zerstört werden, die vom Höheren Bewußtsein vorgeschlagen werden. Der Raum, den er im Inneren des Betreffenden eingenommen hatte, muß mit Licht oder einem anderen geeigneten Ersatz, der angezeigt wird, ausgefüllt werden, damit sichergestellt ist, daß er nicht zurückkehren kann. Das Lagerhaus muß sehr sorgfältig untersucht werden, so daß man feststellen kann, wodurch die Gier in einem Menschen hervorgerufen wird, damit er sich bewußt aus ihrer Gewalt befreien kann.

Lehrbilder

Im Lauf der Jahre ist durch die Sitzungen eine große Sammlung von «Lehrbildern» entstanden. Ich werde im folgenden einige von ihnen darstellen, da sie umfassende Einsatzmöglichkeiten haben. Wir bekommen oft wie in einem Theaterstück ein Bild oder eine Szene zu sehen, durch die ein bestimmter Sachverhalt dargestellt wird oder eine Situation oder ein persönliches Problem erhellt wird, die uns selbst oder jemanden, mit dem wir arbeiten, betreffen. Oft entdecken wir später, daß ein Bild auch für andere Menschen mit ähnlichen Problemen angewendet werden kann. Auf diese Weise kann das Problem eines jeden Menschen anderen helfen, was alle in einer unsichtbaren Partnerschaft von Geben und Nehmen zusammenschließt.
Manchmal genügt es, ein solches Bild zu finden, um dem Betreffenden genügend Einsicht und Verstehen zu vermitteln, so daß er seine Handlungsweise ändern und so seine Situation entsprechend beeinflussen kann. Wenn uns klar wird, was wir zu tun haben, um uns selbst oder unsere inneren Haltungen zu verändern, stehen wir oft vor der Wahl, dasselbe Muster fortzusetzen oder es selbst zu verändern.

Maßband und Schlange
In den Anfängen dieser Arbeit wurde mir irgendwann bewußt, daß mein Verstand mir oft im Weg stand, und so fragte ich, was ich tun könne, um dies zu verhindern. Ich sah sofort rechts von mir ein ausziehbares Maßband, das meinen Verstand symbolisierte, der immer damit beschäftigt war, alles zu messen, was ich sah. Ich wurde angewiesen, es soweit wie möglich herauszuziehen und es dann loszulassen, so daß es mit einem lauten «Klick» in sein Gehäuse zurückschnellen konnte. Dies wurde zu einer Übung, die ich als Vorbereitung visualisierte, bevor ich versuchte, Kontakt mit meinem Unbewußten aufzunehmen, und sie wirkte so gut, daß wir sie oft

an andere weitergaben, die derselben Schwierigkeit begegnet waren.

Kurz darauf bemerkte ich, daß nicht nur mein Verstand ein Problem war, wenn ich diese Arbeit tat, sondern daß auch meine Gefühle sich oft einmischten und den Fluß der Bilder und Lehren blockierten. Und so bat ich noch einmal, gezeigt zu bekommen, was ich tun könne, um sie vorübergehend ruhigzustellen. Diesmal sah ich einen Baum und eine Schlange, die über einem Ast hing, so daß ihr Kopf zum Boden zeigte. Die Schlange war ein Symbol für meine Emotionen, und ich wurde angewiesen, sie ganz vorsichtig und sanft um den Ast herumzuwinden, bis sie wie eine Spirale aufgewickelt war und ihren Schwanz im Mund hatte, völlig in sich geschlossen. Als ich es benutzte, wurde mir bewußt, daß dieses Bild perfekt war, da der Baum das unpersönliche Selbst symbolisiert, in dessen Zweigen die Schlange zusammengerollt ruht, so daß es keine weiteren Einmischungen durch meine Emotionen geben konnte, die den Fluß der Bilder behindert hätten, die nun unpersönlich betrachtet und ausgewertet werden konnten.

Der Kiefernzaun
Während einer Sitzung war auf dem inneren Bild ein hoher, astreicher Kiefernzaun zu sehen, und auf beiden Seiten dieses Zaunes saß eine weiße, alte Eule. Eine dieser Eulen erinnerte mich an einen Methodistenpfarrer, mit dem ich arbeitete, während die andere aussah wie ein Psychologe, der ebenfalls mit mir arbeitete. Keiner der beiden konnte den anderen jenseits des hohen Zaunes sehen, der sie voneinander trennte, doch ich erkannte, daß sie – wenn einer der Astknoten in Höhe ihrer Augen herausgenommen würde – sich durch diesen kleinen Zwischenraum sehen könnten. Dann wurde mir klar, daß das Loch diese Arbeit symbolisierte, durch die der Priester die psychologischen Aspekte betrachten konnte und der Psychologe die geistigen, anstatt sich nur auf den eigenen Standpunkt zu konzentrieren.

Die Schwingtür
Ein weiteres Bild, das wir in diesem Zusammenhang zu sehen bekamen, war das einer Schwingtür, die sich zwischen der westlichen und der östlichen Philosophie hin und her bewegte. Durch diese Arbeit werden Menschen, deren Haltungen vorwiegend westlich geprägt sind, mit östlichen Praktiken vertraut gemacht und umgekehrt, so daß beide sich letzten Endes treffen und erkennen können, daß sie viele Gemeinsamkeiten haben.

Die zwei Uhren
Einmal arbeiteten meine Freundin und ich mit einem Ehepaar, sie mit der Frau und ich mit dem Mann. Das Problem der beiden bestand darin, daß sie manchmal einen sehr harmonischen, gemeinsamen Rhythmus hatten und zu anderen Zeiten immer aus dem Takt zu kommen schienen. Nun wünschten sie sich, herauszufinden, wie sie in größerer Harmonie leben könnten. Dieser Wunsch scheint weit verbreitet zu sein, und so baten wir darum, irgendeine mögliche Hilfe zu erkennen.
Wir sahen zwei Standuhren, deren Pendel sich im Inneren eines gläsernen Gehäuses hin und her bewegten. Am Anfang hatten diese denselben Rhythmus, doch ganz allmählich bemerkten wir eine kaum wahrnehmbare Veränderung, als eines der Pendel das andere zu überholen schien. Nach einer Weile wurde dies offensichtlicher, bis die Rhythmen der beiden sich stark voneinander unterschieden. Dieser Zustand war jedoch auch nicht dauerhaft, und wir sahen, daß die Pendel sich allmählich wieder einem verwandteren Rhythmus annäherten, bis sie in vollkommenem Einklang zu sein schienen.
Uns ging auf, daß keine zwei Menschen völlig gleich sind und daß es unmöglich und unrealistisch ist, zu erwarten, daß sie immer in völliger Übereinstimmung sind. Genausowenig ist es sinnvoll, daß einer der Partner dem anderen seinen Rhyth-

mus aufzwingt oder den des anderen anzunehmen versucht, da in beiden Fällen einer von beiden gezwungen würde, sich selbst untreu zu werden. Wenn beide Partner ihren Willen nach dem des Höheren Bewußtseins ausrichten, kann jeder zu seinem eigenen Rhythmus finden und den Abstand zum anderen akzeptieren, wenn dieser sich einstellt, und so die Individualität jedes der beiden schützen.

Die zwei Schlangen
Einer Frau, die viele Jahre in einer sehr schwierigen Ehe gelebt hatte, wurde das Bild zweier Schlangen gezeigt, die sich zusammen auf der Erde wälzten. Zunächst dachte sie, sie befänden sich in einer Liebesumarmung, sah dann aber zu ihrer Überraschung, daß beide Schlangen allmählich ihre Haut verloren. Später las sie, daß Schlangen sich tatsächlich auf diese Weise gegenseitig helfen, ihre alte Haut zu entfernen, wenn sie ihnen zu eng geworden ist. Der Frau wurde klar, daß viele der Kämpfe zwischen ihrem Mann und ihr zu genau dem gleichen Ziel führen würden, wenn sie es einfach geschehen lassen könnten.[18]

Die Tulpe und die Chrysantheme
In einer Sitzung für ein anderes Paar wurde uns deutlich, daß die beiden Partner mit Pflanzen verglichen werden konnten. Der eine war wie eine Tulpe und der andere wie eine Chrysantheme. Wir konnten erkennen, daß tief in unserem Inneren unser wirkliches Muster verborgen ist oder das Samenkorn des Menschen, zu dem wir uns entwickeln sollten. Oft gelingt es diesen inneren Anlagen jedoch nicht, sich frei und normal zu entwickeln. Dazu wären viele verschiedene Faktoren nötig: jede Pflanze muß in die richtige Bodenart gepflanzt werden, im Schatten, Halbschatten oder in der Sonne stehen, und jede hat ihren eigenen Bedarf an Wasser, Nährstoffen und Dünger. So wie Pflanzen gedeihen auch Menschen, wenn alle diese Bedingungen erfüllt werden, wobei jedoch in den

meisten Fällen bestimmte Korrekturen nötig sind. Bei dem Paar, für das wir arbeiteten, hatten die beiden Partner offenbar sehr unterschiedliche Bedürfnisse, und wenn sie ihre Ehe zu einer erfüllenden Beziehung machen wollten, müßten sie beide sehr viel Angleichung in Kauf nehmen.

Hund und Katze
Zu Beginn unserer Partnerschaft arbeiteten meine Freundin und ich einmal mit einem Ehepaar, sie mit der Frau und ich mit dem Mann. Dieser Mann hatte sich so weit zurückgezogen, daß ich beim besten Willen nicht wußte, wie ich ihm dabei helfen könnte, sich auch nur so weit zu öffnen, um mir seine Probleme schildern zu können. Als meine Freundin und ich wieder einmal zusammen arbeiteten, bat ich darum, irgend etwas gezeigt zu bekommen, was mir bei der Arbeit mit ihm behilflich sein würde. Sofort tauchte auf meiner inneren Leinwand das lebhafte Bild eines breiten, schnellen Flusses auf. Ich sah, daß ein Baumstamm über den Strom gefallen war, der eine Brücke bildete, auf dessen Mitte eine Katze kauerte, die offensichtlich vor Schreck erstarrt war, das schnell strömende Wasser so dicht unter sich zu sehen. Sie war viel zu erschrocken, um ihren Weg über den Baumstamm fortzusetzen und so ans gegenüberliegende Ufer und in Sicherheit zu kommen, und ebenso groß war ihre Angst davor, zu der Seite zurückzugehen, von der sie gekommen war. Nun saß sie wie angeklebt auf dem Stamm, gelähmt und außerstande, sich in irgendeine Richtung zu bewegen. Dann sah ich einen ausgelassenen Cockerspaniel, der in den Fluß sprang, auf den Baumstamm zuschwamm und die arme Katze ganz naß spritzte, als er in ihre Nähe kam. Diese zog sich nun noch mehr in ihrer verzweifelten Kauerhaltung zusammen und klammerte sich an ihrem gefährlichen Sitzplatz fest. Mir wurde klar, daß dies ein perfektes Bild für das Ehepaar und die verschiedenen Haltungen der beiden Partner dem Leben gegenüber war. Die Frau war eine extravertierte, enthu-

siastische Person, die spielend mit dem Leben fertig wurde und etwas von dem extravertierten Verhalten eines jungen Hundes an sich hatte, während ihr Mann eindeutig zum introvertierten, katzenartigen Typus gehörte, der zu ängstlich war, um sich in den Lebensstrom hineinzubegeben. Dann fiel uns auf, daß dieses Bild auf viele Menschen angewendet werden konnte, und seither versuchten wir immer, herauszufinden, welche Personen eher an Hunde und welche mehr an Katzen erinnerten, und dadurch fiel es uns viel leichter, die jeweils richtige Umgehensweise zu finden.

Kurze Zeit nach dieser Sitzung machte mir meine eigene Katze diesen Zusammenhang noch deutlicher. Sie hatte sich aus ihrer gewohnten Umgebung in die Hügel hinauf verirrt und war vermutlich über die ungewohnte, fremde Außenwelt so erschrocken, daß sie Angst hatte, nach Hause zurückzukehren, und keinen von uns an sich heranließ. Wir mußten tagelang äußerst viel Geduld aufbringen, um sie mit einem Napf voller Futter zurückzulocken, den ich zuerst in großer Entfernung von unserem Haus aufstellte und dann allmählich jeden Tag etwas näher rückte, bis sie schließlich zum Hintereingang unseres Hauses kam, um zu fressen. Zu guter Letzt konnte ich sie dann aufheben. Zuerst kämpfte sie zwar aus lauter Angst, aber als ich sie ein wenig hinter den Ohren gestreichelt hatte, entspannte sie sich und ließ sich darauf ein, wieder zu Hause zu sein.

Wenn man mit sehr introvertierten Menschen arbeitet, ist es oft nötig, sehr vorsichtig vorzugehen und ihnen Hilfe und Ermutigung in kleinen Portionen anzubieten, bis man ihr Vertrauen gewonnen hat und ihre Ängste sich aufgelöst haben.

Die Unterscheidung zwischen hunde- und katzenartigen Menschen ist auch im täglichen Leben sehr hilfreich, wenn man sehr verschiedenartigen Menschen begegnet, da sie einem die Entscheidung erleichtert, wie man auf den einzelnen jeweils zugehen sollte. Katzenähnliche Menschen reagieren am besten, wenn man sich ihnen sachte und langsam nähert, und am liebsten haben sie es, wenn man ihnen den ersten Schritt überläßt. Sie hassen es, mit Aufmerksamkeit und Zuneigung überschüttet oder überrascht zu werden. Menschen des Hundetyps lassen sich sehr gerne umarmen und machen oft auch die ersten Schritte dazu, da sie es lieben, Menschen, die sie mögen, mit Zuneigung zu überhäufen und diese entgegenzunehmen. Ein besseres Gleichgewicht ist natürlich dann gegeben, wenn man sich zwischen diesen beiden Extremen hin und her bewegen und die jeweilige Verhaltensweise gemäß den Menschen auswählen kann, denen man begegnet.

Wir hatten einige siamesische Katzen, die in vielerlei Hinsicht Hunden sehr ähnlich sind, und so sind sie zum Symbol des Mittelwegs geworden: weder zu extravertiert noch übermäßig introvertiert.

Die drei Berge

Eines Tages hatte ich in einer Sitzung ein inneres Erlebnis, das mir den Ausgleich der beiden Funktionen Intellekt und Emotionen veranschaulichte. In meiner inneren Szene sprang ich zwischen zwei hohen Bergen hin und her. Als ich auf dem einen landete, sah ich, daß er aus harten, scharfen Steinen und Felsen bestand, an denen ich mich schneiden und anschlagen würde, wenn ich hier zu lange verweilte, und so sprang ich schnell zu dem anderen Berg hinüber. Da entdeckte ich, daß dieser mit einer tiefen Schneedecke bedeckt war, in die ich einsinken und die mich ersticken würde, wenn ich zu lange auf diesem Berg bliebe. Also sprang ich zu dem felsigen Berg zurück, und so ging das Hin und Her zwischen diesen beiden Bergen immer weiter. Allmählich wurde ich sehr müde und fragte nach der Bedeutung dieser Erfahrung. Da ging mir auf, daß der felsige Berg den Intellekt symbolisierte und der schneebedeckte die Emotionen und daß ich bei meinem Verhalten in verschiedenen Situationen zwischen diesen beiden hin und her gewechselt hatte.

Dann wurde ich angewiesen, zwischen diese beiden Bergen zu schauen, und als ich dies tat, stellte ich zu meiner Überraschung fest, daß sich an dieser Stelle ein dritter Berg befand, den ich noch nicht einmal vermutet hatte. Er war nicht so hoch wie die anderen beiden, und als ich fragte, was er darstelle, bekam ich zur Antwort, er sei das Symbol für einen Zustand des Wissens, das weder ausschließlich fühlend noch gänzlich denkend sei, sondern in dem beide Funktionen zusammenarbeiteten. Es wurde mir auch deutlich, daß dieser dritte Berg aus den toten Körpern der Wünsche bestand, die ich aufgegeben hatte, Wünsche, daß bestimmte Ereignisse eintreten und bestimmte andere Ereignisse nicht eintreten sollten. Als ich den Berg genauer betrachtete, erinnerte er mich an ein Korallenriff, das aus den Skeletten eines winzigen Wassertiers, des Korallenpolypen, besteht. Dieser Berg war wunderschön grün und mit Hunderten hübscher, wilder Blumen übersät, und sobald ich bereit war, mich auf ihm niederzulassen, anstatt weiterhin zwischen den beiden anderen hin und her zu springen, entdeckte ich, daß er durch die Wünsche, die ich losließ, immer höher wurde. Schließlich sah ich, daß er bis zur Sonne reichen konnte, die in unserer Arbeit die Gotteskraft symbolisiert, und daß ich nun mit ihr eins werden und vom beständigen Ziehen der Gegensätze befreit werden konnte, die uns an die Erde ketten.

Der menschliche Hund an der Leine
Eine Freundin von mir, die weit von mir entfernt lebt, ruft von Zeit zu Zeit an und bittet um Hilfe bei ihren Problemen. Bei einem solchen Anruf erzählte sie mir, daß ihr Chef ihr vor einigen Wochen eine neue, viel interessantere Stellung in der großen Firma angeboten hatte, in der sie arbeitete. Darauf hatte er dieses Angebot nicht wieder erwähnt, und so hatte sie mehrere Male in seinem Büro nachgefragt und herauszufinden versucht, was es damit auf sich habe, da sie die dauernde Unsicherheit allmählich frustrierte. Sie sagte, er habe

ihre Anfragen nicht beantwortet, was sie nur noch mehr frustrierte. Nun bat sie uns, zu sehen, ob sie noch irgend etwas tun könne.

In einer unserer Sitzungen für andere Menschen sah ich meine Freundin auf der inneren Leinwand und bemerkte, daß sie etwas in der Hand hielt, was wie eine lange Hundeleine aussah, an der sie ungeduldig zerrte. Als ich nachsah, wohin diese Leine führte, entdeckte ich, daß sich an ihrem anderen Ende anstelle eines Hundes ein Mann befand, und jedesmal wenn sie an der Leine zog, wurde seine Aufmerksamkeit von dem, was er gerade tat, abgelenkt, und ich sah, daß ihn das sehr nervös und ärgerlich werden ließ. Ich erkannte, daß sie diese imaginäre Leine loslassen und ihrem Höheren Bewußtsein übergeben mußte, indem sie sie völlig freigab und fragte, was sie als nächstes tun solle. Sie tat dies sehr gewissenhaft jeden Tag und berichtete kurz darauf, der Mann habe sie angesprochen und ihr mit sehr freundlichen Worten gesagt, er bedauere die Verzögerung, sei nun aber bereit, ihre berufliche Veränderung mit ihr zu besprechen.

Im Lauf der Jahre erhielten wir durch die Arbeit mit dieser Methode noch viele weitere Symbole und Bilder, und indem immer mehr Menschen sich an ihr beteiligen, tauchen immer noch mehr Bilder auf. Ich habe hier Beispiele für bestimmte Zwecke und Probleme beschrieben, um den Weg zu weiteren Entdeckungen für all diejenigen, die sich von dieser Arbeit angezogen fühlen, zu zeigen. Ich muß noch einmal betonen, daß es sehr wesentlich ist, nicht zu vergessen, daß die Symbole selbst keine Zaubermittel sind, sondern Werkzeuge, die tagtäglich auf disziplinierte Weise eingesetzt werden müssen, um das Unbewußte durch die Notwendigkeit neuer Gedanken-, Gefühls- und Verhaltensmuster zu beeindrucken.

Yin Yang
Ein Symbol, das sehr hilfreich dabei ist, männliche und weibliche Aspekte in Angehörigen beider Geschlechter auszuglei-

chen, ist das alte chinesische Yin-Yang-Symbol. Um es zu benutzen, stellt man sich vor, über dem Symbol zu stehen, als sei es auf den Boden gemalt, mit dem linken Fuß auf dem weißen Punkt auf der dunklen Seite und mit dem rechten Fuß auf dem dunklen Punkt auf der hellen Seite, und konzentriert sich darauf, ein Gleichgewicht der beiden Pole in sich zu finden.

Yin-Yang-Symbol

Schlußwort

In diesem Buch habe ich Beispiele der Erfahrungen, Techniken und Symbole dargestellt, die im Lauf der Jahre durch diese Methoden sichtbar geworden sind. Als ich mit dem Schreiben begann, wurde mir sehr schnell bewußt, daß das vorhandene Material beim besten Willen nicht in ein einziges Buch passen würde. Deshalb wurde jedes Thema und jeder Aspekt nur leicht berührt, und aus demselben Grund wurde nur ein Minimum an Fallbeispielen erwähnt.
Es ist leicht ersichtlich, daß diese Arbeit keine kristallisierte Methode darstellt, sondern daß diese sich ständig weiterentwickelt und ausdehnt, indem sie von immer mehr Menschen benutzt wird, die sich entscheiden, nach innen zu gehen, um die Antworten auf ihre Fragen von ihrem Höheren Bewußtsein zu erhalten. Noch während des Entstehens dieses Buches wurden laufend neue Symbole und Techniken entdeckt.
Ich hoffe, daß die grundlegenden Schritte, die in diesem Buch erläutert werden, für alle Interessierten klar genug sind und befolgt werden können, denn ein wirklicher Eindruck davon, wie sie sich im täglichen Leben auswirken, entsteht nur, wenn man sie selbst erlebt hat. Erst als ich begann, dieses Buch zu verfassen, sah ich, daß es klar abgezeichnete Schritte und ein sehr deutliches Muster gibt, die befolgt und an die Bedürfnisse einer jeden Person angeglichen werden können.
Die Reihenfolge der einzelnen Schritte kann bei jeder Person individuell variiert werden, und in aller Regel deuten die Träume des Betreffenden auf die richtige Vorgehensweise hin. Wenn bei jemandem das innere Kind *vor* dem inneren Feind auftaucht, sollten die Sitzungen in dieser Reihenfolge abge-

halten werden. Im umgekehrten Fall sollte der Prozeß ebenfalls der Vorgabe durch die Träume entsprechen.

Wenn jemand besonders negative Eltern hatte, sollte dem Betreffenden die Baumübung gegeben werden, damit er mit seinen kosmischen Eltern in Verbindung treten kann, bevor er beginnt, die elterlichen Bindungen zu lösen.

Es ist von grundlegender Wichtigkeit, das Dreieck immer zu benutzen, so daß das Höhere Bewußtsein bei jedem Schritt konsultiert wird. Wenn diese eine Regel eingehalten wird, werden Hinweise auf die richtige Reihenfolge deutlich werden.

Ich hoffe von ganzem Herzen, daß all diejenigen, die bis hierher gelesen haben und daran interessiert sind, diese Methode zu erproben, durch ihre Teilnahme ebensoviel Erfüllung erfahren werden wie ich und all jene, die sie benutzten, sie erlebt haben und immer noch erleben.

Ich freue mich, all diese Erfahrungen mitteilen zu können, und hoffe, sie können nun weitaus mehr Menschen von Nutzen sein, als ich je persönlich hätte erreichen können. Ich lege dieses Buch in die Hände des Höheren Bewußtseins, von dem es ausging, und hoffe, daß es sich für alle, die es benutzen werden, als eine fortwährende Reise nach innen erweisen wird.

Anmerkungen des Verlags

Die folgenden Titel sind als ergänzende Literatur zu empfehlen.

[1] *Jung, C. G.:* Von Religion und Christentum, Kap.: Der innere Gott, Walter-V., 2. Aufl. 1987
[2] *Ammann, A. N.:* Aktive Imagination. Darstellung einer Methode, Walter-V., 3. Aufl. 1986
Kast, Verena: Imagination als Raum der Freiheit. Dialog zwischen Ich und Unbewußtem, Walter-V., 2. Aufl. 1988
Maass, Hermann: Wach-Träume. Selbstheilung durch das Unbewußte, Walter-V. 1989
Ders.: Der Seelenwolf. Das Böse wandelt sich in positive Kraft, Walter-V. 1984
Weinrich, Hildegard: Der Kelch und die Schlange. Selbstfindung in der Therapie, Walter-V. 1989
[3] *Grundwerk C. G. Jung:* Band 2: Archetyp und Unbewußtes, Walter-V. 1984
[4] *Asper, Kathrin:* Verlassenheit und Selbstentfremdung, Walter-V., 2. Aufl. 1987
Jung, C. G.: Von Vater, Mutter und Kind. Einsichten und Weisheiten, Walter-V. 1989
Kast, Verena: Familienkonflikte im Märchen. Eine psychologische Deutung, Walter-V., 3. Aufl. 1986
[5] *Hark, Helmut:* Traumbild Baum. Vom Wurzelgrund der Seele, Walter-V., 2. Aufl. 1987
[6] *Neumann, Erich:* Die Große Mutter, Walter-V., 8. Aufl. 1988
[7] *Jung, C. G:* Von Religion und Christentum, Kap.: Christus, Walter-V., 2. Aufl. 1987
Obrist, Willy: Neues Bewußtsein und Religiosität. Evolution zum ganzheitlichen Menschen, Walter-V. 1988
[8] *Asper, Kathrin:* Von der Kindheit zum Kind in uns. Lebenshilfe aus dem Unbewußten, Walter-V., 2. Aufl. 1989
[9] *Johnson, Robert A.:* Traumvorstellung Liebe. Der Irrtum des Abendlandes, Walter-V., 3. Aufl. 1988

Kast, Verena: Mann und Frau im Märchen. Eine psychologische Deutung, Walter-V., 7. Aufl. 1988
Leipprand, Angelika-martina: Dornröschen und Eva. Zwei Seiten der Frau, Walter-V. 1989
Raffay, Anita v.: Abschied vom Helden. Das Ende einer Faszination, Walter-V. 1989
Remmler, Helmut: Das Geheimnis der Sphinx. Archetyp für Mann und Frau, Walter-V. 1988
[10] *Trautmann, Werner:* Naturwissenschaftler bestätigen Re-Inkarnation. Fakten und Denkmodelle, Walter-V., 2. Aufl. 1986
[11] *Jung, C. G.:* Von Sexualität und Liebe. Einsichten und Weisheiten, Walter-V., 2. Aufl. 1988
Jung, C. G.: Von Vater, Mutter und Kind. Einsichten und Weisheiten, Walter-V. 1989
Neumann, Erich: Amor und Psyche. Eine tiefenpsychologische Deutung, Walter-V., 6. Aufl. 1988
[12] *Erni Margrit:* Autonomie wagen, Walter-V. 1987
Kast, Verena: Wege zur Autonomie. Märchen psychologisch gedeutet, Walter-V., 3. Aufl. 1987
[13] *Ammann, Ruth:* Traumbild Haus. Von den Lebensräumen der Seele, Walter-V. 1987
[14] *Jung, C. G.:* Mandala. Bilder aus dem Unbewußten, Walter-V., 7. Aufl. 1987
Lexikon Jungscher Grundbegriffe: Walter-V. 1988 (zu den 4 Funktionen)
[15] *Baumgardt, Ursula:* Wege zum Frausein heute. Träume und Bilder einer Analyse, Walter-V., 2. Aufl. 1986
Hark, Helmut: Der Traum als Gottes vergessene Sprache, Walter-V., 4. Aufl. 1988
Ders.: Vom Kirchentraum zur Traumkirche, Walter-V. 1987
Jung, C. G.: Von Traum und Selbsterkenntnis. Einsichten und Weisheiten, Walter-V., 3. Aufl. 1988
Träume als Wegweiser: Reihe mit den Traumbildern: Auto; Baum; Feuer; Fisch; Fuchs; Haus; Schlange; Wasser; Wüste; Unterwelt; Walter-V. 1987 ff.
[16] *Erni, Margrit:* Zwischen Angst und Sicherheit. Wie heute leben?, Walter-V., 4. Aufl. 1988
Kast, Verena: Wege aus Angst und Symbiose. Märchen psychologisch gedeutet, Walter-V., 8. Aufl. 1986
[17] *Das Tibetanische Totenbuch* oder die Nachtod-Erfahrungen auf der Bardo-Stufe, Walter-V., 11. Aufl. 1987
Vgl. *Drewermann Eugen:* «Ich steige hinab in die Barke der Sonne». Alt-

ägyptische Meditationen zu Tod und Auferstehung in bezug zu Joh 20;21, Walter-V. 1989

Vgl. *Gabriel Marcel:* in Marcelle de Jouvenel, Weisungen aus dem Jenseits, Einführung, Walter-V., 2. Aufl. 1974

[18] *Sauer, Gert:* Traumbild Schlange. Von der Vereinigung der Gegensätze, Walter-V., 2. Aufl. 1988

Register

Abtreibung 115–116, 191
Acht, die 19, 32–38, 51, 97, 112, 119, 128, 135, 161, 181, 195, 205–207, 212, 216, 229
- Visualisierungsanweisungen 33–38
Adoption 32, 36
Ägyptisches Totenbuch 179
Aggression 109, 110, 154, 226
Alkohol 22, 27, 135, 141, 205
Angst 21, 27, 92, 139, 143, 172, 174, 185, 191, 195, 215, 226
Anima 63–64, 105, 109, 110, 150, 163
Animus 63–64, 105, 108, 109–110, 116, 153, 163
Archetypen 60, 64, 77, 108–109, 137, 140, 164
Atmosphäre 9, 213–214
Ausgewogenheit 67, 153, 159 (siehe auch Gleichgewicht)
Autoritätsfigur 87, 88, 137, 174, 215

Baba (siehe Sathya Sai Baba)
Baum 77–81, 195, 202, 243
Baumübung 78–81
Bildteppich-Ebene 23–25
Bindungen 26–27, 97–98, 114–126, 179–183
- an die Eltern 29–33
- zwischen Familienmitgliedern 116–118

- zwischen ehemaligen Liebespartnern 118–123
«bonding», Bande knüpfen 30
- bei der Geburt 30
- bei der Heirat 111–113
Buddha 86, 193

Christus 85, 87, 95, 115, 146, 193, 215

Drache 60–62, 64, 224–225
Dreieck 11–13, 16, 20, 50, 55, 74, 86, 92, 111, 113, 114, 187, 191, 195, 200, 209, 243
- in der Sexualität 113
- in der Ehe 153
- weitere Einsatzmöglichkeiten 212
- das Dreieck errichten 55, 212
Drogen 22, 25, 27, 116, 135, 141, 205
Durchschneiden von Bindungen 26–28, 32, 53
- an die Eltern 29–41
- an andere Beziehungen 114–116
- an andere Familienmitglieder 116–118, 181
- an ehemalige Liebespartner 97, 118–123
- für andere Menschen 123–126
- an und für Sterbende 179–194
- an dominierende Faktoren 205–207

Ego 16, 21–22, 26–27, 141, 224, 230

Ehe 89–92, 97–98, 111–113,
    119–121, 152, 232–238
– innere Ehe 163
Eifersucht 27, 68–69, 94, 174, 176,
    205, 228–229
Einsamkeit 82, 112, 174, 185
Eltern
– Bindungen an 27, 29–41, 51–52
– Bindungen lösen an 29–41
– negative Archetypen 60–65
– positive und negative Eigenschaften 66–76
    (siehe auch kosmische Eltern/
    Mutter/Vater)
Empfindung 148–158
Entscheidung 68, 72, 168, 199–201
Entspannung 42–50
– Entspannungssuggestionen
    45–50
Erinnerungsschwund 135

Fackel 204
Familienwolke 129–132
Faulheit 40, 67, 69, 107
Fehlgeburt 115
Fliegen 154–155
freier Wille 22
früheres Leben 105, 118, 130, 134,
    177–178, 192, 216, 226–228

Ganesha 86
Gefühl 64, 148–158, 163, 167, 177
Geisteskrankheit 124, 135
Geschlecht 64, 110
– unerwünschtes Geschlecht des
    Kindes 99–100
Geschwister 116, 205
Gleichgewicht 67, 105–106, 110,
    147–157, 159, 162, 198–199,
    207–209, 238, 240–241
    (siehe auch Ausgewogenheit)

Gott 124, 185, 217–218
– Aspekte Gottes 86, 95, 193
– Gotteskraft, göttliche Kraft 55,
    86, 217, 227–228, 239
Groll 84, 102, 116

Hexe(n) 60, 62
Homosexualität 110, 165–167

Innerer Feind 134–141
Inneres Haus 142–146
Inneres Kind 88–104
Intellekt 148–158
Inzest 37, 84, 94, 116

Jesus 26, 193
    (siehe auch Christus)
Jung, C. G. 63, 105
Jungfrau Maria 85, 87, 95, 120, 121,
    193

Karma 156, 220
Korridor 174–178, 216
kosmische Eltern 77–85, 95, 137,
    243
kosmische Mutter 77, 82–84,
    164
kosmischer Vater 77, 84, 136–137,
    164
Krishna 86
Kristalle 157–158
Kritik 9, 25, 32, 58, 66–68, 84, 107,
    153, 196, 199
Kuan Yin 86
Kugel 128, 148
    (siehe auch unter Symbole:
    Luftballon und Blase)

Lehrbilder 232–240
– Maßband und Schlange 232–233
– Der Kiefernzaun 233

- Die Schwingtür 234
- Die zwei Uhren 234–235
- Die zwei Schlangen 235
- Die Tulpe und die Chrysantheme 235–236
- Hund und Katze 236–238
- Die drei Berge 238–239
- Der menschliche Hund an der Leine 239–240
- Yin Yang 240

Lichtdreieck (siehe Dreieck)
Lichtstern 218–220
Lichtzylinder 128, 198
Liebende 27, 106
Lösen von Bindungen (siehe Durchschneiden von Bindungen)
Lust 228

Madonna 193
(siehe auch Jungfrau Maria und Mutter Maria)
Maibaum 157, 195, 209–212
Mandala 147–158, 195, 199
Meditation 141, 209
- Gruppenmeditation 209–212
Meduse 108–109
Menschenfresser 60, 63
Mitgefühl 25, 79, 120, 191
Mohammed 193
Monster 60, 63, 141, 225
Mutter 79, 83, 106, 115–116, 124–126, 140
- negative Mutter 60–64
(siehe auch kosmische Mutter und Mutter Erde)
Mutter Erde 80

Neid 205, 228–229

Partnerwahl 89, 105–106
Pflegeeltern 32, 59, 101

Programmierung 29, 39, 66, 93–94, 169, 195
- negative Programmierung zerstören 66–76
Pubertät 60, 114
Pubertätsritual 27, 29–31, 42–59, 77, 100, 220, 224
Pyramide 128, 156–157, 198–199, 203

Rebellion 31, 66–67, 106, 110
Reinkarnation 110, 118
Rêverie 29, 174
(siehe auch Wachtraum)
Rhythmus 115, 234–235
Riesen 60, 63
Rituale 11, 29, 30, 60, 62, 72–73, 83, 114, 115, 117, 118, 133, 179–183, 222

Sai Baba (siehe Sathya Sai Baba)
Sathya Sai Baba 7, 86, 115, 138, 167, 168, 199, 208, 212, 215
Schüchternheit 67
Schuld 54, 115, 139, 143, 174, 176, 191, 195, 220, 221
schwarzes Loch 219
schwarze Witwenspinne 60, 62, 109
schwarze Wolke 129–132
Selbstmord 129, 135
Sexualität 22, 37, 89, 90, 92, 110, 113, 122
- Mißbrauch von Sexualität 37, 89
- Angst vor Sexualität 89, 90
- zwanghafte Sexualität 92
- das Dreieck im Zusammenhang mit Sexualität 113
Shiva 86
Sicherheit 11, 25–27, 78, 84, 111, 123, 229, 230
Sonnen-Vater 80

Symbole 9, 195–241
- Die Acht 33–38
  (siehe auch unter A)
- Das Mandala 147–158
- Die Pyramide 156–157, 198–199
- Der Maibaum 157, 195, 209–212
Schutzsymbole 127, 196–203
- Ballon oder Blase 196–197
- Die Plexiglasscheibe 197–198
- Der Lichtzylinder 198
- Die Pyramide 198–199
- Der Regen- oder Sonnenschirm 199–200
- Die Waage 200
- Die Kreuzung 200–201
- Der fünfeckige Stern 201–202
- Der Bienenstock für Energie 202–203
- Die Welle für Entspannung 203
Symbole zum Löschen von Fehlern 203–212
- Die Autoritätsgestalt 204
- Die Fackel 204
- Die Flamme in einem Teller 204
- Andere Methoden 204
- Die Acht 205–207
- Schwarze und weiße Vögel 207–209
- Der Maibaum 209–212
- Das Dreieck, weitere Anwendungsmöglichkeiten 212–213
Symbole bei negativen Emotionen 215–231
- Der Lichtstern für Angst 218–220
- Der Taucheranzug zum Auflösen von Schuld 222–224
- Das Auflösen von Wut 224–228
- Der Wurm im Apfel 229–230
- Das Symbol für Gier 230–231

Tibetanisches Totenbuch 179, 192
Tiere 20, 25, 138, 217–218, 227
- eingesperrte: 20, 25, 217–218
- wilde: 138, 218
Tintenklecks 132–133
Tod 27–28, 36, 111–112, 116, 121–122, 138, 179–194, 226
- Todesrituale 27–28, 179–194
Träume 38, 70, 88, 122, 134–135, 136, 137, 138, 139, 142, 159–173, 176, 184, 242
(siehe auch Wachtraum)

Überessen 73–75, 115, 168, 205
Unbewußte, das 9, 35, 39–40, 44, 58, 70, 123, 132, 133, 138, 142, 149, 152, 157, 159, 160, 164, 169, 195, 206, 219, 230, 232, 240
Unsicherheit 21, 77, 154, 176, 229

Vater 59, 63, 84, 93–94, 103–104
- negativer Vater 60–63
  (siehe auch kosmischer Vater und Sonnenvater)
Vergewaltigung 23, 226
Verzeihen 54–55, 101, 115, 119, 192, 220, 222
Vishnu 86
Visualisierungsübungen
- Dreieck 11–13
- Die Acht 33–38
- Entspannungssuggestionen 40–50
- Pubertätsritual 42–59
- Der Baum 78–81
- Verbindung zu den kosmischen Eltern 77–85
- schwarze Wolken auflösen 131–132
- Tintenkleckse auflösen 132–133
- Das Mandala 147–158

- Der Korridor 174–178
- Der Maibaum 209–212
- Der Lichtstern für Angst 218–220

Wachtraum 11, 15, 29, 42, 61, 72, 86, 90, 134, 143–144, 148, 165, 177, 207–208
(siehe auch Rêverie)

Wiedergeburt 28, 110, 118
Wut 69, 84, 102, 116, 139, 176–177, 195, 205, 214, 224–228

Yin Yang 240

Zurückweisung 32, 78, 82, 84, 90, 99–104, 116, 174, 176, 221
Zyklop 64

Wie können wir unsere Angst vor anderen Menschen oder gesellschaftlichen Gruppierungen überwinden? Wie uns von Abhängigkeiten und Vorurteilen lösen, die uns im Umgang mit anderen einschränken? Wie schließlich unsere Kinder vor falschen Bindungen und Ängsten bewahren? Phyllis Krystal gibt in ihrem Buch Antwort auf all diese Fragen. Bereits in ihrem ersten Buch »Die inneren Fesseln sprengen« zeigte sie einen einfachen und effektiven Weg, durch Schulung der Imagination individuelle Schranken zu überwinden. Nun überträgt und erweitert sie ihre bewährte Methode auf kollektive Bindungen. Entfalten Sie Ihr Inneres mit Hilfe der inneren Visualisierung! Halten Sie sich an Ihr Selbst, an Ihr »Höheres Bewußtsein«. Dann werden Sie und Ihre Kinder zu einem selbstbestimmten Leben finden – frei von falschen kollektiven Bindungen.

Phyllis Krystal

Frei von Angst und Ablehnung
Lösen aus kollektiven Bindungen

L o t o s

Econ | **Ullstein** | List

Das Arbeitsbuch – die Übungen der Workshops

Mit Ihren Bestsellern *Die inneren Fesseln sprengen* und *Frei von Angst und Ablehnung* wies Phyllis Krystal unzähligen Menschen den Weg, ihre inneren Blockaden zu lösen. Ihr praktisches Arbeitsbuch enthält alle Übungen ihrer begehrten Workshops. Einprägsam beschrieben und sinnbildlich illustriert, eignen sich diese Anleitungen für Laien ebenso wie für die therapeutische Arbeit. Sie vermitteln einen wirklich gangbaren Weg zur Befreiung von alten Mustern und störenden Konditionierungen.

Phyllis Krystal

Die inneren Fesseln sprengen

Arbeitsbuch

Ebenfalls in unserem Hause erschienen:

Die inneren Fesseln sprengen – Befreiung von falschen Sicherheiten

Frei von Angst und Ablehnung – Lösung aus kollektiven Bindungen

L o t o s

Econ | **ULLSTEIN** | List

Wir alle verfügen über ungeahnte Kräfte, die zu nutzen wir lediglich erlernen müssen. Eine entscheidende Hilfe dabei kann der Pendel sein. Er bietet uns wertvolle Unterstützung bei der Schärfung unserer Menschenkenntnis, bei gesundheitlichen Problemen und auch im alltäglichen Leben. Zudem kann er unsere Persönlichkeit stärken. Denn mit Okkultismus oder Scharlatanerie hat das Pendeln – trotz zahlreicher Vorurteile – nichts zu tun. Vielmehr verbergen sich hinter der Technik eindeutige Gesetzmäßigkeiten und uralte Menschheitserfahrung. Das große Pendelbuch des bekannten Psychologen Dr. Anton Stangl verrät Ihnen gut verständlich, wie auch Sie die Kraft des Pendels nutzen können. Mit 84 bewährten Pendeltafeln.

Das Standardwerk endlich im Taschenbuch!

Anton Stangl

Das große Pendelbuch
Persönlichkeit, Gesundheit und erfülltes Leben
Mit 84 Pendeltafeln

Lotos

Econ | **Ullstein** | List

Schon seit frühester Kindheit wird Merilyn von visionären Träumen begleitet. Sie ahnt, daß sie eine Mission zu erfüllen hat. Doch erst als ihr Freund stirbt, wagt sie den Aufbruch zum Ort ihrer Träume: den Tempelstädten der Maya. Inmitten der Ruinen von Palenque eröffnet sich ihr eine Welt zwischen Vision und Realität. Begleitet von einem Schamanen erfährt sie die mächtige Wirkung spiritueller Heilkräfte. Sie entdeckt auch an sich selbst die natürliche Gabe, Energien zu sehen und zu lenken. Doch muß sie den uralten Lehren der Schamanen gemäß erst den Tod gesehen haben, um andere heilen zu können. Voller Entsetzen stellt sie fest, daß sie selbst an einem tödlichen Virus leidet. Und sie weiß: Nur wenn ihr die Transformation in einen anderen Energiestatus gelingt, wird sie die Krankheit auf immer besiegen.

Merilyn Tunneshende

Träume den Traum des Schamanen
Die wahre Geschichte einer spirituellen Heilung in den Tempeln der Maya

Die faszinierende Geschichte einer körperlichen und spirituellen Heilung, erfüllt von schamanischem Wissen.

Econ | **ULLSTEIN** | List